权威·前沿·原创

皮书系列为
"十二五""十三五"国家重点图书出版规划项目

智库成果出版与传播平台

中国互联网视听行业发展报告（2021）

ANNUAL REPORT ON THE DEVELOPMENT OF NETCASTING INDUSTRY IN CHINA (2021)

主　编 / 陈　鹏
执行主编 / 司　若　陈　锐　李丽玲

图书在版编目(CIP)数据

中国互联网视听行业发展报告.2021/陈鹏主编
.--北京：社会科学文献出版社，2021.11
（网络视听蓝皮书）
ISBN 978-7-5201-9205-7

Ⅰ.①中… Ⅱ.①陈… Ⅲ.①互联网络-视听传播-产业发展-研究报告-中国-2021 Ⅳ.①G206.2

中国版本图书馆CIP数据核字（2021）第210381号

网络视听蓝皮书
中国互联网视听行业发展报告（2021）

主　　编／陈　鹏
执行主编／司　若　陈　锐　李丽玲

出　版　人／王利民
责任编辑／范　迎
文稿编辑／李惠惠　李小琪　刘　燕
责任印制／王京美

出　　版／社会科学文献出版社·人文分社（010）59367215
　　　　　地址：北京市北三环中路甲29号院华龙大厦　邮编：100029
　　　　　网址：www.ssap.com.cn
发　　行／市场营销中心（010）59367081　59367083
印　　装／三河市东方印刷有限公司

规　　格／开本：787mm×1092mm　1/16
　　　　　印张：17.75　字数：265千字
版　　次／2021年11月第1版　2021年11月第1次印刷
书　　号／ISBN 978-7-5201-9205-7
定　　价／148.00元

本书如有印装质量问题，请与读者服务中心（010-59367028）联系

▲ 版权所有 翻印必究

出品方

CC-Smart 新传智库

紫金文创研究院

清华大学中国文艺评论基地

联合出品方

优酷信息技术（北京）有限公司

中国高等院校影视学会影视产业与管理专业委员会

中国传媒大学中国网络视频研究中心

南开大学新闻与传播学院

北京韬安律师事务所

专家委员会

专家委员　（按姓氏拼音为序）

　　　　卜彦芳　中国传媒大学教授、博士研究生导师，传媒经济研究所所长

　　　　陈旭光　北京大学艺术学院教授、博士研究生导师，北京大学影视戏剧研究中心主任

　　　　曹书乐　清华大学新闻与传播学院副教授

　　　　胡智锋　北京电影学院党委副书记、副校长，教授、博士研究生导师

　　　　皇甫宜川　当代电影杂志社社长、主编

　　　　柯惠新　中国传媒大学教授、博士研究生导师，调查统计研究所名誉所长

　　　　郎　明　中华文化促进会短视频与直播文化委员会秘书长

　　　　李向民　南京艺术学院副校长，紫金文创研究院院长，中国文化产业管理专业委员会会长，教授，博士生导师

　　　　李道新　北京大学教授、博士研究生导师，艺术学院影视学系系主任

　　　　李雪琳　云合数据创始人兼CEO

刘亚东	科技日报社原总编辑，南开大学新闻与传播学院院长
罗建辉	中国网络视听节目服务协会副会长
孟　建	复旦大学教授、博士研究生导师，国家文化创新研究中心主任，中国高校影视学会网络视听专业委员会主任
倪　万	山东大学教授、博士研究生导师，新闻传播学院副院长，大数据与精确传播实验室执行主任
欧阳宏生	四川大学教授、博士研究生导师，新闻传播研究所所长，成都大学传媒研究院院长
索亚斌	中国传媒大学戏剧影视学院教授，资深影评人
王　军	韬安律师事务所首席合伙人
王　宇	中国传媒大学教授、博士研究生导师
王晓红	中国传媒大学教授、博士研究生导师，教务处处长，中国网络视频研究中心主任
杨　玥	影视与互联网络电影数据专家，数托邦创始人
杨伟光	阿里文娱优酷党委书记、执行总编辑
杨向华	爱奇艺高级副总裁
尹　鸿	中国电影家协会副主席，中国文艺评论家协会副主席，北京电影家协会副主席，清华大学新闻与传播学院教授，博士研究生导师
余　力	中国网络视听节目服务协会对外合作部主任
俞　虹	北京大学教授、博士研究生导师，电视研究中心主任
俞剑红	北京电影学院副校长，青年电影制片厂厂长

张国涛　中国传媒大学研究员、博士研究生导师，传媒艺术与文化研究中心执行主任

张洪忠　北京师范大学教授、博士研究生导师，新闻传播学院执行院长

张辉锋　中国人民大学新闻学院党委书记，教授、博士研究生导师

张丽娜　阿里文娱优酷副总裁、总编辑

张腾之　中国广播电视社会组织联合会微视频短片委员会秘书长

周　结　中国网络视听节目服务协会副秘书长

周鸿铎　中国传媒大学教授、博士研究生导师，传媒经济研究所名誉所长

朱　天　四川大学教授、博士研究生导师，研究生院副院长、传媒研究中心主任

朱春阳　复旦大学教授、博士研究生导师，媒介管理研究所所长，《新闻大学》常务副主编

朱鸿军　中国社会科学院研究员，新媒体研究中心副秘书长，《新闻与传播研究》执行主编

课 题 组

组　长　陈　鹏

副组长　司　若　陈　锐　李丽玲

成　员　刁基诺　冯耀贤　高红波　官春余　龚逸琳
　　　　　黄　莺　陆芳草　李　杭　李自琴　刘逸舒
　　　　　鲁　洋　李　敏　石小溪　宋欣欣　武　瑶
　　　　　万程超　王惠汕　王法严　吴　飞　许庆霞
　　　　　夏圳锴　尹建林　周才庶　张　驰　张明浩
　　　　　张　充　张瑞瑶　赵　红

主编简介

陈　鹏　博士，博士后，南开大学新闻与传播学院副院长，硕士研究生导师，紫金文创研究院研究员。兼任中国高校影视产业与管理研究会副秘书长，北京文化发展中心智库专家，法制网舆情监测中心特约研究员，DCCI互联网数据中心网络视频研究高级顾问，中国网络影响力课题组副组长、CC-Smart新传智库研究顾问等。曾任韩国首尔国立大学客座研究员，曾受教育部委派，担任日本电通集团的高级广告研修员。参与多项国家级、省部级等多项课题研究，发表研究报告、论文数十篇，参与编著、翻译多部著作，曾获多项省级教学科研成果奖。

司　若　清华大学新闻与传播学院影视传播研究中心研究员，博士生导师。曾任中国传媒大学凤凰学院副院长、戏剧影视学院导演系负责人、商学院MBA导师，香港银都机构影业公司董事长助理。曾赴美国加州大学任访问学者。2021年4月，获"全国广播电视和网络视听行业领军人才"称号。2020年6月，获"北京市广播电视与网络视听领军人才"称号。2020年9月，《影视工业化体系研究》获中国高等院校影视学会2019～2020年度学术成果推优活动暨第十三届"学会奖"著作类一等奖。2018年11月，《中国影视产业发展报告（2017）》获中国高校影视学会第十一届"学会奖"调研报告类一等奖。2017年获得中国高校影视学会科研报告最高奖励。2016年获得Ace Style International Limited国际机构奖励。代表作有《影视工业化体系研究》和《短视频产业研究》，以及"影视蓝皮书"、"网络视听蓝皮书"和"文旅蓝皮书"系列；代表论文有《中国网络电影发展脉络与未来趋势研究》《垂直整合与供给侧改革：中国电视剧产业与趋势观察》《流媒体视听产品传播逻辑、观看模式与生产机制研究》等。

陈 锐 博士，中国传媒大学新闻学院副教授，硕士研究生导师，中国传媒大学传播心理研究所研究员。中国社会心理学会传播心理专业委员会副秘书长，中国高校影视学会影视产业与管理专业委员会理事，主要研究领域为受众心理、舆论引导、调查统计、数据挖掘。

李丽玲 新传智库科技有限公司高级研究员。主要研究领域为网络视听、影视IP、目的地品牌传播、文化旅游等。执行主编《网络视听蓝皮书：中国互联网视听行业发展报告（2021）》《文旅蓝皮书：中国文旅产业发展报告（2021）》《文旅蓝皮书：中国文旅产业发展报告（2020）》；参与出版图书《我国IP影视化开发与运营研究》；参与课题研究"2021中国主旋律电视剧/网络剧产业报告""2020年中国综艺节目社会价值报告""2020中国网络视听节目青年选择调研报告"等，发表论文数篇。

摘　要

《网络视听蓝皮书：中国互联网视听行业发展报告（2021）》通过数据、案例分析及调研、访谈等方法对网络视听行业的市场、产业、政策、趋势等进行分析，全面梳理了2020年网络剧、网络综艺、网络电影、网络直播、短视频、网络广播等分支产业的发展特征，并对2021年网络视听行业发展趋势和需要面对的问题进行了探讨。

2020年，网络视听行业面临较大的挑战和机遇，在新冠肺炎疫情"影视寒冬"的大背景下，"减量提质"、精品化和专业化成为行业发展关键词。截至2020年，我国网络视听用户规模达9.44亿人，网民使用率为95.4%，网络视听产业规模破6000亿元，网络视听用户规模和产业规模继续实现稳健扩大，中国处于世界第一的网络视听大国的地位继续保持不变。

2020年，"宅经济"激发产业活力，网络视听行业商业模式更加成熟多元，产业结构不断调整升级，新技术赋能网络视听革新，多元化内容与平台服务（网络直播等）相结合的特征也越发突出，"网络直播+电商""网络短视频+文旅""网络视音频+教育"等形态已经让网络视听突破原有界限，开始进一步发挥网络视听产业的正外部性价值。

2020年，网络视听行业的网络剧、网络电影、网络综艺、网络纪录片中有多部作品成功"出圈"，广受好评。《重生》《龙岭迷窟》《三十而已》《隐秘的角落》等网络剧，《这！就是街舞第三季》《创造营2020》等网络综艺，《我来自北京之铁锅炖大鹅》《修罗新娘》等网络电影都获得了较高市场价值，有些作品形成了现象级的影响。国家有关部门和行业协会出台一

系列文件规范市场，2020年国家广播电视总局制定《关于进一步加强电视剧网络剧创作生产管理有关工作的通知》《关于加强网络秀场直播和电商直播管理的通知》《关于网络影视剧中微短剧内容审核有关问题的通知》等文件，推动网络视听行业高质量发展，对内容质量提出了更高要求，对平台管理和内容审核制定了明确的标准。

关键词： 网络视听行业　网络视频　产业升级

目 录

Ⅰ 总报告

B.1 2020年中国网络视听行业发展现状、热点与趋势
　　……………………………………………… 陈　鹏　龚逸琳 / 001
　　一　行业概况与现状 ………………………………………… / 002
　　二　政策热点扫描与分析 …………………………………… / 020
　　三　行业问题透视与对策 …………………………………… / 023
　　四　行业趋势与展望 ………………………………………… / 026

Ⅱ 分报告

B.2 2020年网络剧行业发展报告 ………… 陈　鹏　官春余 / 029
B.3 2020年网络综艺行业发展报告 ……… 石小溪　张明浩 / 055
B.4 2020年网络电影行业发展报告 ……………… 黄　莺 / 077
B.5 2020年网络直播行业发展报告 ……………… 万程超 / 086
B.6 2020年网络短视频行业发展报告 ……… 周才庶　李　敏 / 107
B.7 2020年网络广播行业发展报告 ……………… 冯耀贤 / 121

网络视听蓝皮书

Ⅲ 年度热点

B.8 2020年网络视听政策法规解读 ………… 北京韬安律师事务所 / 133
B.9 2020年网络纪录片的典型热点分析 ……………… 夏圳锴 / 150
B.10 2020年网络互动剧发展报告 ………… 武 瑶 王惠汕 / 170

Ⅳ 案例篇

B.11 电视剧《三十而已》的热播影响因素分析 ………… 许庆霞 / 186
B.12 网络 IP 剧《龙岭迷窟》案例分析
  ………………………………………… 张 充 张瑞瑶 尹建林 / 195
B.13 战争剧《战火熔炉》案例分析 ………… 李 杭 司 若 / 210
B.14 网络电影《修罗新娘》案例分析 ………… 张 驰 / 220
B.15 网络综艺《这！就是街舞第三季》案例分析 ………… 鲁 洋 / 230
B.16 网络纪录片《味道中原》案例解读 ………… 高红波 / 238

Abstract ………………………………………………………… / 249
Contents ………………………………………………………… / 251

总报告

General Report

B.1
2020年中国网络视听行业发展现状、热点与趋势

陈　鹏　龚逸琳*

摘　要： 2020年，网络视听行业面临较大的机遇与挑战，既面临疫情"影视寒冬"的危机，又经历政策调整、技术革新、产业结构升级的变局。本报告主要从行业概况与现状、政策热点扫描与分析、行业问题透视与对策、行业趋势与展望四个层面对中国网络视听行业进行分析。通过分析发现，2020年，网络视听行业规模扩大，"减量提质"成为行业发展关键词，精品化和专业化成为行业发展趋势，市场规模的扩大、赢利方式的成熟、新技术的应用以及新业态的出现使网络视听行业具有广阔的发展前景。针对网络视听行业存在的问题，国家政策"保驾护航"的同时，行业内部也积极响应。从网络视听行业未来发展趋势来看，

---

* 陈鹏，博士，南开大学新闻与传播学院副院长，研究方向为新媒体传播、影视传播、传媒产业等；龚逸琳，南开大学传播学硕士研究生，研究方向为网络传播、影视文化等。

"科技+文化"成为未来网络视听媒体的重点发展方向,网络视听行业在传媒阵地的中坚地位更加突出。

关键词: 网络视听行业 "头部效应" 版权保护 政策监管

一 行业概况与现状

2020年,受新冠肺炎疫情的影响,网民的文化娱乐类需求转移至线上,带动了网络视听市场用户规模的进一步扩大,全国互联网音视频节目增量2.2亿小时。① 中国互联网络信息中心(CNNIC)第47次《中国互联网络发展状况统计报告》显示,截至2020年12月,我国网民规模达9.89亿人,较2020年3月增长8540万人。② 截至2020年6月,我国网络视听用户规模达9.01亿人,较2020年3月增长4380万人,网民使用率为95.8%,③ 几乎全体网民都进入了网络视听时代。在疫情面前,网络视听行业以变应变、守正创新,5G、人工智能、区块链等新技术赋能网络视听行业演进,使该行业实现了跨越式发展,网上看连续剧、电影、综艺、短视频、直播及听网络音频成了人们居家、在路途上的主要消遣方式。与之相伴的视听产业链进行了新的全场景生态布局,在提供丰富的精神文化产品的同时,也为培育积极健康、向上向善的网络文化做出贡献。

(一)网络视听内容"量稳质升",视听规模持续扩大

1. 网络剧上新数量回升,有效播放量趋稳,市场回归理性

2020年,全网共上新国产网络剧292部,相较2019年(253部)增长

---

① 《2020年全国广播电视行业统计公报:行业总收入9214.6亿元》,"网络视听生态圈"微信公众号,2021年4月19日,https://mp.weixin.qq.com/s/vRfSdjMniubNyNO9ovitLg。
② 《CNNIC发布第47次〈中国互联网络发展状况统计报告〉》,中国政府网,2021年2月3日,http://www.gov.cn/xinwen/2021-02/03/content_5584518.htm。
③ 《中国网络视听节目服务协会:2020中国网络视听发展研究报告》,中文互联网数据资讯网,2020年10月17日,http://www.199it.com/archives/1133619.html。

了 15.4%，数量有所回升，上新网络剧累计正片有效播放量①共计 881 亿次。2020 年全网剧集正片有效播放量同比下滑 18%，其中电视剧降幅达 25%，而网络剧正片有效播放量达 1518 亿次，②相较 2019 年基本维持稳定（见图 1）。具体到剧集层面，《爱情公寓第五季》以 50 亿次正片有效播放量，领跑 2020 年上新网络剧市场，也成为 2020 年唯一热播期集均有效播放量破亿的剧集；《三生三世枕上书》和《重启之极海听雷》分别以 35.5 亿次和 23.1 亿次的正片有效播放量，位居第二和第三，《重启之极海听雷》两季均进入上新网络剧有效播放"霸屏"TOP20 榜单。

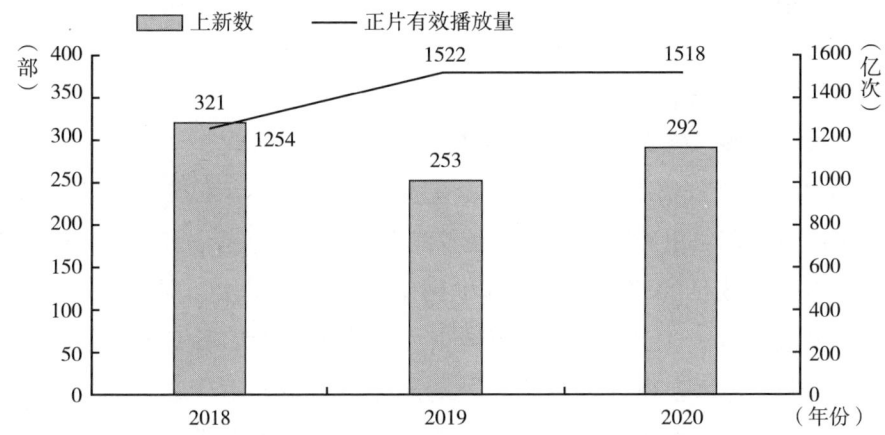

图 1　2018~2020 年网络剧上新数和正片有效播放量

资料来源：云合数据。

2020 年，网络剧口碑飞跃式提升，网络剧制作进入精品化、专业化阶段。在 2020 年豆瓣评分 TOP13 剧目中，网络剧占比高达 84.6%，豆瓣评分在 7 分以上的网络剧数量同比提升 41%。③ 其中，悬疑网络剧《沉默的真

---

① 正片有效播放量：综合有效点击与用户观看时长，最大限度去除异常点击量，并排除花絮、预告片、特辑等干扰，真实反映影视剧的市场表现及受欢迎程度。
② 《2020 报告 | 网络剧综艺节目观察》，"云合数据"微信公众号，2021 年 1 月 7 日，https://mp.weixin.qq.com/s/NDfR6O1yQut951HkJkMPIg。
③ 《艺恩发布〈2020 年国产剧集市场研究报告〉》，网易，2020 年 12 月 28 日，https://www.163.com/dy/article/FUV8KI1V05383L0H.html。

相》和《隐秘的角落》分别以9.2分和8.9分的豆瓣高分成为年度精品。在网络剧精品化进程中，有效播放量和市场占有率的"头部效应"在减弱，2020年TOP5内容有效播放量占比为17%，较2019年下降5个百分点，近3年的"头部"内容在整体上新网络剧中的市场占有率逐年降低。① 2018年的《如懿传》及2019年的《破冰行动》《庆余年》，正片有效播放量均超50亿次，其中2018年的《延禧攻略》更是近百亿次，而2020年的TOP1《爱情公寓第五季》正片有效播放量刚到50亿次，第二名仅有30多亿次。但2020年有效播放量破亿的网络剧有144部，同比增长30%，相较往年，网络剧产业的"头部"产品供给偏少，但"中腰部"力量正在崛起壮大，市场分众化趋势继续发展的同时，"中腰部"力量的提升也为行业整体内容质量提升奠定了更坚实的基础。

2. 网络电影"减量提质"，对电影行业的贡献率提升

2020年，受疫情影响，在线下影院关停、电影产业发展整体呈下降趋势的情况下，网络电影迎来发展机遇，线上播放表现逆势增长。线上影片累计正片有效播放量为528亿次，其中网络电影112亿次，同比增长30%，占比提升至21%；上新网络电影累计正片有效播放量为76亿次，同比增长58.3%。网络电影呈现"量减质升"的趋势，2020年共上新网络电影769部，较2019年（782部）下降了1.7%（见图2）。数量虽有所下降，但提质减冗的精品化成效较为显著。2020年正片有效播放量在5000万次以上的网络电影共26部，同比增加15部，② 其中《奇门遁甲》《倩女幽魂：人间情》《鬼吹灯之龙岭迷窟》3部影片的正片有效播放量破亿。2020年正片有效播放量在1000万次以下的网络电影共有530部，同比减少103部，③ 行业供给侧改革成效进一步体现，精品化发展趋势明显。

---

① 《2020报告 | 网络剧综节目观察》，"云合数据"微信公众号，2021年1月7日，https://mp.weixin.qq.com/s/NDfR6O1yQut951HkJkMPIg。
② 《2020报告 | 中国网络电影行业年度报告》，"云合数据"微信公众号，2021年2月5日，https://mp.weixin.qq.com/s/UFl7vmcz8G-3P0781N-E1w。
③ 《2020年我国网络电影市场迎来爆发增长 高质量成行业重要发展趋势》，观研报告网，2021年3月12日，http://free.chinabaogao.com/chuanmei/202103/031253525 52021.html。

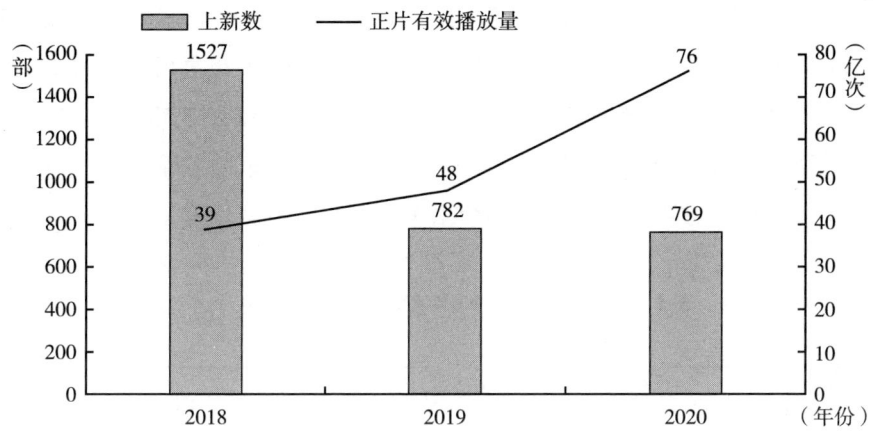

图2 2018~2020年网络电影上新数和正片有效播放量

资料来源：中国电影家协会网络电影工作委员会。

网络电影基本告别"低成本"时代，前期投入成本大大增加，投资成本在300万元以下的影片占比由51%缩减至40%，投资成本在600万元以上的影片占比达34%。高成本助推网络电影专业化、精品化，票房获得新突破。许多网络电影创作团队经过前几年试水后积累了经验，开辟了很多系列电影，形成了"电N代"雏形。2020年上新的网络电影中，分账票房破千万元的共有79部，较2019年（41部）增长了92.68%；千万元级影片票房规模13.9亿元，同比增长125%。[①] 其中，《奇门遁甲》凭借5641万元的分账票房位居第一，创网络电影单片分账票房新高，这个成绩已经逼近院线电影1.8亿~2亿元票房量级的影片。

3. 网络综艺稳中有进，"口碑效应"日益凸显

2020年第一季度，疫情对网络综艺的录制、制作、编播等流程产生较大影响，"云录制"综艺应运而生，各平台开始尝试无现场观众综艺，综艺市场表现较为低迷。从第二季度开始，疫情逐步得到控制，网络综艺的录播逐渐恢复正常，根据2020年网络综艺有效播放量全网走势，《青春有你第二

---

① 《2020报告｜中国网络电影行业年度报告》，"云合数据"微信公众号，2021年2月5日，https：//mp.weixin.qq.com/s/UFl7vmcz8G-3P0781N-E1w。

季》《创造营2020》《乘风破浪的姐姐》《这！就是街舞第三季》等女团选秀、潮流综艺陆续上线，热度"出圈"，市场回暖迎来小高峰。《青春有你第二季》以近20亿次有效播放量领跑2020年上新网络综艺市场，《朋友请听好》和《创造营2020》分别位居第二、第三。尽管网络综艺和其他视听节目一样受到疫情的影响，但其仍交出了可圈可点的成绩单。

表1 2018~2020年网络综艺豆瓣评分区间对比

单位：档

年份	8分及以上	8.5分及以上	9分及以上	9.5分及以上
2018	25	17	10	1
2019	24	16	8	1
2020	25	15	10	2

资料来源：根据骨朵数据、云合数据整理。

2020年，网络综艺节目的上新量微增，据统计，综艺共上新240档，同比增加25档，网络综艺上新134档，较2019年同期增加5档，增幅为3.9%。与2020年电视综艺的上新量（106档）相比，网络综艺的上新量略占优势，占比达到55.8%，反映出其具有一定抗疫情风险的能力。但全网有效播放量却有所下降。根据云合数据发布资料，2020年网络综艺总体有效播放量为191亿次，相较2019年（195亿次）减少2%；电视综艺的有效播放量为181亿次，同比减少15.8%。网络综艺和电视综艺作为长视频，受到短视频的冲击开始显现，短视频表现出更强的"长综艺替代品"的特性。综艺的短视频营销、微综艺传播的"引流效应"不及预期，反而有时将节目的亮点提前放出，消解了内容本身的创新性。因此，综艺的短视频化营销传播、长短综艺视频之间的关系和有效布局、建构更具互补性的内容矩阵是综艺传播防范"内卷"需要考虑的问题。有效播放量的下降并未影响网络综艺的质量与口碑，2020年网络综艺在豆瓣评分上获得高评分的作品数量稳中有进，评分8分及以上的有25档，较2019年增加1档。

4. 短视频、网络直播迅猛发展，网络音频、纪录片影响力持续深入

近年来，短视频迅猛发展，其积极与各行各业相结合并不断下沉用户，

已逐渐成为互联网的底层应用。根据CNNIC发布的第47次《中国互联网络发展状况统计报告》，截至2020年12月，我国网络视频（含短视频）用户规模达9.27亿人，较2020年3月增长7633万人，占网民整体的93.7%；其中，短视频用户规模达8.73亿人，较2020年3月增长约1.00亿人，占网民整体的88.3%（见图3）。① 短视频的市场规模迅速扩大，使用时长迅速增长，截至2020年6月，短视频在网络视听产业中市场规模最大，为1302.4亿元，同比增长178.8%；以人均单日110分钟的使用时长超越了即时通信，位居第一。② 短视频上传用户超过了5亿人。短视频已不仅是娱乐产业，还正在向电商、直播、教育等各领域不断叠加和渗透，加速推动整个网络视听行业格局的变化。

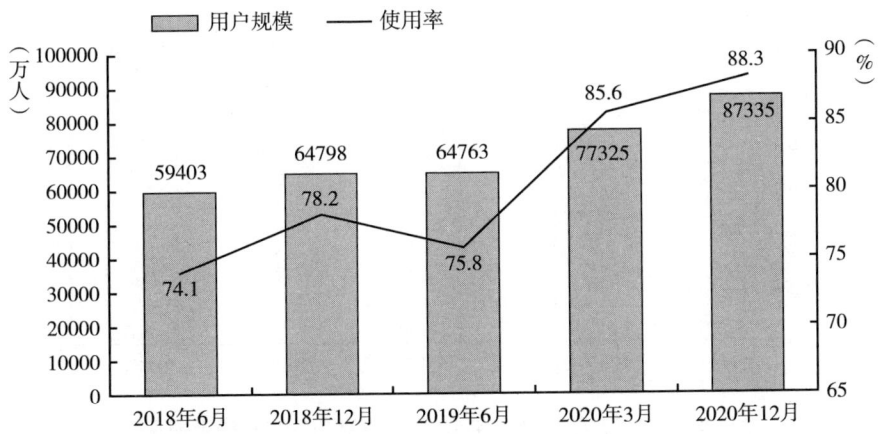

图3　2018年6月~2020年12月短视频用户规模及使用率

资料来源：CNNIC第47次《中国互联网络发展状况统计报告》。

2019年网络直播行业开始崛起，在2020年"宅经济"的助推下，网络直播行业实现蓬勃发展。根据第47次《中国互联网络发展状况统计报告》，

---

① 《CNNIC发布第47次〈中国互联网络发展状况统计报告〉》，中国政府网，2020年2月3日，http://www.gov.cn/xinwen/2021-02/03/content_5584518.htm。
② 《中国网络视听节目服务协会：2020中国网络视听发展研究报告》，中文互联网数据资讯网，2020年10月17日，http://www.199it.com/archives/1133619.html。

截至2020年12月，中国网络直播用户规模达6.17亿人，较2020年3月增加5703万人，占网民整体的62.4%（见图4）。其中，电商直播成为增长最快的互联网应用，截至2020年12月，电商直播用户规模为3.88亿人，较2020年3月增加1.23亿人，占网民整体的39.29%。[1] 在2020年抗击疫情和实现脱贫攻坚目标的双重背景下，同时具备"线上引流＋实体消费"功能的网络直播成为数字经济发展新形式，央视康辉、朱广权等主流媒体主持人和演艺明星，以及地方政府和行业领导等也开始"直播带货"，拉动内需成为发展新热点。中国人民大学国家发展与战略研究院测算，仅2020年上半年，直播经济规模达5630亿元，直播刺激的消费规模达2833亿元。

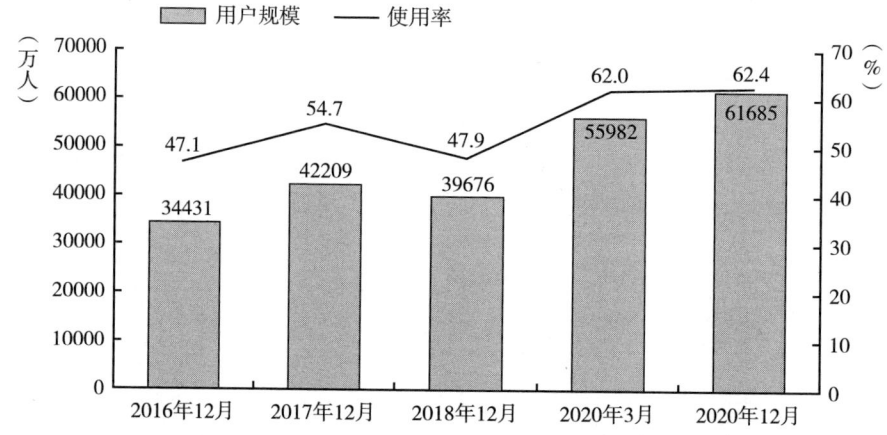

图4 2016年12月～2020年12月网络直播用户规模及使用率

资料来源：CNNIC第47次《中国互联网络发展状况统计报告》。

网络音频行业从前两年起用户增速放缓，市场趋于饱和。根据《2020中国网络视听发展研究报告》，截至2020年6月，网络音频用户同比下降15.5%，付费用户大幅增加；网络音频用户规模为2.75亿人，在网民中的使用率为29.3%（见图5），平均每个网民每天收听互联网音频节目约

---

[1] 《CNNIC发布第47次〈中国互联网络发展状况统计报告〉》，中国政府网，2020年2月3日，http：//www.gov.cn/xinwen/2021－02/03/content_5584518.htm。

20分钟。① 如果将数字出版、数字阅读、听书、文字转语音等音频延伸形态计算在内，泛网络音频用户规模预计在2020年末达到5.7亿人，增幅为16.32%②（见图6），掌阅、微信读书（听书）、懒人听书、有道、科大讯飞语音应用、社交音频平台等纷纷进入网络音频市场，延长了泛网络音频的产业链条，丰富了产业形态。优秀的业务模式、精品内容和"头部"节目不断涌现，网络音频内容和形式也越来越多样化，进一步推动平台用户付费收入增加和全场景生态的深入发展。2020年1月17日，音频平台"荔枝"在美国纳斯达克交易所上市，成为"中国音频行业第一股"，"耳朵经济"市场前景较为可观。2020年3月，中央广播电视总台音频客户端"云听"App上线，网络音频"国家队"正式入场。

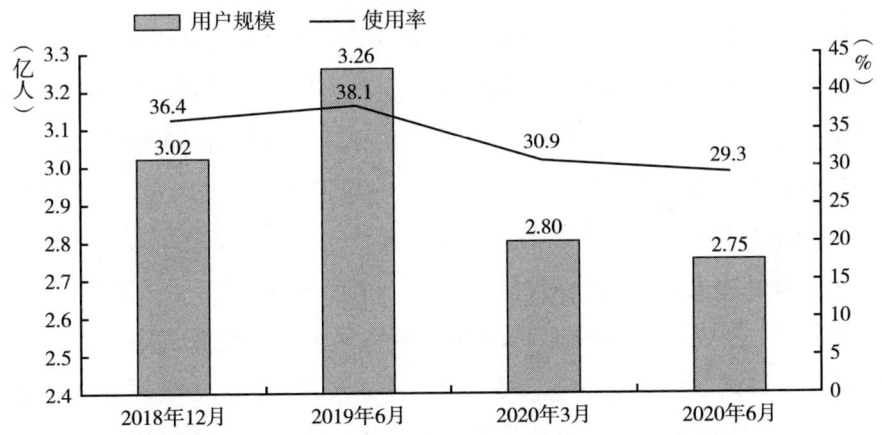

图5　2018年12月至2020年6月网络音频用户规模及使用率

资料来源：《2020中国网络视听发展研究报告》。

2020年，网络纪录片迎来创作高峰，据国家广播电视总局监管中心对网络纪录片主要数据的统计，2020年上线网络纪录片259部，相比2019年

---

① 《2020年全国广播电视行业统计公报：行业总收入9214.6亿元》，"网络视听生态圈"微信公众号，2021年4月19日，https://mp.weixin.qq.com/s/vRfSdjMniubNyNO9ovitLg。
② 《艾媒咨询 | 2020－2021年中国在线音频行业研究报告》，艾媒网，2020年3月31日，https://www.iimedia.cn/c460/77771.html。

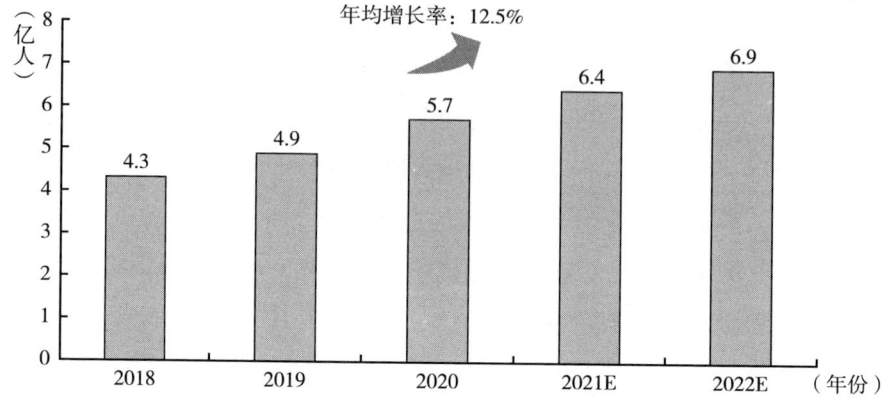

图 6　2018～2022 年中国在线音频（泛网络音频）用户规模及预测

资料来源：艾媒数据中心。

的 150 部，大幅增长 73%。① 2020 年的网络纪录片紧跟时事热点，关注社会重大事件，不断丰富网络纪录片题材。社会现实题材产量最高，占比 30%；排名第二的文化艺术类纪录片，占比 21%；新增的疫情防控题材纪录片，占总数的 17%，排名第三，《冬去春归——2020 疫情里的中国》被翻译成多种语言，在 140 多个国家传播，让世界看到了中国抗疫的决心和力量；以往受观众喜爱的美食题材纪录片以 9% 的占比仅排名第四（见图 7）。在内容和题材类型不断扩展的同时，2020 年网络纪录片也收获了高口碑，如豆瓣评分 9.2 分的《风味人间第二季》，分享了人间至味，豆瓣评分 9.4 分的《人间世》抗疫特别节目，记录了珍贵的抗疫记忆，豆瓣评分 9.5 分的《如果国宝会说话第三季》，以拟人化方式解说历史文物。

（二）各细分领域"头部效应"显著，网络视听平台竞争加剧

2020 年，网络视听行业"头部"玩家地位稳固，第二、第三梯队竞争激烈，行业市场格局进一步清晰。作为综合视频平台的爱奇艺、腾讯视频、

---

① 钟新平：《权威发布：这一组 2020 网络原创节目关键数据，值得收藏》，"影视大家"微信公众号，2021 年 1 月 20 日，https://mp.weixin.qq.com/s/uoduyK03YEHkSlWTBSZNsA。

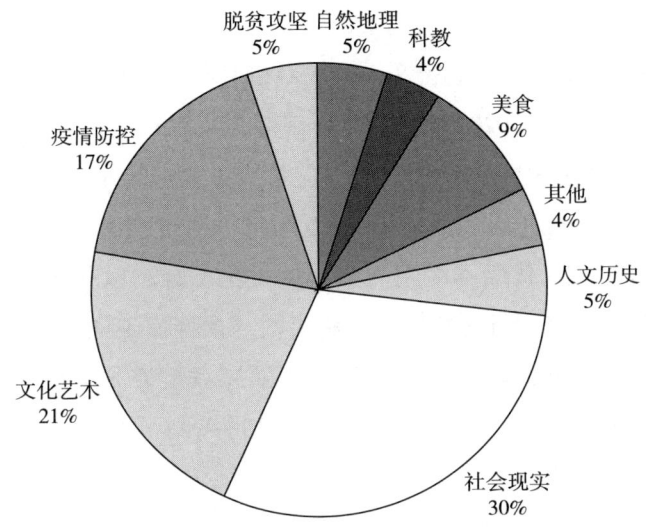

图 7　2020 年网络纪录片题材类型占比

资料来源：国家广播电视总局监管中心。

优酷以 79.1% 的月均活跃用户规模获得大部分流量红利，牢牢占据第一梯队；新生势力芒果 TV 和哔哩哔哩凭借差异化和优质内容以占比 12.0% 的月均活跃用户规模，组成第二梯队，分得一杯羹。①

2020 年爱奇艺平台上新网络剧的优势最为明显。从数量来看，爱奇艺上新网络剧 140 部，正片有效播放量 402 亿次，居首位；优酷上新 82 部，腾讯视频上新 74 部，芒果 TV 上新 33 部（见图 8）。从"头部"网络剧播放表现来看，2020 年上新网络剧累计有效播放量 TOP20 榜单中的剧集，被爱奇艺、腾讯视频、优酷、芒果 TV 包揽，其中爱奇艺共 13 部（7 部独播、6 部拼播）、腾讯视频 10 部（5 部独播、5 部拼播）、优酷 8 部、芒果 TV 1 部。从市场占有率来看，爱奇艺以近 50% 的有效播放市场占有率领跑 2020 年网络剧市场。② 各平台深耕口碑运营，以实现优质内容与知名平台的双向赋

---

① 《中国网络视听节目服务协会：2020 中国网络视听发展研究报告》，中文互联网数据资讯网，2020 年 10 月 17 日，http://www.199it.com/archives/1133619.html。
② 《2020 报告｜网络剧综节目观察》，"云合数据"微信公众号，2021 年 1 月 7 日，https://mp.weixin.qq.com/s/NDfR6O1yQut951HkJkMPIg。

能。就2020年最火的悬疑网络剧来说，爱奇艺迷雾剧场《隐秘的角落》引爆2020年暑期悬疑热潮，获得8.9分的豆瓣评分，同剧场推出的《沉默的真相》以9.2分再创2020年网络剧口碑峰值；腾讯视频也不甘示弱，其《龙岭迷窟》《摩天大楼》获得口碑、流量双丰收。2020年都市网络剧中，爱奇艺独播的《怪你过分美丽》获2020年都市网络剧最高豆瓣评分，成为唯一"破8分"剧；优酷网络剧《人间烟火花小厨》以分账票房突破1亿元的战绩创分账网络剧行业新纪录，武侠剧《侠探简不知》凭借优良制作，获得豆瓣评分8.2分；职场剧《平凡的荣耀》豆瓣评分7.6分，拿下近年来职场剧最高分。爱奇艺、腾讯视频、优酷拼播剧《我是余欢水》直击社会痛点，豆瓣评分7.4分。

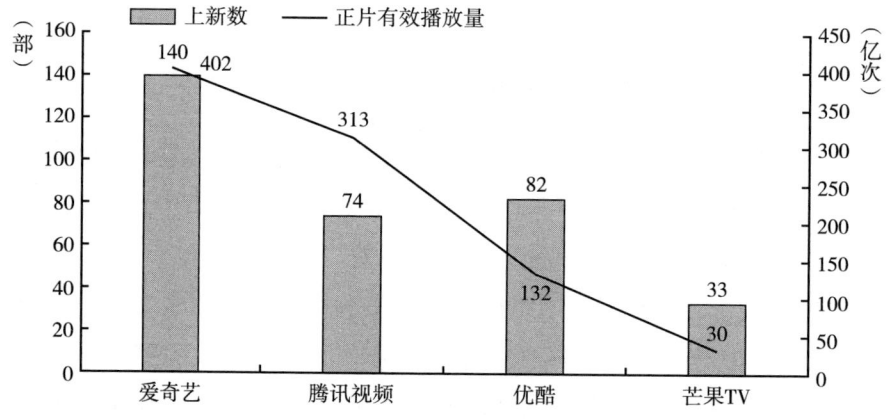

图8　2020年各平台网络剧上新数和正片有效播放量

资料来源：云合数据。

网络电影方面，从上新数来看，2020年爱奇艺、优酷、腾讯视频三大平台分别上新网络电影385部、217部和159部。从高票房影片数来看，爱奇艺单平台分账票房千万元级的影片有42部，同比增加17部；优酷分账票房千万元级的影片有23部，同比增加10部；腾讯视频纯分账票房破千万元的影片有15部。从分账票房来看，爱奇艺和优酷破千万元影片累计分账票房分别为7亿元和3.48亿元，腾讯视频上新纯分账影片累计分账票房达

5.34亿元。2020年各视频平台竞争更加激烈,2020年底,腾讯视频、优酷发布年度优质内容激励政策,以丰厚奖金激励优质电影内容的生产;2021年初,爱奇艺革新分账规则,新增单点付费的S级,PVOD(优质视频点播)①模式逐渐成为主流。

表2 2020年网络电影分账票房TOP20

单位:元

排名	电影名称	上线时间	分账票房	播出平台
1	《奇门遁甲》	2020年3月19日	56410671	爱奇艺/腾讯视频
2	《鬼吹灯之湘西密藏》	2020年9月30日	54142912	腾讯视频
3	《倩女幽魂:人间情》	2020年5月1日	50765992	腾讯视频
4	《海大鱼》	2020年10月30日	38893596	腾讯视频
5	《鬼吹灯之龙岭迷窟》	2020年4月2日	35115089	爱奇艺
6	《狙击手》	2020年3月5日	34323163	爱奇艺
7	《狄仁杰之飞头罗刹》	2020年11月6日	30234554	优酷
8	《蛇王》	2020年9月30日	28560726	优酷
9	《武动乾坤:涅槃神石》	2020年8月7日	25894316	腾讯视频
10	《大幻术师》	2020年8月6日	24879724	爱奇艺
11	《东北往事:我叫刘海柱》	2020年9月3日	24866223	爱奇艺
12	《奇门相术》	2020年6月26日	24307438	爱奇艺
13	《九指神丐》	2020年1月19日	23748000	爱奇艺
14	《龙无目》	2020年8月28日	23067478	腾讯视频
15	《封神榜·妖灭》	2020年3月13日	23055318	爱奇艺
16	《霍家拳之铁臂娇娃》	2020年7月1日	22057286	爱奇艺
17	《鬼吹灯之龙岭神宫》	2020年4月24日	21564648	优酷
18	《陆行鲨》	2020年6月16日	21089126	优酷
19	《灭狼行动》	2020年1月5日	20303363	爱奇艺
20	《辛弃疾1162》	2020年1月2日	19387479	爱奇艺

说明:统计范围为2020年上新网络电影,腾讯视频自制/定制项目未收入榜单。
资料来源:云合数据、爱奇艺、腾讯视频、优酷。

---

① Premium Video on Demand,国内将纯网发行、先网后院、院网同步的国产电影,以及院线窗口期少于1个月或同步流媒体上线的海外院线电影,称为PVOD模式发行影片。

网络综艺方面,从 2020 年上新网络综艺的有效播放量来看,各平台的分化较为显著,竞争激烈。排名第一的爱奇艺上新网络综艺的有效播放量为 56 亿次,腾讯视频、芒果 TV、优酷的有效播放量分别为 48 亿次、26 亿次和 13 亿次,第一名与第四名的差距达到 3 倍多(见图 9)。在 2020 年网络综艺有效播放量 TOP20 中,爱奇艺 8 部(包括联合制作),腾讯视频 7 部(包括联合制作),芒果 TV 3 部,优酷 2 部,哔哩哔哩 1 部。从上新数来看,居首位的腾讯视频上新 53 部,爱奇艺、芒果 TV、优酷均在 30 部左右。各平台还呈现差异化竞争的趋势,排名靠前的视频平台利用"综 N 代"和 IP 效应稳固自身"头部"地位,在 2020 年网络综艺有效播放量 TOP20 作品中,属于"综 N 代"的节目超过了半数。而优酷、芒果 TV 在打造"综 N 代"的同时,也着力开发新节目来提升市场竞争力,如芒果 TV 播出的《朋友请听好》《乘风破浪的姐姐》和优酷播出的《少年之名》都取得了不错的播放成绩。

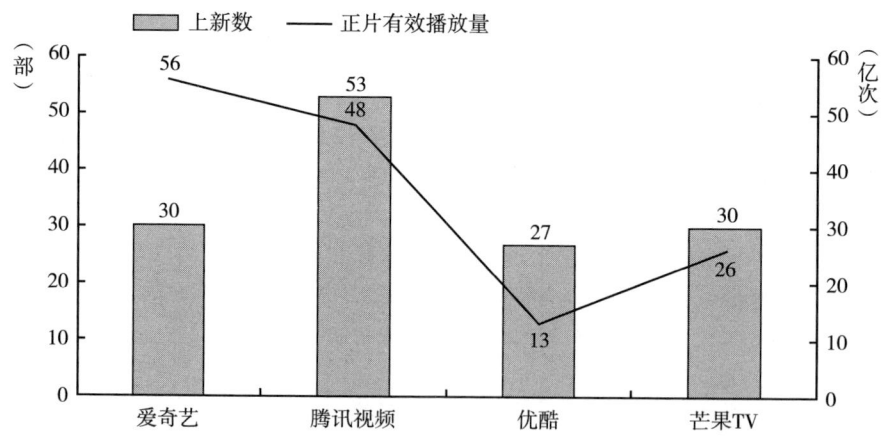

图 9　2020 年各平台网络综艺上新数和正片有效播放量

资料来源:云合数据。

短视频方面,行业"两超多强"格局正逐步形成。根据艾瑞数据提供的 2020 年短视频 App 独立设备数排名,TOP10 短视频应用相对稳定,分别为抖音、快手、西瓜视频、抖音火山版、腾讯微视、百度好看视频、爱奇艺随刻、波波视频、迅雷、土豆视频。"头部"平台抖音和快手的"两超"格局持续强化,其活跃用户规模占整体的56.7%,稳居行业第一梯队。"多强"中存在层次化现象,字节跳动旗下的西瓜视频、今日头条旗下的抖音火山版以及腾讯旗下的微视、百度旗下的好看视频发展势头不容小觑,活跃用户规模占比24.9%,处于第二梯队。其次是活跃用户规模仅占12.4%的第三梯队,包括爱奇艺随刻、波波视频、迅雷等(见图10)。

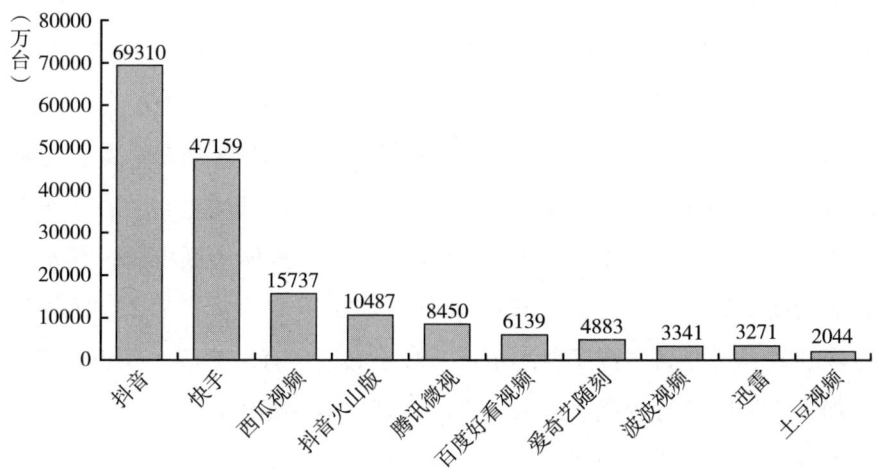

图10 2020年中国短视频App独立设备数TOP 10

资料来源:艾媒数据。

网络直播方面,2020年网络直播收入大幅上涨,"头部效应"显著。其中,位于第一梯队的斗鱼直播、虎牙直播和YY收入占总收入的55.1%;映客直播、花椒直播、企鹅电竞和一直播位于第二梯队,总收入占27.3%;位于第三梯队的触手直播、小米直播、腾讯NOW直播等网络直播平台,总收入仅占9.0%。① 2020年,网络直播成为商业变现的重要风口,各类网络平台纷纷加大了对直播的布局力度。以淘宝、拼多多为代表的电商平台,以

---

① 《中国网络视听节目服务协会:2020中国网络视听发展研究报告》,中文互联网数据资讯网,2020年10月17日,http://www.199it.com/archives/1133619.html。

抖音、快手为代表的短视频平台，甚至以百度、搜狐为代表的传统互联网公司，都在这一如火如荼的直播赛道上频频发力。如2020年1月，拼多多正式上线"多多直播"功能，2月，微信小程序开启直播功能公测。网络直播渠道价值抬升，各大平台踊跃投入资源。网络直播展现了强大的溢出经济效应和辐射效应，与电商、医疗、教育等行业的嫁接，体现了传媒经济对其他行业经济强大的影响力。

网络音频行业呈现"一超多强"的格局，喜马拉雅一家独大的同时，喜马拉雅、荔枝、蜻蜓FM"三强争霸"的局势也没有改变。从2020年网络音频月活跃用户规模来看，喜马拉雅以占全行业66.9%的比例遥遥领先，处于第一梯队；位于第二梯队的荔枝和蜻蜓FM分别排名第二、第三，活跃用户占比为25.1%；目前企鹅FM、猫耳FM、快音、FM电台收音机等应用以5.7%的活跃用户占比，暂居第三梯队，但第三梯队不断洗牌，预示着音频行业的新生势力发展迅猛、竞争激烈。2020年"云听"音频"国家队"的登场加快了行业高质量发展的步伐，数字阅读、有声阅读、知识付费等领域的加入，加剧了行业竞争的激烈程度，好内容、好声音、好社交成为业内竞相追逐、打造好效果的基础。

（三）商业模式更加成熟多元，产业结构不断调整升级

2020年，在疫情及经济大环境影响下，网络视听平台的广告业务下滑，但会员付费人数不断增加，收入稳步提升，各平台商业模式更加多元化和精细化。互联网视频年度付费用户6.9亿人，互联网音频年度付费用户1.1亿人。573家持证机构及70家备案机构网络视听收入2943.93亿元，同比增长69.37%。其中，用户付费、节目版权等服务收入大幅增长，达830.80亿元，同比增长36.36%；短视频、电商直播等其他收入增长迅猛，达2113.13亿元，同比增长87.18%。[①] 在"宅经济"的刺激下，网络视听行

---

① 《2020年全国广播电视行业统计公报：行业总收入9214.6亿元》，"网络视听生态圈"微信公众号，2021年4月19日，https://mp.weixin.qq.com/s/vRfSdjMniubNyNO9ovitLg。

业的产业结构不断调整升级，内容生产与分发、应用场景、平台经济赢利模式发生重大变化，内容生产和分发渠道的机构化趋势更加明显，网络视听产业链拥有了更多的发展机遇。

第一，在长视频方面，随着超前点播和分层会员模式的普及化，会员等付费收入日渐提高。截至2020年9月，爱奇艺和腾讯视频的付费用户数分别达到1.048亿人和1.2亿人；芒果TV有效会员数超过3600万人，比2019年翻了一番。[①] 平台为深耕网络剧市场，实行会员分层、精细化运营等策略，超前点播日益普及。2020年上新网络剧中超前点播剧集占比为40%，共123部上新网络剧开启超前点播，其中腾讯视频52部，爱奇艺、优酷、芒果TV均在30部左右，而2019年仅有5部网络剧采取超前点播付费模式。疫情客观上加速了全球电影行业的革新升级，2020年在线流媒体已然成为影片重要的发行渠道，视频平台采用PVOD模式提升影片发行效率，推动建立院网融合新生态。2020年网络综艺的会员付费模式更加多样化，除正片会员化外，继衍生会员专享和衍生单点付费后，还开启单期付费和超前点播模式，挖掘存量市场价值。截至2020年，上新季播综艺（含衍生）已更3511期，其中会员优享或专享期数占比73%，相较于2019年增加了9个百分点。同时，网络视听平台的内容结构也发生重大变化，比如爱奇艺、腾讯视频、优酷、哔哩哔哩、芒果TV等平台原来以娱乐内容为主，而电商直播带货平台以及抖音、快手等短视频平台的影响和融入，给其提供了行业发展新路径，这些平台不断开发新闻资讯、权威信息等严肃内容和主流声音，视听辐射范围进一步拓展。

第二，在短视频方面，目前短视频平台已形成较为稳定、成熟的产业链体系。在内容生产方面，除UGC（用户生产内容）/PGC（专业生产内容）/PUGC（UGC+PGC）外，2020年MCN（多频道网络）行业取得长足发展，MCN机构数量猛增，艾媒咨询数据显示，2020年中国MCN市场规模

---

① 彭锦：《【观察】网络视听产业发展新特点新趋势》，"国家广电智库"微信公众号，2021年2月28日，https://mp.weixin.qq.com/s/9W05hTnL6_6EFltZtT5N2Q。

达到245亿元。目前中国MCN产业以内容生产和运营为两大基础业态，为多家媒体平台提供不同内容，进行内容的设计、生产、包装和运营，将营销、电商、经纪、社群/知识付费和IP授权五大业态作为变现外延，MCN产业逐渐朝着专业化、垂直化、多元化方向发展。目前，短视频营收的"三驾马车"为广告收入、直播打赏收入和电商分成收入，在短视频总收入中分别占比44%、45%和11%。① 短视频平台正积极探索商业化变现模式，在2020年电商直播风潮兴起后，"短视频平台+电商直播"将成为发展热点，具有广阔的市场前景。

第三，在网络直播方面，传统网络直播的赢利模式主要为用户打赏、付费会员、广告投放，现在新的商业生态——用户购买行为转化的出现，赋予了电商直播"新生命"，"直播带货"成为重要的新增赢利点。艾媒咨询数据显示，2017~2020年，电商直播市场规模一直保持较高水平增长，每年同比增速均超过200%。预计2021年，电商直播行业营收将突破万亿元关口。随着大众宅家线上购物习惯的逐渐养成，电商直播成为当下受欢迎的新兴购物方式，电商直播用户购买力持续提升。数据显示，近七成电商直播用户购买过直播中的商品，电商直播购物消费金额占网上购物总金额1/3以上的用户达到17.8%。② 2020年网络直播的产业结构不断变化，从纯娱乐发展到娱乐性与实用性相结合的内容体系，艾媒咨询数据显示，2021年第一季度直播用户观看偏好不再局限于传统娱乐直播，新闻资讯、科普教育、公益义卖等类型直播成为用户的主要观看选择。原先直播功能主要是休闲娱乐，在"宅经济"的刺激下，原先高度依赖线下场景的行业纷纷加入网络直播阵营，直播新场景进一步拓宽，直播内容品类进一步细分，助推产业经济蓬勃发展。

第四，在网络音频方面，截至2020年底，整个行业形成了以会员付费、

---

① 《2020中国短视频行业洞察报告》，Mob研究院网站，2020年10月27日，https://www.mob.com/mobdata/report/114。
② 《CNNIC发布第47次〈中国互联网络发展状况统计报告〉》，中国政府网，2020年2月3日，http://www.gov.cn/xinwen/2021-02/03/content_5584518.htm。

广告费、打赏、硬件销售为主的赢利模式。在此坚实的商业模式基础上，不断积极尝试构建能够打通平台、内容、用户的新的赢利渠道，同时各平台的发展特色有不同的侧重，从而推动行业内各平台的可持续发展。对网络音频用户付费情况的调研结果显示，76%的用户在网络音频平台有过付费行为，用户年均付费金额为202.3元，金额较高且付费情况良好，说明用户在付费习惯养成的同时，愿意为优质内容买单。

（四）新技术赋能网络视听革新，"云+"成为行业发展新常态

2020年，5G技术正式投入商用，5G技术迭代加速，用户数量大规模增长，处在初期应用阶段的人工智能技术与视听行业深度融合，区块链技术的应用场景不断拓展，在推动视听体验升级的同时，也对网络视听行业的内容生产、分发与消费产生促进作用。在互联网移动化趋势显著、短视频应用迅速发展的背景下，长视频平台和影视生产机构积极探索网络剧的形式创新，竖屏剧、互动剧等创新形态剧集开始起步。2019年共有17部竖屏剧、4部互动剧上线，2018年中国互动剧用户规模超过4000万人，这之后每年以73.2%的复合增长率高速增长，2020年互动剧用户规模过亿人。①

自由视角、3D建模、全息影像等新技术的发展赋能网络综艺的创新，虚拟偶像市场加速发展。2020年《这！就是街舞第三季》在"自由视角畅享街舞"体验专区，用户可用手指随意滑动屏幕，自由转换视角；《跨次元新星》也以此技术为基础，通过虚拟与现实的交互，为用户打造"跨次元新偶像"；《青春有你第二季》中，虚拟偶像Rainbow以"训练生学姐"的身份登上舞台；央视综艺《华彩少年》中，参赛选手也出现虚拟偶像。虚拟现实和电商共同赋予网络综艺更大的商业价值，直播带货、主播选拔成为2020年综艺创新领域，数据显示"洛天依"参与的带货直播中，近200万人参与打赏。

---

① 《艾媒报告丨2019-2020中国互动剧产业现状剖析及用户行为调查报告》，艾媒网，2019年11月14日，https://www.iimedia.cn/c400/66772.html。

2020年，网络视听行业正常的生产秩序受到疫情的影响，行业主体积极探索复工复产的新方式，以变应变，"云录制""云首映""云发布"等"云+"模式成为网络视听行业发展的新模式。"云录制"是使用无接触的线上方式制作一批中小体量的网络综艺节目，如爱奇艺的系列综艺《宅家点歌台》《宅家运动会》《宅家猜猜猜》，优酷的《好好吃饭》《好好运动》，腾讯视频的《鹅宅好时光》。这些"云录制"节目在疫情防控常态化时期填补了线下录制综艺的缺口，在陪伴宅家生活的观众的同时，也倡导了积极健康的生活方式，有效配合了疫情防控工作的需要。网络视听行业还开发了"云发布""云首映""云首发"等新模式，将一些原属于线下的演出方式或沉浸式娱乐体验移至线上，如电影《八佰》举办线上全球云首映礼，主演主创"云相聚"，话剧《雷雨》在腾讯视频开启线上直播。"云+"使网络视听行业线上线下加速融合，取得新发展。

此外，优酷还更新了无障碍化改造的新版本，上线"无障碍剧场"，满足视障人群线上消费文化作品的需求，成为行业内首个推出无障碍服务的互联网视频平台。据世界卫生组织统计，中国约有1700万人存在不同程度的视力障碍，他们中的大多数人无法通过互联网参与文化消费。优酷App无障碍版本上线后，视障者使用读屏软件，可以以页面模块为单位读取模块信息，通过语音指引选择自己喜欢的影视作品。

二 政策热点扫描与分析

网络视听行业的蓬勃发展离不开国家政策的扶持，党的十九届五中全会通过《中共中央关于制定国民经济和社会发展第十四个五年规划和二〇三五年远景目标的建议》，明确提出了"加强网络文明建设，发展积极健康的网络文化"的要求，为未来五年视听新媒体发展提供了思想和路线上的指引。2020年国家出台的一系列相关政策为网络视听行业的健康有序发展提供了有力的保障。

（一）"宅经济"激发产业活力，政策助推疫情下行业发展

疫情在全球蔓延，我国各行各业受到影响，网络视听行业则逆风而行，展现出顽强的生命力。2020年2月7日，北京市广播电视局发布《关于应对新型冠状病毒感染的肺炎疫情支持网络视听企业保经营稳发展的若干措施》，[1]成为全国首家地方广电针对新冠肺炎疫情出台的网络视听企业系统性扶持措施，通过备案审核材料改为线上提交、帮扶受疫情影响重点节目、开辟抗疫题材作品绿色通道等措施帮助网络视听企业保经营稳发展。2020年3月13日，国家广播电视总局（以下简称"国家广电总局"）下发了《关于统筹疫情防控和推动广播电视行业平稳发展有关政策措施的通知》，[2]强调加强内容引导、优化政务升级、鼓励优质内容生产，支持广播电视和网络视听行业积极开展疫情防控、有序做好复工复产，实现行业平稳发展。

一些"头部"网络视听企业和平台积极响应国家号召和文件精神，积极开展行业自救行动。2020年5月7日，腾讯视频、爱奇艺、优酷三大视频平台及正午阳光、新丽传媒等六家制作公司根据《国家广播电视总局关于进一步加强电视剧网络剧创作生产管理有关工作的通知》精神，联合发出《关于开展团结一心 共克时艰 行业自救行动的倡议书》，倡导共克时艰、共降成本，严谨创作、廉洁从业，为伟大时代创作伟大作品。[3]

（二）高度重视内容正确性把控，顺应时代创作高质量作品

在2020年疫情得到有效控制、脱贫攻坚战到了决胜阶段的关键时期，

---

[1] 《北京市广播电视局关于应对新型冠状病毒感染的肺炎疫情支持网络视听企业保经营稳发展的若干措施》，北京市人民政府网，2020年2月7日，http://www.beijing.gov.cn/zhengce/zhengcefagui/202002/t20200208_1626725.html。

[2] 《国家广播电视总局关于统筹疫情防控和推动广播电视行业平稳发展有关政策措施的通知》，国家广播电视总局网站，2020年3月13日，http://www.nrta.gov.cn/art/2020/3/13/art_113_50337.html。

[3] 《快讯！爱优腾联合六家影视公司发布行业自救倡议书》，"广电头条"微信公众号，2020年5月7日，https://mp.weixin.qq.com/s/xpfA7_EuKB13G-6P4d79oQ。

国家引导网络视听行业顺应时代需求，扶持创作反映主题主线的视听精品。通过精品创作与传播工程、中国经典民间故事动画创作工程、网络视听季度年度推优等政策，以及设立重大题材网络影视剧项目库和IP征集平台等，协调促进广播电视和网络视听优质作品的创作。① 国家广电总局全力推进网络视听平台发挥主旋律宣传阵地的作用，组织推送抗击疫情、打赢脱贫攻坚战、全面建成小康社会、抗日战争胜利75周年、中国共产党成立100周年、唱响时代主旋律等正能量主题内容，进行价值引领。

2020年10月14日，在第八届中国网络视听大会网络视听精品创作高峰论坛上，国家广电总局正式启动"庆祝中国共产党成立100周年"精品网络视听节目创作展播活动，对外发布了一批精品网络视听节目单，包括《百炼成钢：中国共产党的100年》《追光者·脱贫攻坚人物志》《我们的新生活》《飞夺泸定桥》《天虎突击队》《约定》《春来怒江》等有厚度、有温度、高品质的网络剧、网络电影、网络纪录片和网络动画，② 鼓励网络视听行业找好选题、讲好故事、做好作品。国家高度重视网络视听内容的正确性把控，如中国网络视听节目服务协会制定《网络综艺节目内容审核标准细则》，推动内容审核垂直化、精准化。

（三）构建网络视听制度体系，一系列法律新规保障健康运行

2020年，一系列涉及网络视听的法律法规相继出台，涵盖平台治理、数据安全、版权保护、未成年人保护等多个方面，构建起较为完善的制度体系，为网络视听行业的健康有序发展提供法律保障。十三届全国人大三次会议通过的新中国首部《民法典》于2021年1月1日开始实施，涉及个人信息保护、隐私权、肖像权、电子合同等与网络相关的民事权利，对于网络视

---

① 陈林：《【观察】网络视听政策法规新特点新变化》，"国家广电智库"微信公众号，2021年2月22日，https://mp.weixin.qq.com/s/rza74OqS6DFBsyWLt4L3WA。
② 赵光霞：《"庆祝中国共产党成立100周年"精品网络视听节目创作展播活动正式启动》，人民网，2020年10月14日，http://media.people.com.cn/n1/2020/1014/c40606-31891997.html。

听行业乃至整个互联网领域的长远发展意义重大。① 未成年人保护问题是当下社会关注重点，为防范部分网络内容对未成年人的不良影响，2021年6月1日实施的新修订的《未成年人保护法》将未成年人的网络保护单列一章，提出网络产品和服务提供者不得向未成年人提供诱导其沉迷的产品和服务，从多处明确政府主管部门、视听机构、网络信息服务提供者在未成年人保护方面应尽的责任和义务。2020年8月，教育部、国家新闻出版署、中央网信办、工业和信息化部、公安部、国家市场监管总局六部门联合下发《关于联合开展未成年人网络环境专项治理行动的通知》，集中整治网络不良行为。②

针对网络视听行业盗版侵权行为频发的问题，国家加大了对网络视听内容知识产权的法律保护力度。新修正的《著作权法》于2021年6月1日起施行，为创作者维护自身合法权益提供了更多、更完善的法律保护路径。其中，涉及视听作品、广播权、信息网络传播权的调整，将电影和电视剧作品以及网络视听等作品统一归类为"视听作品"，扩大了著作权保护的范围，为网络短视频、网络直播、游戏画面、体育赛事网络直播等新类型作品的著作权保护提供了法律依据，有利于激发网络视听内容创作的活力。

三 行业问题透视与对策

（一）存在负面的价值导向与过度娱乐化现象，加强平台内容审查与监管

网络视听行业存在负面的价值导向和过度娱乐化倾向的乱象，一切以收视率和点击量为标准，过度追求"流量至上"，肤浅夸张、过度娱乐化甚至

---

① 陈林：《【观察】网络视听政策法规新特点新变化》，"国家广电智库"微信公众号，2021年2月22日，https://mp.weixin.qq.com/s/rza74OqS6DFBsyWLt4L3WA。
② 《教育部等六部门关于联合开展未成年人网络环境专项治理行动的通知》，中共中央网络安全和信息化委员会办公室网站，2020年8月26日，http://www.cac.gov.cn/2020-08/26/c_1600000556412018.htm。

低俗化的表达成为普遍现象。这种浅表化、感官化的低层次文化只为满足受众的感官需求而忽视文化内涵和教育意义，最终在传播过程中给社会带来不良的价值导向，也严重影响了社会风气和公序良俗。如很多网络综艺加入"以流量定胜负"的竞争中，比拼明星阵容，以炒作话题为卖点；短视频平台快餐化、奇观化、情绪化倾向明显，大多是缺少深度的"快消式"娱乐内容；网络直播行业低俗化、打法律"擦边球"的问题较为突出，有些直播带货产生了质量、售后服务等的一系列问题，甚至有一些网红直播销售假冒伪劣商品，触及法律底线。

官方部门应加强对网络视听行业平台内容和价值导向的审查，强化监管，出台针对不良内容的整治措施和行业规范。2020年，国家广电总局制定《关于进一步加强电视剧网络剧创作生产管理有关工作的通知》《关于加强网络秀场直播和电商直播管理的通知》《关于网络影视剧中微短剧内容审核有关问题的通知》等规范性文件，推动网络视听内容精细化、精准化治理。相关部门应坚持严格审查和内容引导并重，一方面要优化审查方式，可利用新技术建立起"人工+算法"的协同内容审核模式，有效监管平台内容；另一方面要发挥主流媒体积极正面的导向作用。

（二）网络视听行业"马太效应"加剧，平台内容同质化竞争严重

目前，网络视听行业的"头部"竞争局面已经形成。在网络长视频领域，爱奇艺、腾讯视频和优酷三大视频平台无论是用户量还是活跃度都牢牢占据第一梯队；在短视频领域，抖音和快手的"头部效应"十分显著。随着网络视听平台用户规模的扩大、资金的涌入和内容的不断产出，流量和优质资源会不断向"头部"产品集中，行业的"马太效应"会不断加剧。这就导致了网络视听平台易出现分化现象，一些垄断企业可能滥用市场支配权力，恶意竞争，扰乱互联网秩序；"先发优势"导致市场准入门槛高，新兴平台发展受阻，被激烈竞争淘汰的风险很高。在"强者愈强、弱者愈弱"的状态下，要想成为赢家，就得注重深耕内容和进行创新。

尽管当前网络视听垂直类内容生态已呈现多元化趋势，但无论是内容制

作、运营模式还是营销方式，都或多或少存在同质化现象，长此以往可能导致用户产生审美疲劳。如在网络视频领域，某一题材网络剧、网络综艺火爆之后，会出现大批跟风拍摄制作的作品；某个短视频热点话题走红后，会出现很多构图、配乐完全一样的同款拍摄内容；网络直播中拥有话语权的网红、"头部" KOL、专业 MCN 机构等打造的爆款内容，往往很快引来无数模仿者照搬复制……针对内容同质化问题，网络视听各平台应该注重创新，从提升原创内容品质上寻找突破口。各平台应将自制原创内容作为布局重点，注重差异化竞争，深度挖掘会员价值，找准自身定位和发展方向，争取构建一个涵盖内容购买、自制原创和会员开发的版权市场新生态。

（三）网络视听内容侵权问题频发，多方合力建立版权保护机制

随着网络视听行业的蓬勃发展，网络视听作品的版权侵权现象屡禁不止，从传统媒体到新媒体，从影视剧行业到短视频，版权问题已成为当下网络视听行业发展的"痛点"。① 根据 12426 版权监测中心发布的《2020 中国网络短视频版权监测报告》，2019 年 1 月至 2020 年 10 月，该中心接受权利人及监管部门委托，对 10 万多名原创短视频作者、国家版权局预警名单及重点影视综艺等作品的短视频片段进行监测，覆盖作品量超过 1000 万件，累计监测到 3009.52 万条疑似侵权短视频。其中，独家原创作者被侵权率高达 92.9%，非独家作者被侵权率为 65.7%。②

目前新《著作权法》虽已实施，但相关配套法规规章仍有待完善，相关部门参与知识产权治理和规则制定的能力还有待提升，网络视听行业的版权保护问题还需多方合力共治。原创作者、网络主播等需要在有效规避作品版权风险的同时，增强自己版权保护的意识；网络平台可充分利用人工智

---

① 吕杨：《网络视听作品"版权问题"引关注 专家：需行业协会正确引导》，中国新闻网，2020 年 10 月 15 日，https://www.chinanews.com/cul/shipin/cns/2020/10-15/news870261.shtml。
② 窦新颖：《〈2020 中国网络短视频版权监测报告〉发布 多维度打造短视频版权保护网》，中国知识产权资讯网，2020 年 11 月 30 日，http://www.iprchn.com/Index_NewsContent.aspx? NewsId=126181。

能、区块链、大数据等技术,加强作品版权的审核和监测、确权和维权;相关部门应完善行业版权规范和标准,健全版权管理机制,提高网络版权保护的智能化水平。

四 行业趋势与展望

(一)"科技+文化"成为未来网络视听媒体的重点发展方向

随着新一代数字通信技术和智慧科技的发展和深度应用,"科技+文化"成为网络视听行业未来发展的重要特征和趋势。当下,新型的内容业态发展日渐成熟,比如AR等沉浸式视频、竖屏剧、互动剧、全息投影等新的视听产品。随着用户需求的不断变化,现代化基础设施的搭建不断健全,可以预见的是,越来越多的新型视听产品将会被生产出来。技术在不断拓展行业发展的边界,文化则随着新的媒介载体的出现而赋予新产品最切合的社会意义,不断推动整个社会的文化消费向前发展。

新一代技术不断推动网络视听行业的智慧化升级,可以更大程度地释放视听产业的价值,更大程度地提升广大人民群众的视听消费体验。5G迭代提速、人工智能与视听产品深度融合、区块链技术应用场景不断拓展,一些前沿的网络视听机构和平台,对技术和文化生产极具敏感性,提前布局5G超高清、AR、VR等业务,抢占视听市场。当前网络视听行业中的"云+"比较热门,但这只是"科技+文化"的一个面向。可以预料的是,随着信息通信和智能技术的迭代发展,网络视听行业的生产、传播、消费等各个环节必将发生重大变化。对于网络视听的从业者而言,需要积极关注新技术的新场景化运用,推进产品和行业的数字化、智能化的改造和升级。

(二)网络视听行业在传媒阵地的中坚地位更加突出

当下,网络视听行业越来越成为政府和市场合力支持的发展对象。已经建立的一套社会效益和经济效益相统一的文化创作生产传播体制机制,使网络视听行业可以得到良性竞争和快速发展。网络视听行业不仅蕴含巨大的市场价值，而且肩负反映时代走向、满足人民群众需求的社会责任，在承担社会责任、维护社会秩序等方面的能力越发突出。同时，网络视听产品由于自身的内容优势、消费便捷性以及更多的表现形态，越发成为传媒领域的代表性力量。随着网络视听行业的不断发展，越来越多的主流媒体纷纷布局网络视听产品市场，网络视听已成为中国舆论场中的重要话语方式。

以网络剧、网络综艺、网络电影、网络动画片、网络纪录片、网络专题节目、网络音频为代表的网络视听节目形态，以短视频、网络直播、互动视频、VR视频等为代表的网络视听新兴业态，以多样化的产品、先进的内容和多渠道的传播模式，不断提升自身的话语权，在推动主流舆论格局形成过程中发挥着日益突出的作用。网络视听行业在现有的技术优势、政策引导以及人民的广泛参与过程中，更加注重关注现实、传承历史、关注生活，在积极引领发展方向、引导社会风气、传播优秀文化、展现中国风貌等诸多方面都有重要作用。

（三）网络视听行业加快"走出去"

随着中国网络视听精品越来越多，越来越多的视听产品通过更加多元的方式走出国门，越来越多的中国企业抢抓国内国际双循环的历史契机，加速推进网络视听产业的海外布局。在深耕本土市场的同时，一些中国网络视听平台积极开拓国际市场，尝试着"走出去"，到如今形成内容储备、服务质量和国际影响力都占据一定市场地位的网络视听平台和国际化产品，标志着中国已经开启规模化文化"走出去"的新时期。

中国互联网巨头开始加速布局全球网络视听市场，并取得不凡成绩。字节跳动以投资并购的方式收入海外市场的优质产品，同时推进自身成熟产品的全球化，其旗下的抖音海外版TikTok成为覆盖全球的爆款产品，并不断加快在全球的产品落地。此外，爱奇艺在2019年6月推出苹果端国际版App，11月在马来西亚上线运营。腾讯视频2019年上线海外版WeTV，已在东南亚、南亚国家，如泰国、印度尼西亚、印度等市场落地开花。2020年优酷有超过100部节目出口海外,《重生》《这!就是街舞》《探世界》《江湖菜馆》《缇娜托尼》《大蛇》等剧集、综艺、文化、纪实、动画、网络电影等全品类节目实现海外发行全覆盖。2020年获白玉兰国际传播奖的《长安十二时辰》是中国首部全球同步发行、采用付费模式在海外上线的华语连续剧。

可以预见的是,中国的网络视听行业在技术、政策、资本的多重作用下不断崛起和成长,逐渐拥有了与国际巨头竞争的能力,在未来国际市场上的相互竞争将成为新的发展趋势。

分 报 告
Sub-reports

B.2
2020年网络剧行业发展报告

陈 鹏 官春余*

摘 要： 2020年我国网络剧行业进入提质增速新阶段。在国家打击"剧集注水"的政策导向与行业的积极响应下，网络剧短剧化、精品化的趋势更加明显，视网融合进一步深化。网络剧数量稳中有升，播映指数不断提升。网络剧的内容方面，悬疑短剧成为新风口，IP剧走向本土化改编，"她"题材兴起，港台剧热度攀升，互动剧也逐渐受到关注。受众市场特征方面，受众群体被进一步细分，互动评分热情不减，付费意愿在不断增强。网络剧的产业运作方面，IP孵化、付费运营、类型化剧场与工业化制作为四大主流模式。但当前我国网络剧行业也面临着过度依赖IP改编、主旋律题材作品不充分、文化"走出去"能力较低等困境。网络剧要做到"三贴

---

* 陈鹏，博士，南开大学新闻与传播学院副院长，研究方向为新媒体传播、影视传播、传媒产业等；官春余，南开大学传播学硕士研究生，研究方向为网络视听、网络舆情等。

近",走多元化、精品化的发展道路,打造文化精品,增强文化影响力与国际传播力。

关键词: 网络剧 短剧化 产业运营 受众特征

一 引言

受新冠肺炎疫情的影响,我国网络剧发展的正常路径被打乱,行业内出现许多新变化、新特征。金鹰奖对"纯网剧"的开放意味着网络剧的发展迈上了一个新台阶,与台网剧之间的界限越来越模糊。在国家广播电视总局(以下简称"国家广电总局")的政策规范下,2020年我国网络剧在质与量上都实现了提升,出现了《隐秘的角落》《沉默的真相》《棋魂》《龙岭迷窟》《鬓边不是海棠红》等一批流量与口碑俱佳的作品。2020年,网络剧在上半年居家办公的大氛围下播放量较大,随着疫情防控的不断推进,下半年逐渐恢复平稳。爱奇艺、腾讯视频与优酷三大视频平台仍占据行业主导地位,但抖音、哔哩哔哩(B站)等视频平台也加速布局。值得注意的是,2020年短剧化趋势更加明显,特别体现在悬疑剧集中,悬疑短剧也成为行业的新风口。2020年的网络剧整体朝着精品化、规范化与专业化方向转型。

本报告共分为七部分,涵盖政策与市场宏观环境、网络剧行业数据、网络剧内容特征、受众分析、产业运营模式、中国网络剧的发展困境与应对,对2020年我国的网络剧行业进行分析。

二 网络剧宏观环境:政策与市场双导向

(一)加强监管、强化规范

2020年是国家广电总局充分规范行业统计数据的一年。2020年4月3

日,国家广电总局发布《广播电视行业统计管理规定》,强调"广播电视主管部门应当依托大数据统计信息系统,统筹收视收听率(点击率)统计工作,对数据的采集、发布进行监督","任何机构和个人不得干扰、破坏广播电视主管部门依法开展的收视收听率(点击率)统计工作,不得制造虚假的收视收听率(点击率)"。[1]

2020年4月10日,国家广电总局办公厅发布《关于印发〈广播电视和网络视听统计调查制度〉的通知》,调整网络视听节目服务、互联网电视和短视频等网络视听报表,强化高清超高清、智能终端的内容。10月28日,国家广电总局发布《关于印发〈防范和惩治广播电视和网络视听统计造假、弄虚作假责任制规定〉的通知》,要求"全面防范和严肃惩治统计造假、弄虚作假,健全落实广播电视和网络视听统计工作责任制",强调对数据造假"零容忍",调控与规范下游播放市场。[2] 采取一系列措施,打击网络视听数据造假,为营造规范沟通的市场环境和清朗的网络视听传播数据环境提供了保障。

(二)网络剧发展呈现短剧集、精品化趋势

2020年2月6日,国家广播电视总局发布《关于进一步加强电视剧网络剧创作生产管理有关工作的通知》,提出坚决反对人为"注水"、拉长集数等行为;"电视剧网络剧拍摄制作提倡不超过40集,鼓励30集以内的短剧创作";"每部电视剧网络剧全部演员总片酬不得超过制作总成本的40%,其中主要演员片酬不得超过总片酬的70%"。[3] 演艺人员不合理的高片酬一直是国家关注的重点,此次明确出台"限集令""限薪令"来调控剧集市

---

[1] 《国家广播电视总局令第6号:〈广播电视行业统计管理规定〉》,国家广播电视总局网站,2020年4月13日,http://www.nrta.gov.cn/art/2020/4/13/art_113_50680.html。
[2] 《广电总局印发〈防范和惩治广播电视和网络视听统计造假、弄虚作假责任制规定〉》,国家广播电视总局网站,2020年11月5日,http://www.nrta.gov.cn/art/2020/11/5/art_114_53677.html。
[3] 《国家广播电视总局发布〈关于进一步加强电视剧网络剧创作生产管理有关工作的通知〉》,搜狐网,2020年2月20日,https://www.sohu.com/a/374545952_99924572。

场,对网剧的质量与制作规范等都提出了更高的要求,也进一步通过政策手段在创意、制作、发行领域配置更多资源,为网络剧发展固本培元。

2020年,在以习近平同志为核心的党中央坚强领导下,全国网络视听行业深入实施新时代精品工程、视听中国播映工程、安全播出工程、管理优化工程等,积极应对疫情的影响。

面对疫情对影视剧行业的冲击,2020年5月6日,爱奇艺、优酷和腾讯视频三大视频网站联合正午阳光、华策影视、柠萌影业、慈文传媒等6家制作公司发布了《关于开展团结一心 共克时艰 行业自救行动的倡议书》,提出要积极响应政府号召,规范集数长度,"提倡影视剧拍摄制作不超过40集,鼓励30集以内的精品短剧创作,支持多拍良心剧、口碑剧、精品剧"①。

在政府政策导向与行业积极响应的双重作用下,未来网络剧的短剧集、精品化趋势会更加明显。以"短"为美并不是最终目的,更主要的是"挤出水分"、提升内容质量,通过更多精品内容做大市场蛋糕,赢得更多受众信任。

(三)扶持重大题材

2020年,全国互联网音视频节目增量2.2亿小时,其中获得上线备案号重点网络剧211部。2020年1月21日,国家广电总局办公厅下发《关于开展2020年网络视听节目季度推优工作的通知》,从2020年起正式启动网络视听节目季度推优工作,鼓励围绕脱贫攻坚、全面建成小康社会等重大题材进行创作。

2月12日,国家广电总局网络视听节目管理司宣布设立重大题材网络影视剧项目库。在首批入选的13部作品中,包括《北斗》《荣耀乒乓》《特勤第八组》《云过天空你过心》《青春的田野》《我们的时代》6部网剧,这意味着网络影视剧也开始迎来"国家力量",而国家对某一类题材网络剧的扶持也会影响未来的剧集内容生产方向。包括《风犬少年的天空》《摩天大

---

① 《9家影视公司发行业自救倡议:提倡影视剧不超40集》,"北京日报客户端"百家号,2020年5月7日,https://baijiahao.baidu.com/s?id=1666002173986371152&wfr=spider&for=pc。

楼》《棋魂》《沉默的真相》在内的多部网络剧被评为2020年国家广电总局优秀网络视听作品，这些作品的示范效应和辐射力也将对2021年的创作产生导向作用。

（四）两剧融合、视网融合在进一步深化

2020年4月10日，《国家广播电视总局办公厅关于组织参加第32届中国电视剧"飞天奖"评奖工作的通知》明确表示，在全国性重点视频网站首播的电视剧也在评选范围之内。5月14日，中国电视艺术家协会发布《关于组织第30届中国电视金鹰奖参评工作的通知》，爱奇艺、优酷、腾讯视频、西瓜视频几大视频平台也可上报网络剧，这是金鹰奖首次向"纯网络剧"开放。

8月7日，《破冰行动》获得第26届上海电视节白玉兰奖最佳中国电视剧奖，成为首部获得白玉兰奖的网络剧；在入围"最佳中国电视剧"的10部作品中有4部网络首播电视剧，分别为《破冰行动》《长安十二时辰》《庆余年》《鬓边不是海棠红》。金鹰奖对"纯网剧"的开放对网络剧的发展具有里程碑式的意义，意味着网络剧的地位迈上了新的台阶，而且电视剧与网络剧之间的界限越来越模糊，视网融合在进一步深化，两剧合一的趋势在不断增强。视网融合的同时，观众对网络剧的内容质量要求也相应提高，"网上网下一把尺子审核内容"的时代已经全面到来。

三 基于数据捕捉网络剧行业新气象

（一）网络剧市场上行发展，进入提质增速期

从数量方面来看，2020年全年上线网络剧292部，比2019年的253部增长15.42%，2020年数量占比比2019年提高9个百分点，上线数量远超电视剧（见图1）。从网络剧数量方面来看，在经历了供给侧结构性改革的调整后，2020年实现了近年来网络剧上线数量的首次提升，但这并不是对"减量提质"的逆袭，而是短剧集、精品化趋势的体现。剧集排除水分后，

迎来的是单部规模的缩小，这反而会促进部数增多，产品多元化供给和创新的空间进一步扩大。

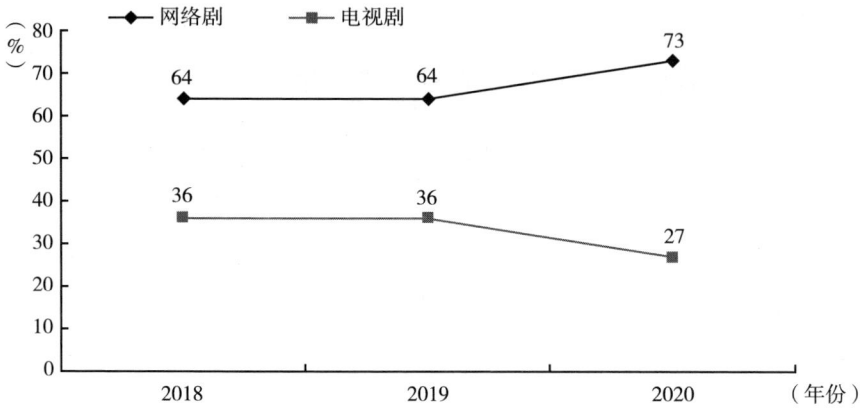

图 1　2018～2020 年网络剧与电视剧数量占比

资料来源：根据公开资料整理。

从质量方面来看，2020 年豆瓣评分 7 分及以上的网络剧数量显著提升（见图 2）。《龙岭迷窟》《穿越火线》《鬓边不是海棠红》《隐秘的角落》《怪你过分美丽》《沉默的真相》等多部作品豆瓣评分高达 8 分及以上，精品网络剧不断增加，网络剧制作迈入精品化、专业化阶段。在豆瓣评分 TOP10 中便有 8 部网络剧，《想见你》《沉默的真相》以 9.2 分斩获了口碑与流量。

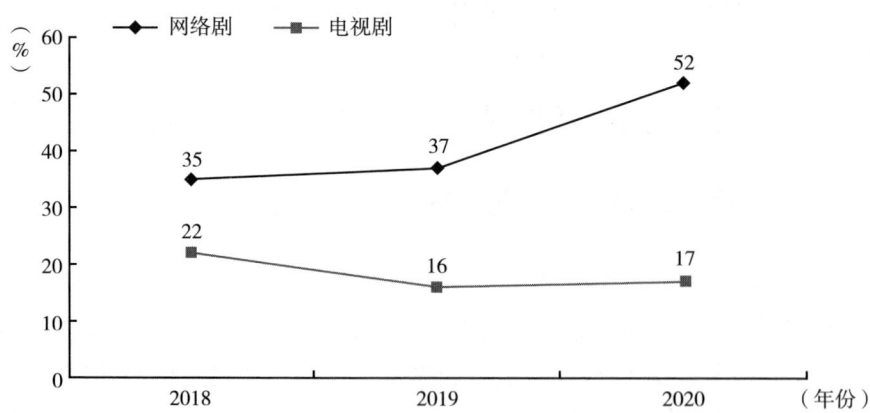

图 2　2018～2020 年豆瓣评分 7 分及以上的网络剧、电视剧数量占比

资料来源：艺恩数据。

（二）集数减少，短剧化趋势明显

2020 年上新网络剧中，单部集数 30 集以内的 192 部，占比 83%；单部集数为 12 集以内的有 80 部，占比 35%，而 46 集以上的网络剧占比较 2019 年下降 5%，悬疑网络剧单剧平均集数同比下降 16%（见图 3）。从市场表现来看，《隐秘的角落》以 12 集的体量讲述了由一次谋杀引发的冒险故事，凭借高能反转剧情与精巧入社编排赢得了 9.0 分的豆瓣高分。《唐人街探案》《我是余欢水》等热门作品也均只有 12 集的篇幅，播放节奏较快。

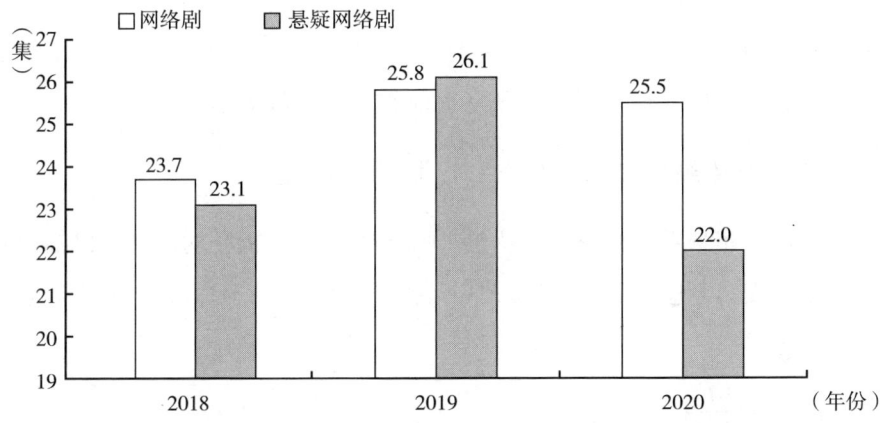

图 3　2018~2020 年上线网络剧与悬疑网络剧单剧平均集数

资料来源：艺恩数据。

（三）联播、超前点播趋势加强

受疫情影响，为减少前期成本支出，2020 年各视频平台由自制项目转为联播连制项目数量明显增加。芒果 TV 自制剧《三千鸦杀》由独播转为与优酷联播；优酷采取联播模式的力度更大，《我好喜欢你》《琉璃》《重启之极海听雷》等多部作品与芒果 TV、爱奇艺等平台联合播出。一剧多网、一剧多平台播出将在商业逻辑下成为常态，平台之间的关系也从单纯竞争向竞争合作转化，形成更良性的市场互动。

从储备项目来看，未来视频平台联合播出、台网联播的比例会提高，视频平台向电视台反向输送作品的趋势也在增强。如爱奇艺的多部作品,包括《生活万岁》《叛逆者》等都出现在了央视2021年电视剧片单中。2020年12月9日,芒果超媒购买湖南卫视于2021年1月1日至2025年12月31日期间播出的独播电视节目网络传播权,意味着卫视上线的剧集也会在芒果TV平台播出,届时或许会形成台网联合播出的风潮。如此,电视剧的"一剧双星"也会向着"一剧星网"蔓延,拓展出剧集多元化播出模式。

自2019年暑期爆款《陈情令》开启超前点播的观看模式之后,各视频平台加快试点这一全新模式,2020年共有118部网络剧采取超前点播的播放模式,占比达40%。具体来看,《琉璃》《怪你过分美丽》《传闻中的陈芊芊》《隐秘的角落》《民国奇探》《十日游戏》等多部热门作品在上线后不久就开启了超前点播,满足了观众提前看剧的心理需求。

(四)短视频平台加入布局,自制剧占主导

从平台分布来看,爱奇艺、优酷、腾讯视频三大视频网站网络剧播放量依然遥遥领先,其中2020年爱奇艺以近50%的市场占有率领跑(见图4)。

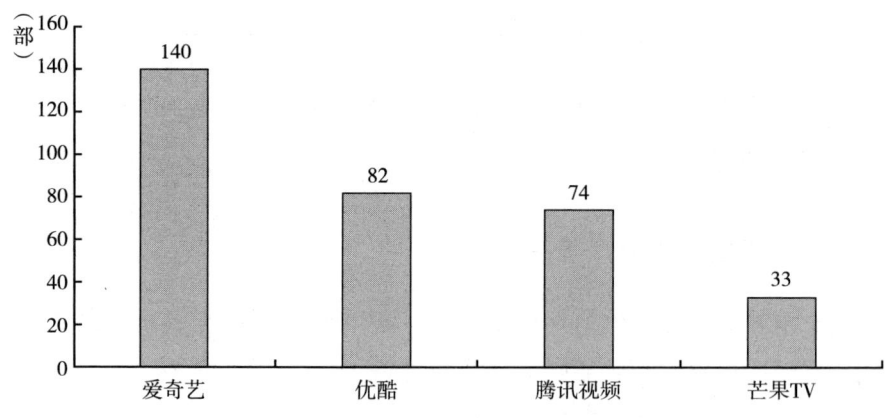

图4 2020年网络剧播放量

资料来源:云和数据。

网络视听行业作为资本密集型行业,优酷、爱奇艺、腾讯视频三大视频平台在资本、渠道、人才等方面聚积起来的优势,使行业内的后来者很难打破

它们的龙头地位，但B站、抖音等短视频平台的加入，也为市场增添了新的竞争活力。例如，抖音平台通过"直播+点播""长视频+短视频"的形式推出了《喜剧场》主题节目与一些免费影视剧，吸引了其他圈层的用户。B站的一部《风犬少年的天空》也让其迅速"出圈"，加大了对网络剧市场的谋篇布局。

从平台方参与制作的方式来看，一方面与专业制作团队联合制作，如爱奇艺与正午阳光联合出品了《我是余欢水》；另一方面平台自制剧集的趋势不断增强。2020年上新的平台自制剧（含定制）达167部，比2019年的115部增长了45.22%，占比达35%，《爱情公寓5》《半是蜜糖半是伤》《传闻中的陈芊芊》《三生三世枕上书》《民国奇探》等表现不错的作品均为自制剧。从有效播放占比来看，爱奇艺、腾讯视频自制独播剧占比均在70%以上，芒果TV独播剧占比60%，位居第三。夯实自制、培养独立的内容制作主体成为近几年平台方的一大经营策略，从而掌握投资、内容创作、拍摄、最终播出等纵向产业链上的主动权。

从四大视频平台的项目储备来看，未来自制剧的体量将会进一步增大。例如芒果TV的《我亲爱的小洁癖》《住在我隔壁的甲方》《别想打扰我学习》《不可思议的爱情》《玲珑狼心》等多部自制作品已杀青；腾讯视频也有《斗罗大陆》《乌鸦先生与蜥蜴小姐》《我的漂亮朋友》《我就是这般女子》等多部自制剧待播。

从口碑和流量来看，腾讯视频自制剧《三生三世枕上书》会员收官时累计播放量超过70亿次，爱奇艺自制剧《爱情公寓5》上线4小时播放量破亿次，《隐秘的角落》豆瓣开分9.0分，优酷播出的《琉璃》《冰糖炖雪梨》《迷雾追踪》《重启之极海听雷》《乡村爱情12》《刘老根3》《法证先锋4》等也都有不错的流量表现。

四　网络剧内容分析

（一）爱情、古装、悬疑、都市形成四强格局，悬疑短剧成新风口

与往年一样，爱情剧依然是2020年的主要剧集之一（见图5）。《半是

蜜糖半是伤》《传闻中的陈芊芊》《从结婚开始恋爱》《冰糖炖雪梨》等作品引发超高用户关注度与讨论度，多条话题登上微博热搜。《传闻中的陈芊芊》累计微博话题阅读量177亿次，使网络剧成为新星孵化的重要推动力，"90后"演员赵露思也因此走入大众视野。爱情网络剧以年轻女性为对象，剧情偏向甜宠、轻松、美好、浪漫，并且制作成本低、周期短，市场回报快，爱情题材将会是未来很长一段时间内网络剧的重要剧集。

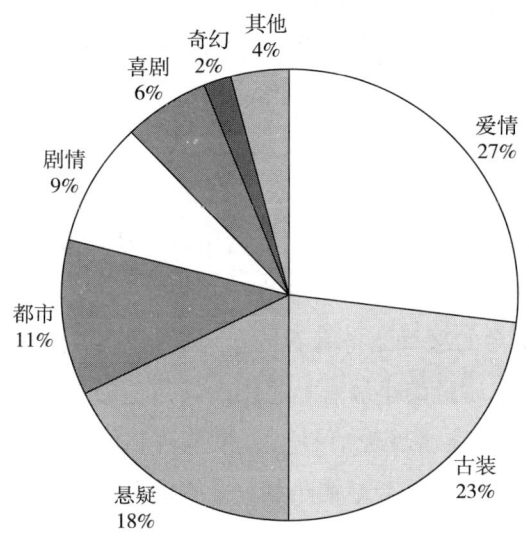

图5 2020年网络剧类型分布

资料来源：艺恩数据。

受古装剧政策收紧的影响，2020年古装剧转战网络平台依旧获得了较大关注。2020年有19部古装剧登上播映指数榜，其中《琉璃》《三生三世枕上书》《无心法师》《月上重火》《传闻中的陈芊芊》等多部作品的热播更是让观众感受到了古装剧的巨大市场价值。

悬疑网络剧数量逐年增长，相较于2019年17.02%的增长率，2020的增长率达27.27%（见图6），成为仅次于爱情剧、古装剧的第三大类型。从《隐秘的角落》到《摩天大楼》《白色月光》《沉默的真相》，2020年网络剧综合指数TOP50中有多部悬疑网络剧上榜，悬疑网络剧成为网络剧行业的新风口,越来越多的资本正加速布局悬疑网络剧市场。《隐秘的角落》的"出圈",让资本与平台看到了悬疑网络短剧的未来市场,未来悬疑网络短剧的市场占有率或会迎来爆发式增长。从爱奇艺的迷雾剧场来看,其在2021年的第三季度和第四度将会推出5部网络短剧,分别为《暗夜行者》《谁是凶手》《淘金》《致命愿望》《平原上的摩西》;而优酷也强势推出悬疑网络短剧《迷雾追踪》《回廊亭》《执念如影》等,《叹息桥》以独特的叙事手法和影像风格,对诸多社会化议题进行了深刻探讨,豆瓣评分高达8.8分。由于国家对"剧集注水"的打击,2020年悬疑网络剧出现了一个重要的转折——集数缩短,相较于2019年平均每部集数缩短了4集。以《隐秘的角落》《沉默的真相》《龙岭迷窟》为代表的一批20集以内的悬疑网络短剧涌现。

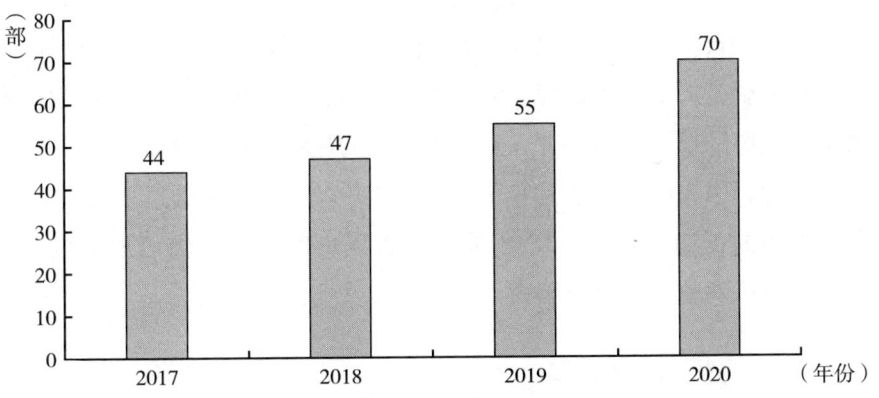

图6 2017~2020年悬疑网络剧上新量

资料来源:云和数据。

2020年,都市题材网络剧也"爆款"频出。其中《爱情公寓5》便以79.1的播映指数在2020年网络剧综合指数榜TOP50中排名第三。都市题材下也衍生出了许多垂直领域,甜宠爱情剧占绝大部分,《我,喜欢你》《你是我的命中注定》等作品热度居高不下。此外,都市题材下的职场剧、家庭剧在2020年也表现亮眼,出现《我是余欢水》《怪你过分美丽》等热门作品,其中《怪你过分美丽》豆瓣评分高达8分,口碑和流量双丰收。不

同于以往对都市题材剧俗套、雷同的质疑，2020年都市剧类型更多元，一方面是覆盖的领域更为多元，另一方面是加强了现实感，注重将作品元素与时代背景相融合并进行创新。

（二）IP剧走向本土化改编

2020年IP改编、翻拍剧市场回暖，出现了《棋魂》《龙岭迷窟》《传闻中的陈芊芊》《鬓边不是海棠红》等颇具亮点的作品。而综观这些播映指数较高的作品，可以发现其大多数是改编作品。例如，改编自日本同名漫画的《棋魂》在保留主要情节与人物关系、经典对白等的基础上，融入了不少中国元素，例如衣服上的刺绣与人物身份设定等，让更多的年轻人了解了起源于中国的围棋。成功的本土化改编为《棋魂》注入新的活力，豆瓣评分达8.2分，同时收获了口碑与流量，被称为"本土化改编之光"。

此外，相较于往年的大女主、高制作的古装剧，IP改编剧凭借原著本身的受众基础，加上集数较短、迎合受众需求，在未来很长一段时间内都会是资本方重要的投资方向，并且有加大创新的趋势。但是对原著的改编往往伴随着风险，因为原著已经具有了一批忠实粉丝，对原著的过度改编会受到这部分群体的抵制与抨击，IP改编剧能否既反映原著又突破原著的制约，成为影响其成功与否的重要因素。

（三）"她"题材兴起

相较于2019年的大男主IP改编剧，在"她经济"的助推之下，"她"题材的女性题材剧集在2020年真正崛起。《不完美的她》《怪你过分美丽》两部网络剧聚焦女性家庭与职场成长，有效播放量超5亿次，引爆"她"题材剧集。但值得注意的是，"她"题材网络剧当前还是借助于其他类型，例如《不完美的她》作为都市题材，探讨的是女性家庭与亲子关系；《白色月光》作为悬疑题材，通过各种反转设置勘破出轨真相。此外，《摩天大楼》《刺》等多部讲述女性题材的作品也备受关注。女性作为网络剧行业的消费主体，未来"她"题材网络剧要想获得持续发展，应更贴近女性生活。

女性作为网络剧的主要消费者，反映女性的文化消费需求，才能吸引这一巨大消费群体的目光。

（四）港台剧数量上升，热度攀升

以优酷为例，其在 2020 年的"港剧场"中上线了多部作品，包括《法政先锋 4》《叹息桥》《机场特警》《黄金有罪》《那些我爱过的人》《非凡三侠》《战毒》《反黑路人甲》。优酷相关负责人表示，2021 年将会继续推出一些优质的"新港剧"，丰富市场供给。中国台湾地区的剧集方面，一部《想见你》迅速"出圈"，其讲述的是穿梭时空寻找彼此爱情的故事，但是融合了"悬疑"和"爱情"这两大元素，为台式清新爱情故事注入了新的活力，以黑马的姿态杀出重围。

港台剧在 2020 年出现的"翻红"之势，又重新吸引了大陆消费者的目光。在内地市场日益多元、包容的市场环境下，各大视频平台播出台剧、港剧数量不断上升，足以看出这两大类型网络剧在内地的需求度。但如何盘活港台剧在内地的市场、持续开发流量，一方面受政策的影响较大，另一方面也要考虑内地观众的消费品位。

（五）互动剧有望成为行业新热土

从 2017 年腾讯视频推出国内首部武侠互动剧《忘忧镇》开始，我国互动剧的增长率在不断提高。2018 年只上线一部《画师》，2019 年共上线包括《明星大侦探之头号嫌疑人》《古董局中局之佛头起源》等 7 部互动剧。数据显示，2018 年中国互动剧用户规模超过 4000 万人，预计随着 5G 技术的大规模商用，近两年互动剧的用户规模增速可能达 73.2%，在 2020 年有望突破 1 亿人。[①] 2020 年共上线 13 部互动剧，腾讯视频于年初推出了互动剧《拳拳四重奏》，直接打破了国内互动剧制作粗糙的现状，其以丰富的情节、优质的后期、缜密的情节逻辑和剧情设置为国产互动剧新的发展开了一

---

① 中国电视剧制作产业协会、《综艺报》社编著《2019 中国电视剧（网络剧）产业调查报告》，中国广播影视出版社，2020。

个好头。① 优酷 2020 年 2 月上线的首部体感互动剧《娜娜的一天》，除了呈现方式为"竖屏＋第一视角"之外，还通过引入语音识别、人脸识别等 30 多项创新互动技术，带给观众一次全新纯情恋爱观感体验。《龙岭迷窟》的衍生互动剧《龙岭迷窟之最后的搬山道人》于 2020 年 4 月 8 日上线，以 8.3 分的豆瓣评分超过正片 0.1 分，微博话题"鹧鸪哨翻花绳"拥有 2035 万次的阅读量。

2020 年 8 月，国家广播电视总局发布《5G 高清视频——互动视频技术白皮书（2020）》，对互动视频做出明确的定义：互动视频"是指以'非线性视频'内容为主线，在'非线性视频'内容上开展的可支持时间域互动、空间域互动、事件型互动的内容互动视频业务，该业务具有分支剧情选择、视角切换、画面互动等交互能力，能为用户带来强参与感、强沉浸度的互动观看体验"②。互动剧的情节安排与内容设置大多围绕原作展开，多线发展，观众从被动的信息接收者变为积极主动的参与者，趣味性和体验感都得到了提高，因此对观众的吸引力较强。综观近三年的互动剧，发现多为基于 IP 改编的悬疑题材剧，这类剧集的故事情节更为紧张也更好掌握观众的心理，而 IP 改编剧、悬疑剧集在我国网络剧市场上的高占比也为互动剧的制作营造了一个较为有利的环境。从市场角度来看，网络游戏行业和传统电视剧行业的从业者都在高度关注互动剧的发展，创作团队也在通过一些剧集的试水为未来储备、锻炼更多这方面的人才。

五 网络剧受众市场特征分析

（一）基本特征：市场分众化趋势明朗

首先，从网络剧类型分布来看，悬疑、爱情、都市、职场、古装、奇幻等剧集多样共存、多元共生，每一种题材又垂直细分出不同的子题材，拓展

---

① 张智华、宿瑛伦：《2020 年中国网络剧盘点》，《现代视听》2021 年第 1 期。
② 《5G 高新视频——互动视频技术白皮书（2020）》，国家广播电视总局科技司网站，2020 年 8 月，http：//www.lincang.gov.cn/lcsrmzf/lcsgbdsj/xxgk20/xxgkzd5/557754/2020090715004185676. pdf。

至不同的领域。除了以校园、偶像等题材为内容的爱情剧之外，2020年爱情剧还延伸至医务、职场、喜剧、时尚、美食等多元领域。例如，《传闻中的陈芊芊》将爱情与古装结合，作为一部穿越剧，其设置了众多"高糖"情景，满足了观众对美好爱情的想象。但是其不同于以往古装剧"男尊女卑"的设定，通过反套路的人物编排让观众觉得轻松搞笑又不落俗套。2020年悬疑网络剧也不断走向垂直细分领域，包括犯罪、刑侦、冒险、谍战、律政等。受众不再是被动的消费者，受众的接受与否直接影响了剧集成功与否，所以制作方推出多元的网络剧题材，其实也间接反映了受众的多元需求以及受众的细分。网络剧也通过市场细分的方式深耕类型化市场，以模仿类型电影的方式与受众互动，进行市场定位与精准营销，捕获分众市场的话题，降低市场风险。

另外，"她"题材在2020年崛起的同时，网络剧也在延续着2019年兴起的"大男主"头部IP制作，不断深挖男性观众。以《龙岭迷窟》为代表的悬疑网络剧不断深挖"他"群体，而以《白色月光》《摩天大楼》为代表的网络剧不断拓展女性受众，受众群体不断被细分。

其次，从有效播放指数来看，2020年有效播放破亿的网络剧有144部，比2019年的111部增长30%；有效播放TOP5市占率为17%，比2019年下降了5个百分点（见图7）。无论是从有效播放还是从市占率来看，爆款的

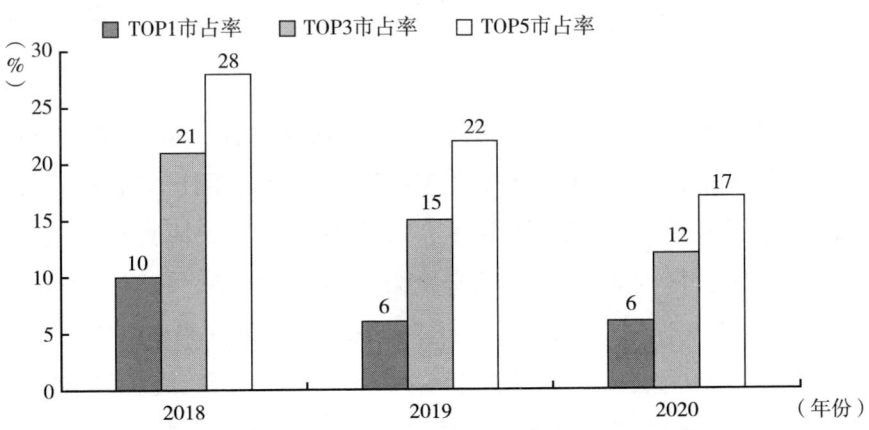

图7　2018～2020年网络剧有效播放市占率

资料来源：云和数据。

头部效应在减弱,对应不同的圈层出现了不同的爆款,受众被更细致地划分。

(二)行为特征:互动性、社交性、参与性不断提升

2020年播映指数TOP50中,9部网络剧的用户热度超过了80(见表1),用户热度为70~80的有30部,可见用户的观看、评论、点赞、转发次数之多。

表1 2020年用户热度"80+"网络剧

2020年网络剧	用户热度
《爱情公寓5》	87.81
《传闻中的陈芊芊》	85.57
《无心法师第三季》	83.65
《重启之极海听雷第一季》	83.41
《隐秘的角落》	82.89
《北陵少年志之大主宰》	82.7
《将夜2》	82.07
《三生三世枕上书》	81.47
《重启之极海听雷第二季》	81.18

资料来源:艺恩数据。

以微博为例,网络剧播出之后所引起的话题讨论,多次登上微博热搜。《传闻中的陈芊芊》累计播放量达24亿次,微博累计话题阅读量超过177亿次。《我喜欢你》累计播放量达21亿次,相关微博数67万条,微博话题阅读量达11亿次,共94次登上微博热搜,包括"我喜欢你笑秃噜皮了我""我喜欢你""赵露思说韩语""林雨申替赵露思吃芥末""我喜欢你路子野"等。《隐秘的角落》于6月25日会员收官日创下单日22次微博热搜纪录,包括"朱朝阳后悔给严良普普开门""朱永平录音笔彩蛋""隐秘的角落大结局"等,持续引发用户热议,该剧更是获得"2020年微博年度热剧"。

相比于2019年网络剧评分人数的不均匀分布，2020年有更多剧集豆瓣评分超过20万人，其中《隐秘的角落》豆瓣评分人数89万人、《沉默的真相》豆瓣评分人数60万人、《龙岭迷窟》豆瓣评分人数28万人、《传闻中的陈芊芊》豆瓣评分人数26万人、《摩天大楼》豆瓣评分人数24万人、《唐人街探案》豆瓣评分人数23万人等。可见，从整个网络剧市场来看，受众的互动性程度加深，而不仅仅是局限于单一剧集。

（三）态度特征：付费意愿稳步增强

2019年，爱奇艺与腾讯视频订阅会员数量突破亿人大关；截至2020年第三季度，爱奇艺会员数量稳中有降，腾讯视频会员数量持续增长至1.2亿人（见图8）。从整体来看，粉丝愿意为剧集买单，2020年网络剧集会员内容有效播放767亿次，同比增长17%。在爱奇艺2020年前三季度的营业总收入中，会员收入占比达65%，而在线广告收入占比持续下降至22%。

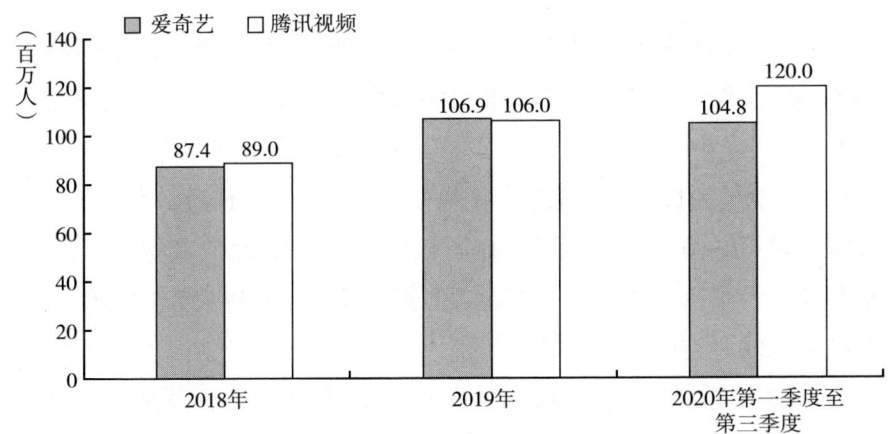

图8　2018年至2020年第三季度爱奇艺和腾讯视频会员数

资料来源：根据公开年报整理。

除了付费购买会员之外，根据网络剧推出的衍生产品，如同款手游、同款服饰、同款美食等也在不同程度上受到粉丝的追捧，由一部网络剧所串联

起来的产业链条正被制作方进行横向与纵向的延伸、拓展。在网络剧市场中，有消费能力且有消费意愿的青年占据主导地位，粉丝经济带来的购买力的大小甚至成为资本方推出某部剧集与否的重要考量标准，所以流量明星更多地出现在网络剧市场中，资本方企图通过流量来吸引粉丝买单。随着超前点播等新付费形态的施行，又出现了普通用户与 VIP 之外的另一群体——VVIP，开启了付费看剧的 2.0 阶段，上游的播剧方式不可避免地影响到下游观众的观剧选择，特别是当优质剧集对观众的吸引力足够强大时，付费意愿的"天秤"便会摇摆到付费的一端。优质网络剧对消费者付费意愿的形成和消费习惯的养成起到了巨大作用，也对其他网络视听行业的发展起到了培育受众和开拓市场的作用。

六　网络剧产业运营模式分析

（一）IP 孵化模式

在艺恩咨询发布的"2020 年网络剧 TOP50"中，半数以上的网络剧由同名小说改编。播映指数排名前十的网络剧中就有 8 部是根据同名小说改编的，分别是《重启之极海听雷第一季》《龙岭迷窟》《琉璃》《三生三世枕上书》《鬓边不是海棠红》《隐秘的角落》《怪你过分美丽》《重启之极海听雷第二季》。此外，《热血同行》《仲夏满天星》《棋魂》等作品是根据同名漫画改编的，由二次元走向真人剧；《穿越火线》等作品则是根据同名游戏改编的。

除了根据同名小说、漫画与游戏的 IP 改编剧之外，跨时空与跨文化的改编剧也不断增加。2020 年的 IP 改编网络剧中，经典中国台湾香港偶像剧、韩剧、美剧、日剧等在网络剧市场上多元共存。《你是我的命中注定》改编自台剧《命中注定我爱你》，《不完美的她》改编自日剧《母亲》，《从结婚开始恋爱》改变自泰国文学作品 *Samee Ngern phon*（中文名为《这个平凡的男子》），《仲夏满天星》改编自韩国漫画《浪漫满屋》。

IP网络剧源头多样且不断细分,一些经典剧集在融入时代元素之后仍有较大市场。

2020年,IP网络剧也呈现深耕的趋势,制作方不断挖掘IP的衍生价值。一方面,热门IP剧为充分发挥粉丝经济效应,在第一季的流量与热度基础上紧锣密鼓地推出了第二季,例如《重启之极海听雷》分别在7月与9月上新了第一季、第二季;《传闻中的陈芊芊》已经在筹备第二部。另一方面,IP小说的番外篇、综艺IP的二次创作也开始登陆市场。作为IP大剧《鹤唳华亭》番外篇的《别云间》于9月22日在优酷上线,作为《明星大侦探》的衍生微剧《目标人物》于11月11日在芒果TV上线。

IP剧正在不断拓宽范围,从小说、漫画、游戏、综艺等到网络剧,其产业运营模式不断完善;再加上IP改编剧自带原著所拥有的粉丝关注度,未来将会成长为网络剧市场上一支常态化的力量。从"作为衍生产品"向"开发衍生产品"转化,说明网络剧的产业化道路正随着日益专业化的题材类型和拍摄风格经历一轮从量变到质变的跃升。①

(二)付费模式

目前各视频平台的收入已经突破了单一的广告费来源,付费模式更为常见,包括VIP会员与超前点播。超前点播模式作为近年来出现的新形式,尽管受到观众的诸多抵制与主流媒体的批评,但还是没有被视频平台摒弃。根据国家广播电视总局监管中心数据,2020年付费剧有210部,占比达91%,超前点播剧有68部,占比达30%,而2019年尚且只有《陈情令》《庆余年》等5部剧使用超前点播的模式。

《陈情令》超前点播模式的成功运行,让烧钱严重的视频平台看到了新的"生钱之道"。腾讯视频于2020年正式升级,面向VIP会员提供超前点播服务,至此形成"非会员—会员—超前点播"三个追剧的赛道。超

---

① 李丹舟、赵梦笛:《网络剧的文化治理:审美价值、生产机制与优化路径》,《云南社会科学》2021年第1期。

前点播通常是按集收费，多为3元/集。各视频平台在借鉴《庆余年》经验的基础上，对超前点播模式进行了一些改动。首先是提前告知，不同于《庆余年》VVIP收费模式的突然告知，2020年使用超前点播的网络剧大多提前告知观众。其次是点播时间更靠后，《将夜》在全剧播放至3/5时提供超前点播；《爱情公寓5》在全剧播放至2/3时开始超前点播。最后是点播的权限更大、与普通会员区分度更高，《庆余年》的VVIP权限实际上仅比普通会员提前一周看到大结局，没有达到观众的心理价值预期；而《爱情公寓5》和《将夜》的VVIP会员可以提前三周看到大结局，观众的获得感更强。

2020年，573家持证及70家备案机构的网络视听收入为2943.93亿元，同比增长69.37%。其中，用户付费、节目版权等服务收入大幅增长，达830.80亿元，同比增长36.36%；短视频、电商直播等其他收入增长迅猛，达2113.13亿元，同比增长87.18%。①

超前点播模式其实也是视频平台在会员数量已经很难再突破"天花板效应"的情形下的一种盈利考量，对一些头部剧集来说，未来付费观看或许会成为产业经营的常态。包括腾讯视频、爱奇艺、优酷等在内的视频平台，在原来VIP会员的基础上，不断探索超前付费等新的付费模式，培养观众付费观看优质剧集的习惯，未来可能会出现更多新的形态。但如何平衡付费新形态与受众利益需求之间的关系，也直接影响到付费新模式的前景。

（三）类型化剧场模式

类似于观众非常熟悉的湖南卫视的"金鹰剧场"、浙江卫视的"中国蓝剧场"等，2020年各主要视频平台加大力度推出悬疑、职场、家庭等剧场，对剧集进行批量、集中、类型化管理。爱奇艺于第二季度推出"迷雾剧

---

① 《2020年全国广播电视行业统计公报：行业总收入9214.6亿元》，"网络视听生态圈"微信公众号，2021年4月19日，https://mp.weixin.qq.com/s/vRfSdjMniubNyNO9ovitLg。

场",首部剧《十日游戏》于2020年6月22日上线,豆瓣开分8.1分;紧接着又推出《隐秘的角落》《非常目击》《在劫难逃》《沉默的真相》4部自制悬疑短剧。《沉默的真相》上线后,豆瓣评分从开局的8.9分迅速上升至9.1分,成为2020年豆瓣评分最高的网络剧。"迷雾剧场"面向的是VIP会员,每周二至周四20:00更新两集;在上线两天之后,星钻VIP会员可以直通大结局。爱奇艺通过快节奏、精品化悬疑短剧的剧场化运营,迅速带动了星钻会员数量的增长,增强了用户黏性。

优酷2015年就已推出"放剧场",提出剧场化运营的策略,试图构建主题化、精细化、互动化的立体矩阵式营销新模式。2020年优酷推出了五大剧场,分别是"宠爱剧场""悬疑剧场""合家欢剧场""港剧场""都市生活剧场"。其中"宠爱剧场"上线《琉璃》《你微笑时很美》等剧集;"悬疑剧场"上线《白色月光》《迷雾追踪》等剧集。剧场模式已经成为网剧产业运营的重要形态。

剧场模式不仅仅是同类型剧集的简单归置,也是对优质剧集的高度标准化、类型化与规模化。将剧场做成品牌,形成品牌效应,既满足观众的不同需求,提高受众的品牌忠诚度,进而增加会员数量;又可以利用分众化来吸引广告商,提高广告收入。

(四)工业化制作模式

启信宝数据显示,2020年1月1日至4月26日,注销影视企业8809家,超过2019年的半数和2017年全年的数量。[①] 而2020年国内文娱行业共发生投融资事件315起,比2019年减少了319起,比2018年减少了733起,投资数量锐减70%。[②] 受疫情影响,2020年我国影视剧行业的投融资

---

① 丁舟洋:《2020年过去三分之一,注销的影视公司已超去年半数》,"每日经济新闻"百家号,2020年4月27日,https://baijiahao.baidu.com/s? id = 1665123031908506511&wfr = spider&for = pc。
② 叶小彤:《2020七大巨头文娱投资图谱——游戏占据半壁江山》,搜狐网,2021年1月12日,https://www.sohu.com/a/443977164_ 159592。

数量、规模等都受到了一定程度的冲击，网络剧行业的工业化制作规模相比2019年也有所缩减，但行业寒冬也在客观上筛选了一批专业化的制作团队，推动了影视剧制作的工业化与集约化进程。2020年网络剧工业化制作模式的新突破主要体现在使用的技术更先进、特殊题材工业化、制作更为精细、演员配置升级等方面。

2020年象山影视城率先打造了LED摄影棚，为高科技或科幻影视剧服务，LED虚拟场景在一定程度上取代了传统绿幕的运用。6月，横店影视城文化产业集聚区正式挂牌成立，综合性与优质化的影视产业平台正逐步完善。例如，作为一部仙侠题材的作品，《琉璃》在剧中使用堪比电影的特效，全剧累计特效团队人数超过百位，甚至被观众称为"破产级特效"；还前往天柱山等多个地方实地取景，采用实景美术与特效相结合的方式营造了磅礴飘逸的场景。

优酷则在2020年中国国际服务贸易交易会上正式发布"LED数字背景拍摄方案"，从效果、成本、效率、辅助表演等维度，助力影视行业降本增效。对比绿幕合成可平均节省30%～50%的成本，降低制作门槛，为创意松绑，从而助力加快中国影视制作数字工业化进程。

截至2020年底，共成立广播电视和网络视听产业基地（园区）27个，规划建筑面积达3.84亿平方米，入驻广播电视和网络视听各类企业6246家，实际投资额达319.55亿元，就业人数超17万人，营业收入为881.53亿元，营业利润为87.13亿元，应缴税金为42.26亿元。此外，广电视听产业基地（园区）吸引上下游等其他相关企业入驻超过8000家，就业人数超10万人，带动实际投资额超过350亿元，营业收入超过1200亿元，应缴税金超过160亿元。①

优酷在行业里率先开展了影视资产管理，服装道具实行扫码入库，剧组可以在线上查看、调度道具不仅实现了提质增效，也实现了绿色环保。易烊

---

① 《2020年全国广播电视行业统计公报：行业总收入9214.6亿元》，"网络视听生态圈"微信公众号，2021年4月19日，https://mp.weixin.qq.com/s/vRfSdjMniubNyNO9ovitLg。

千玺坐过的红沙发、《长津湖》里的坦克都来自优酷的道具库,并且在多个影视剧中都有过出镜。优酷从2019年开始联合行业合作伙伴,建立了三大仓库,储备了28万件服装道具,服务了300多个剧组,为整个行业节省了约4000万元。

2020年网络剧电影化、工业化制作的另一重要体现就是演员阵容的升级。例如,爱奇艺的《鬓边不是海棠红》会集了黄晓明、尹正等演员;企鹅影视的自制剧《不完美的她》由周迅主演;爱奇艺的自制剧《沉默的真相》由廖凡主演,《隐秘的角落》主演是秦昊。疫情给电影行业造成的冲击最大,在此形势下电影演员纷纷转向视频平台,也从客观上为网络剧行业带来电影制作和人才队伍的规范标准。所以,尽管2020年缺乏2019年工业化制作的网络剧爆品,但资源配置市场化基础上的工业化生产体系的质量仍待提高,在技术、行业竞争、国家政策等的作用下,网络剧的制作流程会逐渐向工业化与规范化迈进,这一过程具有不可逆性。

七 网络剧行业面临的困境及应对

(一)IP改编剧集比例过高,应增强原创性、多元化内容生产

在播映指数TOP50榜单中,只有《爱情公寓5》《穿越火线》《重生》等12部作品为原创作品(《爱情公寓5》为"剧N代"的自我IP转化),除了《你是我的命中注定》等少数作品是翻拍之外,绝大多数作品是根据IP小说或游戏改编。IP改编作品成为我国网络剧市场的主流,这种现象并不是在2020年才出现,而是长期存在于我国网络剧市场。

制作方热衷于IP改编的主要原因有以下三点。一是降低成本,IP改编比原创剧本时间更短、支出更少;二是降低风险,原著既存在于市场中,便说明这类主题在一定程度上接受了市场的检验,改编或者翻拍可以应对创意风险的市场不确定性;三是获取关注、流量与热度,原著本身自带的粉丝以

及改编带来的选角争议、情节争议等都会为作品带来一定的热度。再加上资本的逐利性,当越来越多的投资人去投资自带关注度的 IP 产品时,会吸引更多资本进入或跟风模仿,形成"马太效应"。当观众的消费品位已经被培养起来时,其他题材与主题的作品便很难被市场接受与认可。过多的 IP 改编作品占领市场带来的是整个行业的虚假繁荣,市场缺乏创新的活力不利于网络剧行业的持续健康发展。

为防患于未然,一方面是国家需要加强对网络剧的审核,可以通过公布每种题材剧集的占比等方式进行提醒,通过对多元题材内容的生产给予支持等措施来规范 IP 改编热;另一方面是网络剧的制作方要强化问题意识与道德意识,不能唯金钱至上、唯商业利益至上,要提升作为一名文艺创作者的创新追求、精神追求与媒介素养。

与此同时,IP 改编的精品化路线与多元价值也是另一个探索的方向。致力于打造 IP 网络剧内容的精品化,可以推动优质 IP 生态的良性发展,促进中国 IP 网络剧产业的优化升级与内涵发展。①

(二)主旋律题材作品较少,应注重三贴近、正能量精神内涵

2020 年是决胜全面小康、决战脱贫攻坚之年,是抗战胜利 75 周年,也是党领导全国各族人民团结抗击新冠肺炎疫情的一年。国家广电总局多次下发通知,要求做好重大题材电视剧创作与播放,也首次宣布设立重大题材网络影视剧项目库。但整体来看,现实主义题材的主旋律作品在网络剧市场中的数量虽然有所提升,但整体比例不高,像《热血同行》《亲爱的麻洋街》等产生较大影响的作品还比较缺乏。

另外,尽管我国每年的网络剧都涉及多元题材,涵盖悬疑、职场、爱情、家庭等领域,近年来也在不断拓展垂直细分领域,但现实主义题材作品的比重整体仍较低。特别是一些甜宠爱情剧为迎合年轻女性观众对爱情的美好设想,设置的情节大多脱离现实生活。

---

① 翟量:《价值链理论视域下 IP 网络剧的运行策略研究》,《中国广播电视学刊》2021 年第 2 期。

在互联网时代，如何从我国优秀传统文化中寻找灵感，反映时代需求、讲好新时代生动的中国故事、加大主旋律作品与正能量作品供给，既是网络剧创作者职业之问、时代之问，也是责任担当之问。优秀的文化作品应当是"无愧于我们这个伟大民族、伟大时代的优秀作品"①，未来的网络剧生产应立足现实、着眼未来，同时从我国源远流长的优秀传统文化中汲取营养，努力创作出贴近时代、贴近生活、贴近人民的优质作品，既要娱乐人民的现实生活，也要积极引导人民的精神追求。

（三）文化"走出去"较少，应打造文化精品、增强国际传播力影响力

在2020年的网络剧市场中，有多部剧集改编自其他国家，其中《不完美的她》改编自日剧《母亲》、《仲夏满天星》改编自韩国漫画《浪漫满屋》等。外国优秀作品的引进在我国影视剧行业较为常见，但我国优质网络剧走出国门的情形还较少。2020年播出的网络剧中，《隐秘的角落》被日本引进，《琉璃》出现泰版与韩版，《传闻中的陈芊芊》也于2020年6月11日在泰国上线。这一方面说明我国优质作品的文化"走出去"又向前迈出了一步；但另一方面又说明我国的网络剧"走出去"仅局限于东南亚国家和部分非洲国家，对欧美等国家和地区的发行力度不够，国际传播力与影响力有待进一步提高。在内容元素方面，需要结合多国、多文化发行需要，在剧集创意阶段就适度嵌入相关元素，增加海外传播的亲和力和亲近感。在内容审美方面，突出不同文化能够共同接受的大众美学，将中国文化特有的审美意象、审美体验融入剧情，在跌宕起伏、出人意料的叙事中，让更多人感受到情理之中的内在逻辑和向上向善的美学追求。

与此同时，我们也要警惕，并不是所有的文化"走出去"都是好的，

---

① 《（授权发布）习近平：在文艺工作座谈会上的讲话》，新华网，2015年10月14日，http://www.xinhuanet.com/politics/2015-10/14/c_1116825558.htm。

与我国经济社会发展不符合、与我们的历史文化相悖的内容如果大规模"走出去",会让其他国家对我国的形象产生错误的认识。而随着全球化浪潮的不断加深,各国文化作品之间的传播与共享将会成为一种常态,我们需要做的是打造文化精品,不断丰富作品的精神文化内核,正确展示我国文化特质,提升文化软实力与影响力。

B.3
2020年网络综艺行业发展报告

石小溪 张明浩[*]

摘 要： 虽然同样受到新冠肺炎疫情的影响，但相较于其他视听节目，网络综艺呈现了稳中有进、理性发展的趋势。在上新数量、制作方式、市场招商、口碑质量等方面，网络综艺都表现出较高的抵抗风险与借势发展的能力。各大网络平台也充分利用自身的优势与资源，以差异化路径来提升市场竞争力。在愈益有序的行业发展环境中，网络综艺的题材更加丰富多元，"综N代"节目受观众喜爱度最高。综艺"她"力量、技术赋能下的"云录制"以及电商加持下的"带货综艺"是2020年网络综艺行业发展中的突出新现象。真实生活体验感的营造与多形式的融合创新是美学新亮点。"娱乐+正能量"的主导价值传递、多元文化的竞合呈现则是2020年网络综艺的重要文化特色。

关键词： 网络综艺 "综N代" "她"力量 云录制

作为备受观众喜爱的一种视听节目类型，网络综艺在经历了2015年到2018年的高速增长后，于近两年进入了提质减量的理性发展期。2019年，网络综艺上新量有所下降，2020年，网络综艺出现播放量略减的情况，但

---

[*] 石小溪，北京大学艺术学院博士，美国华盛顿大学访问学者，南开大学文学院讲师，研究方向为电影批评、影视文化与产业；张明浩，北京大学艺术学院硕士研究生，研究方向为电影文化与创作。

这并未阻碍其口碑效应的愈益凸显。尤其是在颇为特殊的2020年,尽管网络综艺在制作上会和其他视听节目一样受到疫情的影响,但其仍交出了可圈可点的成绩单,甚至在各种限制之中实现了艺术与科技的融合创新以及更深切的人文关怀。网络综艺在为受众提供娱乐与审美价值的同时,也为社会产出更显著的文化影响力与商业价值。本报告以爱奇艺、腾讯视频、芒果TV、优酷、哔哩哔哩(B站)等平台于2020年1月1日至12月31日上线的网络综艺节目为监测对象(正片有效播放量[①]的数据统计截至2021年1月7日),对2020年网络综艺行业展开了数据解读、头部节目解码、发展新变探析、美学与文化特征概括以及未来发展的前瞻探讨,以期为网络综艺行业提供理性的思辨之声,助推其走向更加良性、健康的发展之路。

一 行业数据解读

2020年,网络综艺节目的上新量微增,有效播放量略减。尽管有效播放量下降,但与同年度的电视综艺相比,网络综艺节目有限的降幅,反而说明这一市场拥有巨大的活力。从行业发展整体数据来看,2020年的网络综艺节目在上新量、有效播放量、口碑评分、招商数量等方面均展现出良性向上的发展态势。

(一)上新数量对比:稳中有进、理性发展

以不同的范围与方式统计,网络综艺的节目上新量会呈现较大的差异。根据艺恩数据所统计的包含国外综艺、晚会与衍生等综艺节目上新量,2020年网络综艺上新量为242档,较2019年的239档增加了3档;电视综艺的上新量为211档,较2019年的249档减少了38档。综合网络综艺与电视综艺的数据来看,2020年的综艺上新量相较于2019年同期,在整体上减少了

[①] 所谓"正片有效播放量",是指在排除预告片、花絮、特辑等干扰因素,综合考虑正片的有效点击与受众观看时长,最大限度去掉异常和无效的点击量之后,较为真实反映节目正片的市场表现和受欢迎程度的播放数值。

7.2%,网络综艺在整体综艺数中的占比为53.4%。① 根据云合数据所提供的内部数据统计②,2020年九大视频平台上新的网络综艺节目(含年播及季播综艺,不含衍生综艺,不含晚会节目)为145档,较2019年同期增加6档,增幅为4.3%。与2020年电视综艺的上新量(125档)相比,网络综艺的上新量也略占优势,份额达53.7%。

从艺恩数据与云合数据所给出的年度上新量的比较上,我们可以发现两个特点:第一,2020年电视综艺市场受到疫情冲击的力度要明显高于网络综艺市场,并且因为电视综艺所受到的影响,2020年的综艺上新量在整体上较2019年有所下降;第二,无论是否包含衍生综艺和晚会节目,网络综艺在2020年的整体综艺中的市场占比都在53%左右。

从月度上新量来看,根据云合数据的统计方式与提供的内部数据,2020年网络综艺平均每月上新12档,每月上新数量的前后差异并不明显,电视综艺的季度数据却差异较大(见图1)。

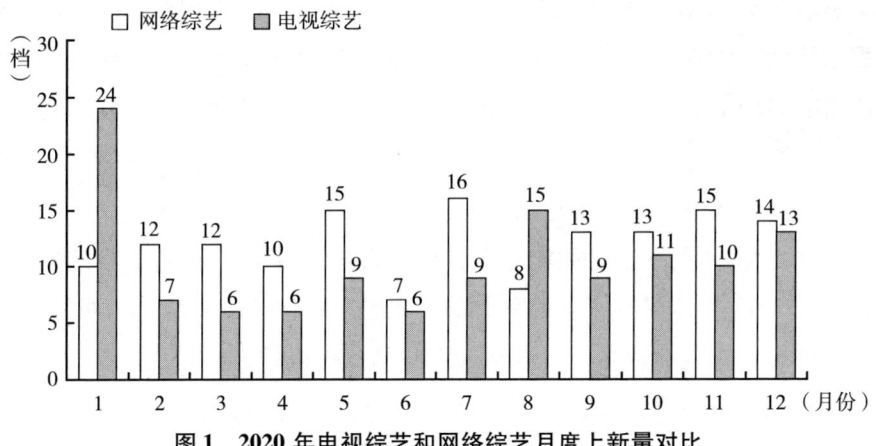

图1 2020年电视综艺和网络综艺月度上新量对比

资料来源:云合数据(内部提供)。

---

① 《2020年影视剧综品牌赞助盘点》,艺恩数据网,2021年2月24日,https://www.endata.com.cn/Market/insightDetail.html?id=68799。
② 统计的平台范围:爱奇艺、腾讯视频、优酷、芒果TV、搜狐视频、乐视视频、PPTV、西瓜视频、B站。统计时间:2020年1月1日至12月31日。综艺类型:含年播及季播综艺,不含衍生综艺,不含晚会节目。

疫情的突袭而至使我国影视综艺行业受到了较大冲击。2020年电视综艺的上新量从1月的24档直接锐减到2月的7档、3月的6档，降幅超过70%，网络综艺却表现出较好的抗疫情风险的能力，四个季度的上新量分别为34档、32档、37档、42档，总体上新趋势较为平缓。其中，网络综艺第一季度的上新量稳中略升，2月和3月的上新量比1月的10档还多出了2档。第二季度，网络综艺的月度上新量持续增长，总体呈现良好态势，5月的上新量达到了15档；第三季度，网络综艺的月平均上新量高于总体水平，属于"暑期档"的7月为全年最高产出月，上新量多达16档；第四季度，电视综艺受到的疫情影响减弱，与网络综艺一样都在整体上新量上高于前三季度。总之，网络综艺在季度和月度上新量上，更进一步地反映出抗疫情风险的能力。

（二）有效播放量与口碑评分：重视内容、减量提质

虽然2020年网络综艺的节目上新量略有增加，但有效播放量有所下降。根据云合数据发布的资料，2020年综艺总体有效播放量为372亿次，相较2019年的410亿次有效播放量，减少9%。其中，网络综艺2020年总体有效播放量为191亿次，相较于2019年的195亿次有效播放量，减少2%，电视综艺的有效播放量为181亿次，同比减少15.8%（见图2）。

由此可见，无论是电视综艺还是网络综艺，2020年综艺节目的有效播放量相较2019年均呈现了下降的趋势，只是电视综艺的降幅更为明显。

另外，在有效播放量上，各平台之间的分化也较为显著。从有效播放量排名前四的平台来看，爱奇艺上新的网络综艺的有效播放量最高，达到56亿次（见图3）。

上新量的控制与有效播放量的下降并未影响网络综艺的质量与口碑，与之相反，2020年，网络综艺在豆瓣评分上获得高评分的作品数量稳中有进。评分8分及以上的有25档，相对于2019年增加1档；9分及以上的有10档，相对于2019年增加2档，更是出现了2档9.5分及以上的作品（见表1）。

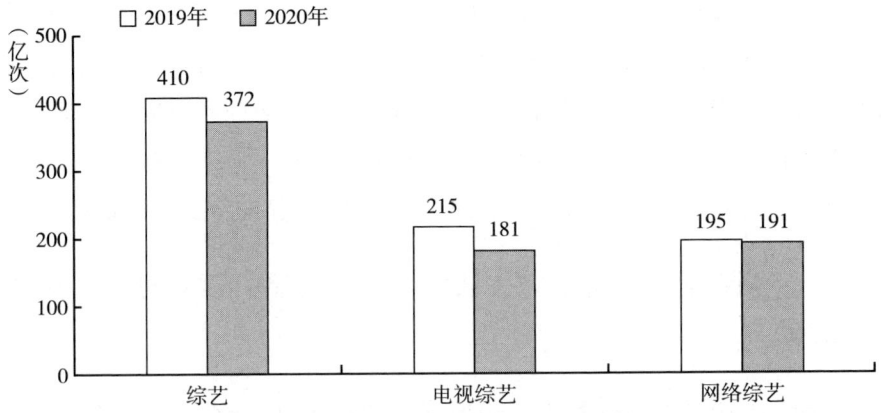

图 2　2019～2020 年全网综艺正片有效播放量

资料来源：根据云合数据整理。

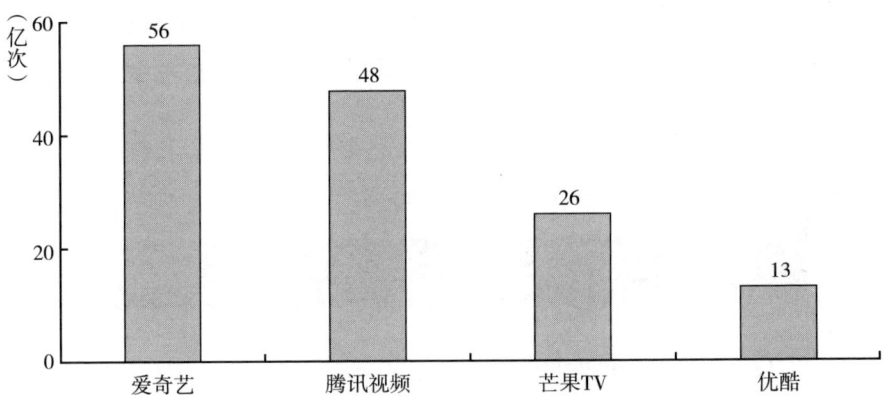

图 3　2020 年上新网络综艺各平台有效播放量

资料来源：根据云合数据整理。

表 1　2018～2020 年网络综艺豆瓣评分区间对比

单位：档

年份	8分及以上	8.5分及以上	9分及以上	9.5分及以上
2018	25	17	10	1
2019	24	16	8	1
2020	25	15	10	2

资料来源：根据骨朵数据、云合数据整理。

结合2020年网络综艺节目有效播放量下降与口碑提升的现象来看，可以发现观众对于网络综艺节目质量的要求正在不断提高。从豆瓣高分作品数量的微增中，能够看出网络综艺的制作团队已表现出更加注重内容质量的态度。这在一定程度上也可以视为2019年8月国家广电总局颁布《关于推动广播电视和网络视听产业高质量发展的意见》后，网络综艺行业所给出的提质反馈。

（三）题材样态分布："生活体验"类作品引领下的多元发展与创新探索

根据击壤洞察发布的数据，2020年网络综艺在题材上呈现多元发展的总体态势。生活体验类、音乐类、夫妻/情侣生活类、美食类、脱口秀/演讲类的占比位列前茅。其中，生活体验类综艺在2020年的网络综艺题材中占比明显提升，增幅为8%左右。衍生其他类、音乐类、夫妻/情侣生活类作品占比有所下降，但依旧位居前列，美食类、脱口秀/演讲类数量占比都有所提升（见图4）。

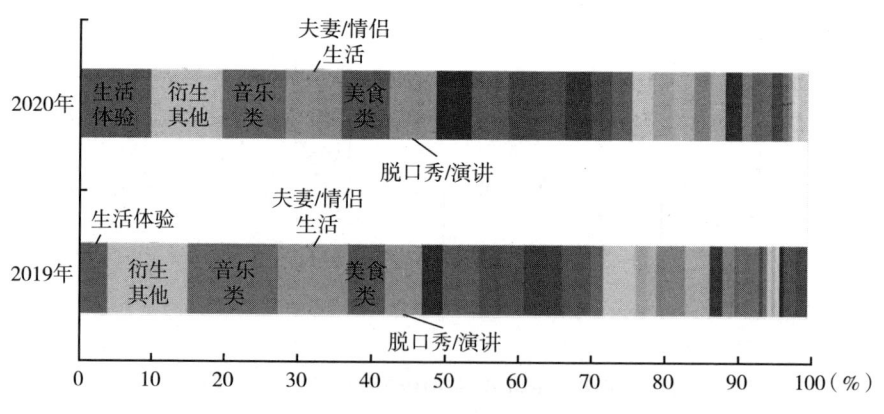

图4　2020年网络综艺各题材数量占比

资料来源：《2020年网络综艺趋势报告》，"击壤洞察"微信公众号，2020年2月3日，https://mp.weixin.qq.com/s/UUKEs1H3B5PiI6l29Dz1PA。

此外，衍生其他类节目在2019年、2020年两年间都占据重要的位置，但与2019年相比，2020年的衍生其他类网络综艺更强调系列化生产。比如

《嘎嘎笑不够》《嘎嘎练习室》《嘎厂实习记》等"嘎嘎"系列都是腾讯视频《认真的嘎嘎们》IP 所延伸的批量衍生节目；《师父！我要跳舞了》《街舞开课啦》《街舞营业中 3》《街舞潮流图鉴》《街舞要 ONE MORE》等"街舞"系列则都是优酷街舞类节目《这！就是街舞第三季》的衍生作品；《朋友请直播》《喵喵请听好》《朋友请吃好》等"朋友请"系列节目，则是芒果 TV《朋友请听好》的衍生节目。

从各题材占比变化与题材分布及衍生作品的不断发展来看，"生活美学"类作品（情感、生活体验、美食）将持续占据重要位置；网络综艺的衍生化、IP 化、系列化、工业化生产将成为未来网络综艺的重要发展趋势。

（四）平台招商数据：总体招商稳健，发展态势向上

从艺恩数据发布的剧综软广合作情况来看，2020 年有软广合作的综艺节目占比为 29%，网络综艺的有软广合作率高达 54%，网络综艺所表现出的商业价值明显高于电视综艺。

从具体的品牌合作数据来看，击壤洞察发布的数据显示，相对于 2019 年的网综招商品牌总数 443 个，2020 年各平台网综招商品牌总数高达 588 个，提升幅度达到 32.7%。其中，优酷的增幅最为明显，从 2019 年的 117 个增至 269 个，增幅接近 130%；爱奇艺、芒果 TV 和腾讯视频的招商数量则基本保持在 140 个左右——爱奇艺 148 个、芒果 TV146 个、腾讯视频 135 个。从增长趋势来看，除腾讯视频招商数量有所缩减之外，优酷、爱奇艺、芒果 TV 这三大平台的招商数量均有所上升（见图 5）。《这！就是街舞第三季》在内容、热度、商业模式上全线突破，衍生收入超过 2.5 亿元。

在招商流失方面，2020 年的网络综艺市场情况也明显优于 2019 年，连续合作的品牌达到 180 个。从网络综艺招商总数的上升、各平台的招商数以及持续合作的稳健程度来看，2020 年网络综艺在招商市场上表现出稳健提升、向上发展的良好态势：一是招商能力变得更强了，资本更重视网络综艺的商业价值；二是网络综艺与品牌合作的持续性变强了，品牌流动减少，持续合作品牌增多。

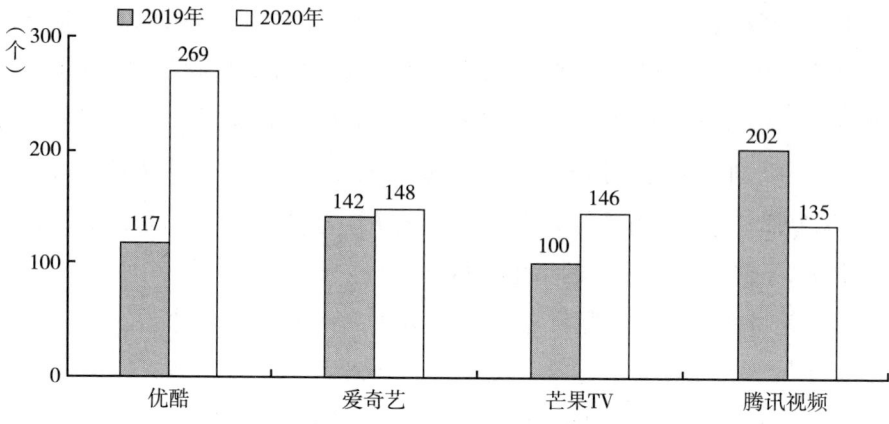

图5　2019~2020年网络综艺各平台品牌招商数

资料来源：根据击壤洞察发布的数据整理。

二　头部网综节目解码

在文娱行业，头部节目通常代表了该行业在不同方面的最高标准，对于整个行业的制作与发展具有较高的参考价值。因此，在对网络综艺行业的整体数据进行解读之后，本部分将更细致地分析2020年云合数据发布的有效播放量排名前20的网络综艺节目的题材分布、IP特征、平台占比与口碑效应（见表2）。

表2　2020年网络综艺有效播放量TOP 20节目

单位：亿次，分

排名	综艺名称	正片有效播放量	题材	播出平台	豆瓣评分
1	《青春有你第二季》	19.32	偶像选秀	爱奇艺	5.9
2	《朋友请听好》	9.15	语言	芒果TV	8.4
3	《创造营2020》	6.87	偶像选秀	腾讯视频	5.3
4	《哈哈哈哈哈》	6.75	真人秀	爱奇艺/腾讯视频	6.6
5	《这！就是街舞第三季》	6.13	舞蹈	优酷	8.5
6	《乘风破浪的姐姐》	6.08	偶像选秀	芒果TV	7.0
7	《演员请就位第二季》	5.73	表演	腾讯视频	5.2

续表

排名	综艺名称	正片有效播放量	题材	播出平台	豆瓣评分
8	《中国新说唱2020》	5.54	音乐	爱奇艺	4.5
9	《德云斗笑社》	4.87	语言	腾讯视频	7.6
10	《做家务的男人第二季》	4.37	生活	爱奇艺	6.8
11	《密室大逃脱第二季》	3.79	推理	芒果TV	7.2
12	《脱口秀大会第三季》	3.62	语言	腾讯视频	8.1
13	《我要这样生活》	2.44	生活	爱奇艺	6.5
14	《我是唱作人第二季》	2.30	音乐	爱奇艺	7.4
15	《乐队的夏天第二季》	2.16	音乐	爱奇艺	7.4
16	《心动的信号第三季》	2.14	情感	腾讯视频	7.6
17	《喜欢你我也是第二季》	2.12	情感	爱奇艺	5.7
18	《拜托了冰箱第六季》	2.09	语言	腾讯视频	7.1
19	《少年之名》	1.88	偶像选秀	优酷	5.5
20	《说唱新世代》	1.65	音乐	B站	9.3

注：豆瓣评分查询截至2021年2月22日。
资料来源：根据云合数据、豆瓣评分整理。

（一）"综N代"选秀、语言与音乐类综艺受观众欢迎度最高

通过观众点击播放与持续观看行为所生成的有效播放量数据，最能直接反映观众对于一档网络综艺节目的兴趣度。

从题材分布和有效播放量占比来看，2020年有效播放量排名前20的头部网络综艺在呈现差异化的同时还表现出明显的"一类独大"的题材特征。

从差异化来看，这20档网络综艺共涉及9类题材：偶像选秀类节目4档，语言类节目4档，音乐类节目4档，舞蹈类节目1档，真人秀节目1档，表演类节目1档，推理类节目1档，生活类节目2档，情感类节目2档，整体呈现出一定的多元化（见图6）。但细看具体数据，偶像选秀类节目的表现在9类题材中最为突出，占据了有效播放量6亿次以上的6部作品中的半壁江山。其中，有效播放量排名第一的《青春有你第二季》，甚至比第二名的播放量高出1倍以上。

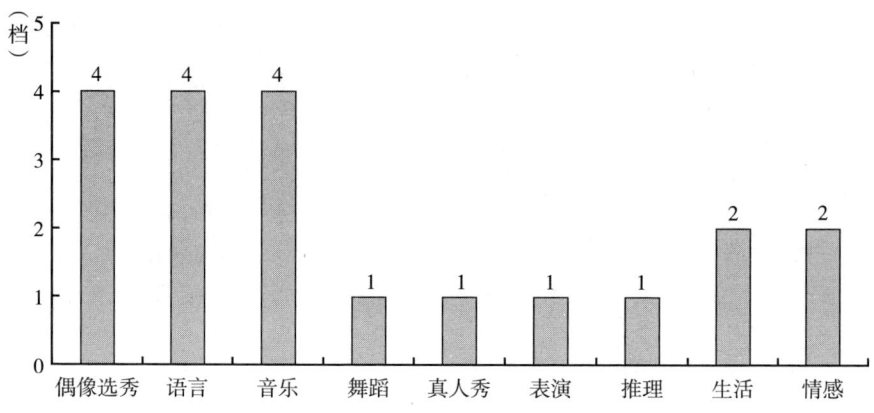

图6　有效播放量TOP20网络综艺节目的题材分布

从IP新旧来看，2020年有效播放量排名前20的头部网络综艺呈现出"综N代"更受观众青睐的态势——以《青春有你第二季》《创造营2020》《这！就是街舞第三季》为代表的"综N代"多达13档，有效播放量的总数为66.18亿次，在20档头部网络综艺的有效播放量份额中，占比达73.5%。不仅如此，这些播放数据更好的"综N代"节目也表现出更强的招商能力。根据击壤洞察发布的数据，在招商饱和度方面，2020年新节目的招商饱和度为64%，"综N代"的招商饱和度为89%；在单节目的平均招商数上，2020年新节目的平均招商数为8.1个，"综N代"为8.9个。由此可见，"综N代"节目在招商方面具有新节目不可比拟的优势，品牌方也表现出更愿意与具有IP效益的网络综艺节目合作的态度。与此同时，新节目的平均招商数的同比增幅达23.45%，并且与"综N代"节目的差距不到10个百分点，未来或许会有反超的可能性。

（二）B站入局，平台竞争更加激烈

2020年，网络综艺的平台竞争更为白热化。如图7所示，在2020年网络综艺有效播放量TOP20节目中，爱奇艺出品占据8档（包括联合制作），腾讯视频占据7档（包括联合制作）。

各平台还呈现差异化竞争的趋势，对比2019年和2020年各平台所制作

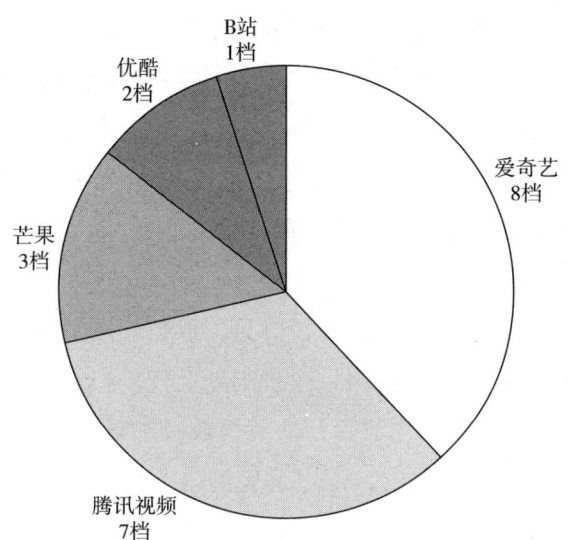

图7　2020年网络综艺有效播放量TOP20节目出品平台占比

的新老节目占比数据（见表3）可以发现，目前各平台生产战略似乎可以大体分为两个路径：主打"综N代"或研发新节目。

表3　2020年各平台新老节目上新占比对比

单位：%

播出平台	新节目上新占比	老节目上新占比
爱奇艺	-44	88
腾讯视频	-41	-23
芒果TV	8	-23
优酷	22	-43

资料来源：根据击壤洞察发布的数据整理。

爱奇艺、腾讯视频均极为重视节目的IP效应，充分利用"综N代"节目的优势来稳定自身在网络综艺市场的龙头地位。爱奇艺独立制作的7档有效播放量TOP20作品中，有6档属于"综N代"，腾讯视频独立制作的6档有效播放量TOP20作品中，也有5档属于"综N代"，充分体现出坚守"综N代"发展路线的战略特征。

优酷采取了"综N代"节目和新节目并重方式,除了《这!就是街舞》《这!就是灌篮》《火星情报局》等"综N代"节目稳健发展外,又拓展出《同一屋檐下》《追光吧哥哥》《奋斗吧主播》等新型节目。

芒果TV则选择了以新节目的开发来提高市场竞争力的战略发展路径。芒果TV播出的《朋友请听好》《乘风破浪的姐姐》,证明了此路径的有效性与未来的发展潜力。

对于新入局的B站而言,打造新节目,以创新取胜是提升自身竞争力的唯一方式。B站在2020年推出了《说唱新世代》《欢天喜地好哥们》《造浪》《宠物医院》等自制综艺节目,从节目效果来看,《说唱新世代》在播放量与口碑上的表现极为突出,也正是凭借该节目,B站成功跻身2020年网络综艺有效播放量TOP20节目平台。

(三)有效播放量与节目质量并未呈现正相关关系

从豆瓣评分来看,2020年头部网络综艺在整体上的口碑表现还有所欠缺,仍需在内容层面深度挖掘。部分"综N代"节目已出现口碑连年下滑的趋势,IP红利正在减弱。

在云合数据统计的有效播放量排名TOP20的网络综艺中,豆瓣评分5分以下的节目有1档,评分6分以下的节目有6档,评分8分以上的节目仅有5档,唯一评分在9分以上并成为2020年网络综艺豆瓣评分TOP10中一员的,仅有《说唱新世代》1档节目,并且该节目的播放量数据还排在最末位。其他豆瓣高评分的节目则呈现有效播放量数据整体偏低的情况。

结合骨朵数据统计的播放量数据(见表4),豆瓣评分排名第一、第二的网络综艺《和陌生人说话第三季》《忘不了餐厅第二季》的播放量与《乘风破浪的姐姐》《创造营2020》等热播网络综艺相比,数额差距达几十倍。这样的对比说明,虽然2020年的网络综艺中出现了更多高口碑的节目,但这些节目还缺少更多观众的关注。非"综N代"的《说唱新世代》作为新入局平台所制作的新节目,无论是在有效播放量还是口碑上均取得了不错的成绩,是值得其他综艺深入学习与研究的经典案例。

表4 2020年网络综艺豆瓣评分TOP10节目

单位：分

排名	综艺名称	播出平台	豆瓣评分
1	《和陌生人说话第三季》	腾讯视频	9.6
2	《忘不了餐厅第二季》	腾讯视频	9.5
3	《舞蹈风暴第二季》	芒果TV	9.4
4	《说唱新世代》	B站	9.3
5	《明星大侦探之名侦探学院第二季》	芒果TV	9.3
6	《师父！我要跳舞了》	优酷	9.2
7	《一本好书第二季》	腾讯视频	9.2
8	《明星大侦探之名侦探学院第三季》	芒果TV	9.2
9	《风味人间第二季》	腾讯视频	9.1
10	《坑王驾到第四季》	爱奇艺	9.0

注：豆瓣评分数据截至2021年2月22日。

三 行业发展新变

2020年的网络综艺在行业发展层面出现了一些新的变化与亮点：一是综艺"她"力量表现突出，观众构成出现变化；二是技术赋能，"云录制"成为疫情防控背景下的制作新趋势；三是电商加持，带货综艺表现出良好的发展潜力。

（一）综艺"她"力量："她"受众的构成变化与"她"综艺的多元发展

综艺"她"力量的凸显是2020年网络综艺发展中不能忽视的重要特征。首先，网络受众的观众构成在2020年出现了明显的变化。根据云合数据，2020年网络综艺受众的平均年龄由24.2岁变为26.6岁，其中，女性占比由58%变为60%，30岁以上的女性受众呈现明显上升趋势。女性成为网络综艺观众群体中的绝对主力军。

女性观众年龄的变化与"她"综艺之间是一种相互促进的关系,观众平均年龄的增长与热播网络综艺节目的选材有直接的关系。例如,芒果TV播出的《乘风破浪的姐姐》所制定的"姐姐"定位,符合26.6岁以上受众的审美趣味。该节目所吸引的"姐姐"观众的加入,也增加了30岁以上的网络综艺女性受众的数量,进而间接促进平均观众年龄的上升。这一特点也可以在具体的平台数据中获得验证。在2020年网络综艺受众构成上,芒果TV女性受众占比68%,比爱奇艺和腾讯视频的女性受众占比高出了10个百分点。

此外,女性观众构成的变化也与更多类型的女性综艺节目的出现有关。2020年,"她"综艺在类型上呈现不断拓展与丰富的特征,能够最大限度地吸引各年龄与不同审美趣味的女性观众:既有社交观察类(如《喜欢你我也是第二季》)、情感旅行类(如《出逃两日又如何》),还有知识分享类(如《姐妹们的茶话会》)、时尚改造类(如《闺蜜好美》)、情绪医疗类(如《她有情绪又怎样》)、沉浸式体验类(如《Beauty小姐第三季》),此外还有语言类(如《屋顶上的女孩》《了不起的姐姐》),等等。

最后,"她"综艺在2020年所表现出的力量还体现在话题、流量、影响力等层面。艾媒数据中心的数据显示,《乘风破浪的姐姐》在2020年6月12日播出后的一个月间①的微博超话阅读量达到235.3亿次,微博超话讨论量达到956.7万次。这些流量也直接被转换成具体的商业价值,包括高额的品牌赞助、与抖音的跨平台合作以及大量新增的会员收入。

(二)"技术赋能":应运而生的"云制作"与"云综艺"

疫情发生后,传统的节目录制面临诸多不便。在此情况下,不需要将庞大的制作团队聚集在一起的"云制作"成为网络综艺节目的重要制作形式,以反映"云生活"为主题的"云综艺"应运而生。

在制作层面,"云发布""云海选""云直播""云录制"成为2020年

---

① 数据计算从2020年6月12日节目上线截至2020年7月10日。

网络综艺的制作新特征。例如,《青春有你第二季》《婚前21天》等节目将原计划的线下发布会改为线上;《这!就是街舞第三季》《中国新说唱2020》等节目以"云海选"的方式完成了节目的前期准备工作;《鹅宅好时光》《好好吃饭》等节目采用"云直播"的形式与观众互动;《说唱新世代》等节目最初的海外导师参与部分也以线上线下连线互动、跨地对话的"云录制"方式来开展。

在内容层面,各平台顺势推出了一系列抚慰观众"宅家云情绪"的"云综艺"。例如优酷推出了以"在家好好生活"为主题的《好好吃饭》《好好运动》;腾讯视频制作了与偶像互动的《咕噜咕噜》与《鹅宅好时光》;爱奇艺制作了《宅家运动会》《宅家猜猜猜》《宅家点歌台》等"宅家游戏"系列节目。作为一种新生成的节目样态,"云综艺"通过"视频连线+生活vlog+云录制"等形式,展现了小屏内容大屏化、短视频内容长视频化的创作特征。

总之,网络平台对于"云制作"和"云综艺"的尝试,说明我国网络综艺行业在应对突发风险与危机时具有较高的灵活性,而这也在本报告第一部分与电视综艺的数据对比中得到直接的体现。另外,也不能忽视"云制作"得以实现的前提,是来自5G通信技术和网络技术的赋能,以及专业团队对硬件设备的质量、网络通信的稳定性与传输性的把控。采用"云制作"的形式还对团队成员的协作精神与配合能力提出了更高的要求。尽管当前的"云综艺"的节目在主题与形式上还较为简单,但考虑到疫情所带来的一系列限制,以及这一类节目及时给备感焦虑的观众所带来的心灵抚慰效果,2020年网络综艺在"云制作"上的探索和成绩均值得被肯定。

(三)电商加持:"带货综艺"潜力巨大

2020年,传统线下销售模式受到剧烈冲击,直播电商迎来爆发式增长。从2016年直播电商出现至2020年,经过4年的发展,直播电商业务的产业链已初步成型,用户在直播电商中的消费数额也在不断攀升。根据中国电子商务研究院发布的数据，2020年中国移动电商市场的交易额预计突破8万亿元，较2019年增长19.8%。艾媒咨询的研究也指出，"2019年电商直播市场规模已经达4338亿元，预计2020年行业总规模还将继续扩大。疫情影响之下，多产业的'云复工'、消费者'云逛街、云购物'的热情高涨，更是助推了这种模式的演进"①。

网络综艺与直播电商原本分属两个赛道，但在特殊的2020年，这两个领域的合作却前所未有的紧密。这不仅表现为网络综艺中的带货属性的增强，还表现为一种融合类的新节目类型形式——"带货综艺"的出现。

首先，网络综艺节目的品牌植入力度在不断加大，"带货"趋势在不断增强，除了传统的品牌口播与广告数量的增加，热播网络综艺还会直接与电商平台展开各种形式的合作。例如《乘风破浪的姐姐》中有多位明星都参与了扶贫类直播带货活动；《这！就是街舞》将直播、比赛、培训与偶像养成相融合，相关产品同步线下销售；各大网络综艺的嘉宾也会借综艺热度互相客串对方的电商直播间。

其次，在"云购物"盛行的2020年顺势而生的"带货综艺"也表现出巨大的发展潜力。以《爆款来了第二季》《鹅外惊喜》《奋斗吧！主播》等为代表的"带货综艺"的出现，更充分地展现了直播带货与网络综艺的深度融合。该类节目的流量变现能力直观可见，例如《奋斗吧！主播》立足数字经济的新场景、新应用和新消费，结合阿里巴巴的电商基因，把直播带货融入网络综艺节目。该节目专门策划公益助农主题，蔡少芬等12位见习主播来到云南保山，直接带动云南隆阳区潞江坝镇丛岗村椪柑成交近3000斤，此外，还成功助力当地食品、饰品、农副产品、生鲜水果四大品类31个货品售卖，涵盖20个天猫/淘宝店铺的农产品销售。《希望的田野》等助农带货综艺节目也收到了不错的社会反响。

总之，网络视频与电商的合作已成为传统广电转型的新方向。正如湖南

---

① 《2020年直播电商行业市场规模及发展趋势分析》，搜狐网，2020年5月29日，https：//www.sohu.com/a/398392884_120462269。

广播影视集团有限公司（湖南广播电视台）党委书记、董事长张华立在第八届中国网络视听大会发言中指出的："湖南广电将以芒果 TV 新媒体平台为主导，全力打造基于长视频内容的'小芒'垂直电商平台，这是基于湖南广电长视频内容竞争优势，面向全产业链的一次重大拓展和延伸。"[①] 湖南广电的转型目标也在一定程度上说明了未来传统广电的发展趋势。在可以预见的将来，网络综艺与直播电商的深度垂直融合还将催生更多新的合作模式与节目样态，"带货综艺"也将发挥巨大的发展潜力。

四 网络综艺节目的美学与文化特征

从 2020 年受众关注度较高的节目来看，真实生活体验感的营造与多形式的融合创新是突出的美学新亮点。"娱乐+正能量"的主导价值传递，多元文化的竞合呈现则是 2020 年网络综艺的重要文化特色。

（一）综艺节目所营造的生活氛围与体验感

车尔尼雪夫斯基曾提出"美是生活"，尼古拉斯·米尔佐夫也直言"视觉文化已经不仅是日常生活的一部分，而正是日常生活本身"[②]。文艺作品的重要美学魅力之一便是受众的带入性与体验感，而 2020 年的网络综艺也充分凸显了"生活化"的美学特征。

体验感首先来自综艺节目中塑造的日常生活的间接性感受。为了营造一种能够让观众产生代入感的生活氛围，网络综艺对明星主人公日常生活中的衣、食、住、行、娱乐、恋爱都展开了细致的刻画。面对疫情带来的拍摄困难不仅不回避，还直接呈现给观众，从而营造出一种真实的生活体验感。尤其是在观看那些展现素人或明星谈恋爱、旅游以及其他娱乐生活状态的综艺如《心动的信号第三季》《女儿们的恋爱第三季》《妻子的浪漫旅行第四

[①] 封亚南：《2020 年网络综艺调研报告　转换与创新，2020 年网综迎来另类复兴》，《电视指南》2020 年第 22 期。
[②] 〔美〕尼古拉斯·米尔佐夫：《视觉文化导论》，倪伟译，江苏人民出版社，2006。

季》等时,观众便能够通过主人公的代入来获得一种对明星生活的体验感与替代性的心理满足。

体验感还表现为一种对人物的认同性代入。在素人成长为明星的选秀类综艺节目中,对参赛选手的情感认同、身份认同、成长认同都能使受众对节目产生持续观看的情感依赖。例如B站制作的《说唱新世代》十分重视讲述每个参与节目的普通素人的故事,它将性格鲜明的每个选手都当作主角来对待,使节目在最大程度上获得不同人物审美喜好的受众的认同。关注社会民生的综艺节目《忘不了餐厅》对老年人日常生活的全面展现,在让受众感受到生活真实的同时,还能产生对社会和人生的思考。

体验感还来自竖屏综艺和"云直播"综艺带来的便利度、新鲜感与互动性。随着5G网络的发展,观众利用通勤或休闲时间观看网络综艺节目的情况更为普遍,竖屏综艺也应运而生,以《归零》(西瓜视频、今日头条联合出品)为代表的综艺节目就积极探索了竖屏综艺的新形式。竖屏综艺的出现,一方面贴合了受众长时间使用手机媒介后形成的竖屏观看的习惯,另一方面也拓宽了网络综艺的美学形式,为受众带来新鲜感。"云直播"综艺与偶像明星的直接对话,则增强了观众与明星的互动体验性。

体验感还表现在节目的延展性方面。当某个综艺节目产生较高热度之后,播出平台还会开发相关的衍生综艺,让观众的体验感在该节目之外还能获得继续延伸。例如爱奇艺的《偶像练习生》便衍生出微综艺节目《偶像有新番》。该节目延续了原综艺节目的人物设置与形式,但在呈现角度和内容上进行了创新。如此,受众在观看《偶像有新番》时便能在《偶像练习生》的审美记忆上产生新的娱乐感受,从而获得叠加性的审美体验。

对疫情防控时期出行和交友都受限的观众而言,通过观看综艺节目可以实现一种替代性的生活体验感,并进而获得某种想象性的心理补偿,这也是这一类重视体验感的网络综艺节目在2020年受到越来越多观众喜爱的原因。

(二)多形式的融合创新

面对层出不穷的新节目和观众容易产生审美疲劳的大面积"综N代",

优质的网络综艺节目想要在美学上突围便需要在节目的形式与内容上融合创新，增强节目的游戏性与娱乐感也尤为重要。从2020年"出圈"的综艺节目来看，在游戏与娱乐感上做得出彩的综艺节目有两个美学特点：一是融入了科技感；二是融合了多种观众熟悉的节目形式，给观众意外的惊喜感。

随着数字技术和5G通信技术的发展，数字美学对文艺视听节目的影响也在不断加深。《跨次元新星》将虚拟与现实融合实现了"小众"文化的破圈。该节目尝试了电影级的光学动捕、3D渲染以及数字孪生（Digital Twin）技术，通过实时捕捉来完整呈现舞台变化。此外，在《华彩少年》《青春有你第二季》等节目中，也加入了"虚拟偶像"的设计。节目通过虚拟偶像来讲解规则，不仅将次元偶像与现实表演很好地融合，还让舞台更具时尚感和科技感。另外，一些网络综艺还会利用大数据进行受众分析（消费习惯分析、消费行为分析、用户画像分析），例如《中国新说唱》《我+》等节目都利用大数据算法来更精准地进行内容宣发与智能剪辑。

此外，以豆瓣评分9.3分的《说唱新世代》为代表的综艺还突出地展现出多形式融合创新的美学价值。在观众对各大平台的说唱类综艺已出现审美疲劳之时，《说唱新世代》弱化了其他同题材节目中的竞技感和重复性，在叙事中增加了更多日常生活情境的笔墨，并几乎在节目的全程加入了各类游戏环节。更重要的是，该节目还在游戏环节中融合了其他热门综艺的元素，例如请来《奇葩说》中的辩论教练来培训说唱选手。最终，以说唱的形式来完成辩论不仅达到了节目出彩的效果，还提升了说唱节目的思想价值。

（三）"娱乐+正能量"的主导价值传递

网络综艺节目的核心受众是青年人群，2020年的网络综艺节目在为其目标受众打造文化生活场域的同时，也将"娱乐+正能量"的总体价值导向融入各种类别的节目之中。

综观2020年网络综艺节目，不分类型与样式，都在价值观的引领上积极践行着正能量的传递。比如以反映社会现状、关心阿尔茨海默病为主题的《忘不了餐厅》凸显了代际交流与人文关怀的重要性；在名称上署有"中

国"前缀的《中国新说唱》在节目中多次强调重视中国文化的国家理念的价值表达;展现娱乐圈"30+"女明星生存处境、切中女性社会生存痛点的《乘风破浪的姐姐》,不仅通过旁白与标语反复输送女性要坦然面对年龄和不服输的观念,而且还在片尾加入各行各业女性人物来增强社会观照性;即便是最具娱乐性和消费感的,展现年轻女孩青春成长、组团出道的《创造营2020》,也在节目中努力塑造乐观奋斗的偶像形象。

虽然我们不能否认其中有一些网络综艺是披着正能量和为弱势群体发声的外衣,没能真诚地观照与回应社会问题,反而更真实地展现出被资本控制的现实,并且这样的现象在短期内也很难得到明显的改变,但在2020年所出现的一些高质量、高评分的优质网络综艺节目中,我们仍然看到了"娱乐+正能量"所表达的文化力量。

(四)多元文化的竞合呈现

网络综艺的一大魅力,就是充分展现了不同文化之间的竞合火花。在网络综艺的文化世界里,虽有主导文化的整体价值把控,但青年文化与娱乐文化始终处于强势地位。

2020年的网络综艺以不同形式展现着青年文化的力量。这首先表现为对青春力量的彰显,例如,《青春有你第二季》主打青春美好,《创造营2020》强调青春成长,《这!就是街舞第三季》展现青春炫酷,《说唱新世代》用"万物皆可说唱"的标语表达青春正能量。其次是对年轻人喜欢的小众文化的重视,例如国漫、街舞、说唱、滑板、二次元、脱口秀等,这些曾经小众的青年亚文化反而是现在许多热度最高的网络综艺的题材。最后是青年文化与主流文化的汇合,将青春与时代命题进行链接。青年文化中对青春、活力、自由的向往与主流文化对努力、奋斗、坚持、成长的倡导在2020年的青春题材综艺节目中达成了巧妙的融合,而这种交汇背后,其实也预示着青年文化主流化的转向。

在青年文化之外,多部"出圈"网络综艺节目的热播也让性别文化成为2020年网络综艺节目多元文化中关注的焦点。女性作为网络综艺节目的支柱性受众群体，往往也是节目中的主角。2020 年，随着《乘风破浪的姐姐》的热播以及《吐槽大会》中女性脱口秀选手"吐槽"男性形象"出圈"后所引起的广泛社会讨论，"她"综艺成为 2020 年网络综艺的重要关键词。"她"综艺的火热直接带动了更多以女性为话题的综艺的出现，例如"女性+直播"的《奋斗吧！主播》、"女艺人+社会话题评论"的《姐妹们的茶话会》等。对女性力量、女性思想的挖掘与表达成为网络综艺节目的研发新方向，这一系列的变化，也透露出网络综艺节目的转型趋势。

值得注意的是，尽管"她"力量与"她"思想表达的增加是可喜的现象，但我们仍然需要警惕有的网络综艺节目打着观照女性和女性独立的大旗，实则却借话题的炒作奔向资本的收割与利益的变现。另外，从女性脱口秀选手吐槽男性后所引发的激烈的性别对立话题讨论现象能够看出，性别文化中还存在许多尚待解决的冲突与问题，并且很难通过娱乐的方式来消解。

五 网络综艺节目的发展前瞻

在对 2020 年网络综艺的产业数据、美学文化特征进行分析后，我们可以大体预测未来的网络综艺会有以下几个方面的发展走向。

一是网络综艺行业的发展在整体上将继续趋于理性和有序，提质与创新是网络综艺节目制胜的关键。

二是 5G 通信技术与 AI 等数字技术将持续赋能网络综艺，"云制作"将持续发力。网络综艺与技术的结合将更为紧密，网络综艺会越来越重视节目视听上的"科技化"呈现。

三是随着更多新平台的介入，各平台之间的内容竞争将更为激烈，联合制作或将成为各平台制作网络综艺的新思路。

四是网络综艺的品牌招商市场将更为火热，电商与网络综艺的结合会更为紧密。无论是从网络综艺品牌招商的增速还是从"电商+直播+网络综艺"类作品取得的成绩来看，网络综艺的商务市场都将值得期待。

五是新节目的制作数量将会增加，但短期内不会改变"综 N 代"持续引航的局面。虽然不少"综N代"节目已出现评分下降、观众审美疲劳的态势，但这些节目的IP效应仍在延续。另外也有不少的"综N代"节目主动通过大幅改版和修改赛制的方式留住观众。

六是青年文化依然强势，"流量"将继续处在风口浪尖，综艺"她"力量将持续发力，小众文化类节目则需要依靠创意来"破圈"。

七是综艺与剧集或将实现有效的双向联动。随着头部综艺制作公司资源的丰富与业务生态的多元化，以灿星文化、笑果文化为代表的综艺制作公司已开始尝试扩展影视业务，未来的网络综艺与剧集的互动也将更为频繁。

八是付费会员收入将持续增长。随着会员专属内容的增加与会员提前观看节目的巨大吸引力，付费观看网络综艺已成为不少观众难以拒绝的方式。

总之，2020年作为网络综艺的大年，在多个方面都交出了可圈可点的成绩单，宣告国产综艺的发展已进入成熟阶段。其中最关键也最值得欣喜的是，全年的整体节目质量与口碑均有明显的提升，这既说明网络综艺的播出平台与制作团队都没有忘记创作的初心与创新的价值，也说明中国网络视听节目服务协会2020年发布的《网络综艺节目内容审核标准细则》发挥了一定的作用。随着政府管理部门对文娱产业的重视与更细化的政策措施的落地，网络综艺行业将迎来更加良性有序的发展，不断涌现更多新的业态与模式。或许未来网络综艺的赛道会更加拥挤，也或许更容易被资本的力量所左右，但我们相信在监管部门的及时反应以及网络综艺行业的自我监管与自律下，网络综艺的节目质量能够进一步提升，网络综艺的市场生态能够更加健康、更有活力。

B.4
2020年网络电影行业发展报告

黄 莺*

摘 要： 本报告通过2020年中国网络电影数据，分析出网络电影市场中大IP仍极具影响力，奇幻、怪兽、冒险类型是主力，正版IP逐渐增多的特点。以《囧妈》为例分析院线电影转网络电影的趋势对网络电影的巨大推动作用，以《春潮》为例讲述线上影展的可行性。

关键词： 网络电影 线上影展 IP电影

2020年是中国网络电影发展过程中极为重要的一年。新冠肺炎疫情让保持社交距离成了许多人的生活常态，也造成了全球众多电影院长时间关停或者上座率急剧下降的情况。许多电影为了能在疫情防控时期保证营收转身成为网络电影，视频网站也成为无法出行的人们休闲娱乐的重要方式。为了应对疫情对影视产业的打击，从主管部门到视频网站都推出了相应的措施。2020年2月6日，北京市广播电视局出台了《关于应对新型冠状病毒感染的肺炎疫情支持网络视听企业保经营稳发展的若干措施》，通过线上提交备案审核材料、压缩备案审核时间、帮扶受疫情影响的重点题材节目、优化网络视听平台备案制服务、以直播形式开展多层次专业培训等8项措施，切实支持网络视听企业正常经营稳定发展，促进网络视听行业平稳有序运行。① 优酷、腾讯视

---

* 黄莺，清华大学新闻与传播学院博士后，研究方向为影视产业。
① 《北京广电局出台8条措施应对疫情，支持网络视听企业保经营稳发展》，澎湃新闻网，2020年2月8日，https://www.thepaper.cn/newsDetail_forward_5853355。

频、爱奇艺等视频网站纷纷升级网络电影分账规则,激励更多传统和创新型内容公司进入网络电影产业。

一 2020年网络电影数据分析:大IP仍是"灵药",以奇幻、冒险、怪兽类型为主力

2020年网络电影票房数据中,分账票房破千万元的网络电影多达78部(见表1),整体规模超13亿元,是网络视听产业中不容小觑的一股力量。根据《2020年度优酷网络电影数据报告》,本年度在电影产业整体呈下降趋势的情况下,国内全网上线的网络电影总计756部,比2019年的707部增长7%。优酷、爱奇艺、腾讯视频上线重点影片共270部,同比增长81%。重点影片数量增长背后是影片制作成本的显著提升。以优酷为例,网络电影制作成本1000万元以上影片数量增加了1倍,500万至1000万元影片数量增加135%,500万元以下影片数量减少4%。截至2020年10月31日,网络电影规划备案数量已经高达3686部,同比增加18%;上线备案数量745部,同比增加184%。规划备案数量的增长,可以看出制片方对于网络电影的创作热情持续高涨,规划项目储备相对充足。①

表1 2020年分账票房破千万元网络电影

单位:万元

排名	片名	票房	排名	片名	票房
1	《奇门遁甲》	5641	6	《狙击手》	3432
2	《鬼吹灯之湘西密藏》	5414	7	《蛇王》	2856
3	《倩女幽魂:人间情》	5076	8	《武动乾坤:涅槃神石》	2589
4	《海大鱼》	3889	9	《东北往事:我叫刘海柱》	2486
5	《鬼吹灯之龙岭迷窟》	3511	10	《奇门相术》	2430

① 《网络电影2020:77部票房破千万,行业正在发生变革》,"网视互联"微信公众号,2021年1月8日,https://mp.weixin.qq.com/s/fyIYNikEgRoGuMeD64ajGg。

续表

排名	片名	票房	排名	片名	票房
11	《九指神丐》	2374	45	《野王》	1328
12	《龙无目》	2306	46	《狄仁杰之飞头罗刹》	1300
13	《封神榜·妖灭》	2305	47	《八百彪兵奔北坡》	1276
14	《霍家拳之铁臂娇娃》	2205	48	《无双花木兰》	1261
15	《鬼吹灯之龙岭神宫》	2156	49	《狄公灭鼠》	1257
16	《陆行鲨》	2108	50	《陈情令之乱魂》	1248
17	《灭狼行动》	2030	51	《寻龙宝藏》	1240
18	《大幻术师》	1985	52	《斗破乱世情》	1239
19	《辛弃疾1162》	1938	53	《大章鱼》	1212
20	《逃狱兄弟》	1921	54	《囧途夺宝》	1202
21	《亿万懦夫》	1894	55	《青蛇之万兽城》	1188
22	《巨鳄岛》	1823	56	《四平青年之三傻罪途》	1186
23	《特工狂花》	1782	57	《我来自北京之过年好》	1184
24	《云南虫谷之献王传说》	1775	58	《机械画皮》	1168
25	《大天蓬》	1768	59	《牧野诡事之秦岭龙窟》	1152
26	《奇袭地道战》	1732	60	《疯狂老爹》	1148
27	《东北老炮儿》	1692	61	《地宫笔记之五百龙首》	1138
28	《雪豹之虎啸军魂》	1671	62	《东海人鱼传》	1136
29	《无间行者之生死潜行》	1645	63	《青簪锁三千》	1112
30	《民间奇异志》	1630	64	《迷影寻宝》	1106
31	《变异狂蟒2》	1617	65	《特警使命之全城危机》	1106
32	《狼鹰》	1609	66	《火云邪神之降龙十八掌》	1100
33	《美人皮》	1575	67	《外星人事件》	1095
34	《少林寺十八罗汉》	1568	68	《十三猎杀》	1095
35	《大鱼》	1550	69	《包青天之诡墓空棺》	1085
36	《法医宋慈》	1545	70	《老爹特烦恼》	1081
37	捍战2》	1540	71	《沙海烛龙》	1058
38	《修罗新娘》	1483	72	《破神录》	1055
39	《中国飞侠》	1479	73	《猎鹰突击》	1035
40	《火云邪神之修罗面具》	1459	74	《终极台风》	1025
41	《五龙镇棺传》	1454	75	《聊斋残卷之六道天书》	1025
42	《人鱼缚》	1436	76	《降魔大师》	1014
43	《追龙番外之十亿探长》	1368	77	《宁古塔》	1002
44	《狄仁杰之沈海龙宫》	1350	78	《卧鱼》	1002

资料来源：《年度盘点 | 78部分账票房破千万，趟过"魔幻2020"的网络电影》，"娱乐独角兽"微信公众号，2021年1月25日，https://mp.weixin.qq.com/s/zSckfchkJOJL_klh1vuJpQ。

从表1还可以看出,最受用户喜爱的网络电影类型呈现以下特点。

第一,有知名度的IP具有强引流能力。以《奇门遁甲》为例,2020年3月20日在爱奇艺和腾讯视频双平台推出的《奇门遁甲》,总投资2000万元,与2017年袁和平执导的院线版《奇门遁甲》投资的2.5亿元不可同日而语。但是2017版在影院仅获得2.99亿元票房,即使之后在视频平台上线,也仅是减少部分损失,并不能带来盈利。2020版的《奇门遁甲》虽然投资少,但播出13天双平台分账近4000万元,从投资回报率来看,远高于2017版。从网友的评价来看,2020版获得豆瓣评分5.4分,2017院线版仅获得4.4分。虽然两版分数都不高,但投资巨大的院线电影输给了网络电影这一现象,除去有观众期待值高低不同的部分原因外,可以看出中国网络电影经过5年的发展,已经步入向优质化方向前进的正轨。

第二,奇幻、冒险、怪兽类网络电影最受欢迎。三者数量占比高达63%,票房贡献更是高达70%。[①] 这几个类型都有一个共同的特点,就是都有精彩的打斗场面和独特的猎奇元素。此外,军事、战争、喜剧、动作类也均有较好表现。但看到受欢迎类型的同时,另一个显著问题应运而生——网络电影题材同质化严重。因为版权费用越来越高,很多希望尽快在网络电影产业中分到一杯羹的制作公司会选择公版IP进行改编。虽然2020年对"聊斋""西游记"的改编数量减少了,但"狄仁杰""封神榜""包青天""宋慈"等公版IP的数量增加了。其中关于"狄仁杰""封神榜"的网络电影均超过了40部,但在破千万元榜单中,这些公版IP制作成的电影仅是个位数,成绩并不理想。

第三,正版IP网络电影有优秀表现。网络电影的正规化、优质化发展在2020年取得了显著成果。例如,《雪豹之呼啸军魂》取材于剧集《雪豹》,《鬼吹灯之龙岭神宫》《云南虫谷之献王传说》《牧野诡事之秦岭龙窟》都源自天下霸唱IP,改编的票房都破千万元。在网络电影提质减量的

---

① 《网络电影2020:77部票房破千万,行业正在发生变革》,"网视互联"微信公众号,2021年1月8日,https://mp.weixin.qq.com/s/fyIYNikEgRoGuMeD64ajGg。

目标下，网络电影不仅将在正版 IP 的路上坚定地走下去，而且在 IP 的多样化开发方面也会有更丰富的表现。

二 院网关系巨变：2020年网络电影案例分析

1. 《囧妈》：中国院线转网络电影的里程碑事件

受疫情影响，2020 年中国内地春节档电影集体撤档，紧接着电影《囧妈》片方宣布，大年初一电影将通过网络播出。这件事的背后是字节跳动向欢喜传媒支付 6.3 亿元费用，让《囧妈》在大年初一上线抖音、今日头条、西瓜视频、抖音火山版等在线平台，用户可免费观看。这一事件可谓院线电影与网络电影之争中的里程碑事件，一部院线质量的电影变身网络电影，引起业界非常大的争议。著名导演史蒂芬·斯皮尔伯格（Steven Spielberg）就认为，如果电影没有遵守窗口期，或者彻底在网上播出，那最多只能算是电视电影，在参奖方面也应该参加的是艾美奖这一类电视奖项，而不是奥斯卡奖这一类电影类奖项。①

在疫情防控时期，众多国内外影片都选择了直接转为网络电影，或者突破窗口期的规定，在小范围上映后立刻上线流媒体平台。《大赢家》与《肥龙过江》这两部电影，在已经定档的情况下，最终都因为疫情原因而改为在视频平台推出。国外也有相似的情况，《爱情鸟》（*The Love Birds*）、《阿特米斯的奇幻历险》（*Artemis Fowl*）等多部电影都因为疫情原因，最终放弃了走院线上映的路径，选择在线上视频网站推出。《1/2 的魔法》（*Onward*）、《星球大战：天行者的崛起》（*Star Wars：The Rise of Skywalker*）、《狩猎》（*The Hunt*）、《隐形人》（*The Invisible Man*）等电影都改变了好莱坞长期以来的制度，不再遵守窗口期的规定，不受制片厂原本规定的线上播出时间限制，选择于 2020 年 3～4 月在视频平台推出。

---

① Chaim Gartenberg, "Steven Spielberg is Worried What the Success of Streaming Means for Theatrical Films," The Verge, 18 Feb 2019, https：//www.theverge.com/2019/2/18/18229794/steven‑spielberg‑streaming‑theatrical‑films‑netflix‑roma.

《囧妈》开启了院线转网络电影的大门,这一势头越发猛进,华纳兄弟公司宣布2021年公司所有电影都选择在上映首日同步于HBO Max播出1个月。

《囧妈》在引领转型风潮上具有时代意义,而在电影本身产生的影响力和欢迎度方面,从1月25日上线至1月27日零时,《囧妈》在头条四大平台(西瓜视频、抖音、抖音火山版、今日头条)和智能电视鲜时光加起来,3日总播放量超过6亿次,总观看人次为1.8亿人次。仅湖北一省,《囧妈》的播放量就超过2500万次,影片正片留言总计高达32万余条。可见在春节期间,《囧妈》拥有非常高的网络热度。

截至2020年4月30日,百度相关资讯746000条,百度指数中该片搜索指数最高的是1月25日上线播出首日,1月30日以后搜索指数趋于平缓。资讯指数方面,1月18日至2月16日中指数较高,其间有大幅下降然后再度攀升的情况。在2月16日之后,资讯指数就持续走低趋于平缓。这一数据符合院线电影的搜索趋势。

评分方面,该片豆瓣评分为5.9分,点赞量在3000以上的短评中,较多是针对《囧妈》存在的剧情生硬问题进行批评,部分好评是对徐峥走出舒适区、探索亲子关系所做出的努力表示赞许。本片延续了"囧系列"的热度,并通过免费线上播出博取了众多好感。虽然播放3天便获得高点击量,但是从豆瓣评分和评论中可知,这部电影从创作层面并没有获得能与之名气相匹配的接受度。并且该片线上免费播出的方式遭到电影业界的负面评价,对该系列后续创作产生不良影响。

2.《春潮》:文艺片的线上新生以及线上影展的可能性

《春潮》是一部由杨荔钠执导并担任编剧,由郝蕾、金燕玲主演的剧情电影。这部电影讲述了中国一家三代人的故事,希望能展现中国原生家庭之痛。记者郭建波(郝蕾饰)、母亲纪明岚(金燕玲饰)与女儿郭婉婷(曲隽希饰)一家三代人住在一起,三代人表面上亲情稳固但实际上矛盾重重。记者郭建波一方面在报道社会负面事件,另一方面也在直面自己黑暗的过去;母亲纪明岚在外为人热情,受人爱戴,但是回到家却判若两人;女儿郭婉婷小小年纪就学会了成人世界里的种种生存法则。三代人所隐藏的矛盾不断加深，冲突不断升级，直至最终的爆发。

2019年6月18日，该片在第22届上海国际电影节首映。2020年北京电影节联合爱奇艺举行"春季在线影展"，《春潮》与《婚姻故事》（Marriage Story）、《爆炸新闻》（Bombshell）等都作为参展影片。其中《婚姻故事》《一百零八》《春潮》3部都属于独家展映电影，虽然是在线观看，但仍然限制了售票数量，《春潮》仅在2020年5月3日19时放映一场，限量售票10000张。这3部电影都只能在爱奇艺手机客户端观看，在线观看票价为12元，爱奇艺会员享受半价优惠。这次影展从形式上包括售票、虚拟座位、映后讨论等方面，都努力地向线下影展靠近，但是从观影体验来看，因为只能在手机客户端观看，所以无法让观众获得大银幕的观看感受。

春季在线影展过后，2020年5月17日，《春潮》在爱奇艺上线。该片热度最高值出现在2020年5月19日，为4973。截至2020年7月22日，该片的播放指数为9079。根据百度指数，广东、北京、江苏、山东、浙江等地网友搜索《春潮》的指数较高。在年龄分布方面，关于《春潮》的搜索，有44.98%来源于20～29岁的群体，32.99%来源于30～39岁的群体。在性别方面，有63.12%来源于女性群体，显示出《春潮》这一以女性为主角的电影引发了发达地区中青年女性的关注。在百度资讯中搜索"春潮"，截至2020年7月23日可检索到约74400篇资讯，其中媒体网站相关资讯约52500篇，百家号资讯约1740篇。由于"春潮"一词不仅可以指代本电影，因而搜索结果中有部分内容与电影《春潮》并无关联。媒体对于《春潮》的评价较为正面，认为《春潮》演员演技精湛，呈现了女性视角下的诸多社会现实问题，微信公众号文章涉及《春潮》的超过100篇，总体评论偏向正面，认为该片真实呈现了当下家庭生活中存在的问题。这些文章在评论影片的同时，对于当下的女性生存状况与家庭关系也进行了探讨。

截至2020年7月23日，《春潮》在豆瓣上评分尚可，该片的豆瓣评分为7.2分。豆瓣网友为《春潮》贡献了15771条短评，其中好评占60%。网友认为《春潮》反映了当下的家庭、婚姻关系，呈现了真实的代际矛盾

与冲突，演员演技精湛，角色立体。占比7%的差评则主要认为影片剪辑混乱，线索过多，镜头调度不佳，难以让观众抓住重点，过于极端的母女关系显得套路化且单调，过于依赖对白而非动作显得剧情苍白无力。

线上影展这一形式，从长远来看是具有发展前景的。除了此次"春季在线影展"之外，YouTube 在 2020 年 5 月 29 日至 6 月 7 日，举行了为期 10 天的线上影展。YouTube 这次名为"We Are One：A Global Film Festiva"的影展，与戛纳电影节、柏林电影节、威尼斯电影节、多伦多电影节、圣丹斯电影节、翠贝卡电影节、纽约电影节、圣塞巴斯蒂安电影节、洛迦诺电影节、安纳西电影节、东京电影节等全球 20 个顶级电影节主办方合作。影展推出了丰富的长片与短片电影作品，还有很多线上的影迷见面会。线上影展的形式打破了以往电影节的空间、时间、金钱限制，让更多普通观众拥有了参与电影节的机会。

三　未来趋势：网络电影质量进一步提升，推动电影生态丰富化发展

中国网络电影的发展，一方面有助于推动网络泛娱乐成熟，另一方面对未来影视创作、影院流行类型的确定、影院空间新价值的产生都有巨大影响力。影视产业链因为增加了视频平台这个盈利手段，有助于电影与电视剧在类型与格式上的创新。视频平台所拥有的非线性传播逻辑激励着电影创作者要重视受众的长尾效应，即着眼于创作原本在线性传播逻辑下看上去盈利空间比较小，但实际上在互联网平台上拥有长时间获利能力的电影类型。比如，二次元、艺术电影、纪录片电影等都可以在网络上找到最大公约数的观众群，也就有可能获得更多资金以及更大的盈利机会。

以《闪光少女》为例。2017 年推出的电影《闪光少女》豆瓣评分为 7.3 分，是 2017 年豆瓣评分最高华语电影榜的第 9 名，分数高于 64% 的喜剧片、44% 的音乐片。但是该片当年在电影院上映时只获得了 6486.6 万元的票房成绩。这部二次元、青春、音乐多种题材跨界融合的电影，当全国排

片只剩6%时，发布了一张宣发团队集体下跪致歉的图片。这种"道歉行为"其实是一种破釜沉舟式的宣发方式，希望通过这种抓人眼球的方式最终挽救一次排片量。但是，这个方式并不能挽回排片和票房数据。《闪光少女》这一类质量上乘但是类型小众的电影，只有靠在宣发初期赢得更高关注度，才有可能在排片量上获得一定优势。但是，在线性传播的院线模式中，每个多厅影院的每个厅每天能排的场次是固定的，影院只会把更多影厅分给卖票最好的电影。《闪光少女》这部电影真正能在每个城市每个影院吸引到的观众并不多，所以电影最终的影院票房成绩不理想是预料之中的。互联网的非线性模式让人们观影不再受到地理位置和时间的限制，可以随时随地用自己的移动设备来欣赏自己喜欢的影视作品。分众电影在这样的情况下，可以与其最大规模受众拥有触达对方的平台，这一优势解决了这一类分众电影在盈利上的难题。也就是说，转型为网络电影会让原本盈利较为艰难的分众电影有进一步产业化的可能性。

除了传统分众市场在网络中找到了更广阔的天地之外，由于互动视频、5G、大数据算法等技术的发展，网络电影中还出现了更多创新型电影类型和形式。

互动电影在技术赋能下有了新的发展。2010年之前，互动电影常见于电子游戏中的类电影剧情部分，这个概念一般指出现在电子游戏中提供给玩家选择剧情走向的权利。2010年之后，网飞等流媒体视频平台让互动电影概念越发复杂。2016年开始网飞陆续推出了《黑镜：潘达斯奈基》（*Black Mirror：Bandersnatch*）、《你的荒野求生》（*You vs. Wild*）、《穿靴子的猫：魔法书中逃》（*Puss in Book：Trapped in an Epic Tal*）等成功的互动作品。尤其是《黑镜：潘达斯奈基》的出现，让全球的观众和媒体产业内人士都看到了互动影视作品在流媒体平台上发展的潜力。国内也在互动影视上有多种创新。2017年，腾讯视频推出互动电影《画师》，同年7月发布互动视频技术标准。B站与爱奇艺也是在这一年，从内容和平台两方面为互动电影未来发展打下了基础。

B.5
2020年网络直播行业发展报告

万程超*

摘　要： 2020年，突如其来的新冠肺炎疫情使网络直播行业的辐射范围进一步扩大。从平台类别来看，越来越多的平台转战直播领域，开发直播流量入口并加大直播扶持力度；从内容范围来看，以线下运营为主的教育、旅游、房产等行业开始试水线上直播，"直播+"充分赋能各行业发展；从主播群体来看，越来越多的明星、商家等纷纷加入网络直播阵营，主播身份更多元、职业更多重。本报告从网络直播行业发展动态入手，从平台、主播、用户三个维度进一步探寻行业发展趋势与价值，并结合行业经典案例，全面呈现多元化直播生态，为网络直播行业的优化升级提供新的思路。

关键词： 直播平台　"直播+"　直播生态

一　网络直播行业发展动态

2019年，随着电商直播的迅速崛起，网络直播行业再次成为社会关注的焦点，被视为互联网行业最火的风口之一。2020年，疫情的突袭而至使全民"家里宅"成为一种新常态，催生了用户更加多元化的直播观看需求，进一步刺激了网络直播行业的发展。不仅直播用户及主播规模迅速壮大，各

---

* 万程超，硕士，青岛国际机场集团有限公司，研究方向为新媒体传播。

大平台、企业也纷纷加大对网络直播的投入力度。技术的快速革新以及国内5G技术的加持，使"直播+"模式的发展与应用为行业带来更多的发展机遇。

（一）"宅经济"助推直播行业，用户规模再现强增长之势

根据CNNIC第47次《中国互联网络发展状况统计报告》，截至2020年12月，中国网络直播用户规模达6.17亿人，较2020年3月增长5703万人（见图1），占网民整体的62.4%。① 从内容细分领域来看，电商直播占据第一细分市场，用户规模为3.88亿人，占网民整体的39.2%；其次为真人秀直播、游戏直播、演唱会直播、体育直播，用户规模分别占网民整体的24.2%、19.3%、19.2%、13.9%。电商直播蓬勃发展，用户市场规模持续增长；真人秀直播、游戏直播等传统网络直播依然具有较高用户黏性，地位难以撼动；体育竞赛、演唱会等线下空间容量有限的大型活动，在直播领域也依然维持了非常广泛的受众基础。

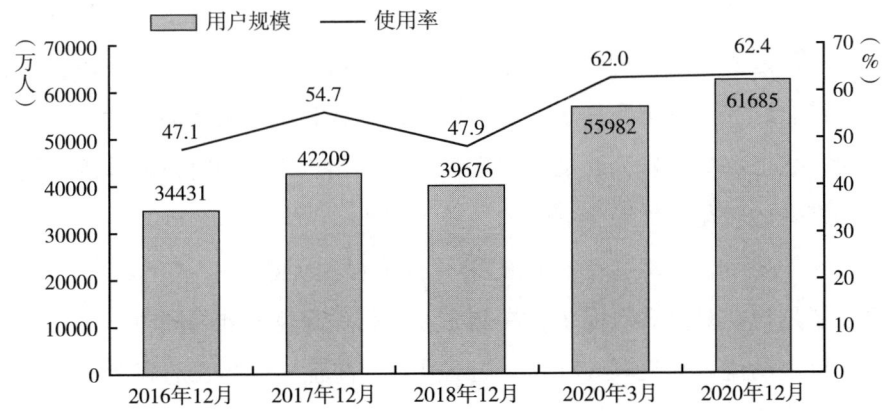

图1　2016年12月~2020年12月网络直播用户规模及使用率

资料来源：CNNIC第47次《中国互联网络发展状况统计报告》。

---

① 《CNNIC发布第47次〈中国互联网络发展状况统计报告〉》，中国政府网，2020年2月3日，http://www.gov.cn/xinwen/2021-02/03/content_5584518.htm。

在经历2016~2017年的用户高速增长阶段、2018~2019年的行业稳步沉淀阶段后，2020年网络直播行业在疫情发生后的"宅经济"的刺激下，又恢复了强势增长劲头：一方面，用户有更多空闲时间需要填充，直播成为休闲娱乐、获取资讯的重要方式；另一方面，一些高度依赖线下场景的行业纷纷加入主播阵营，通过直播进行自救。这两点相结合，使直播新场景进一步拓展，直播内容品类进一步细分，观看网络直播逐渐成为用户的长期使用习惯。

用户规模的扩大也带来了产业经济的蓬勃发展，极大地激发消费潜力、激活消费市场和助推消费升级。根据中国人民大学国家发展与战略研究院测算，仅2020年上半年，直播经济规模就达5630亿元，直播刺激的消费规模达2833亿元。

（二）网络直播渠道价值抬升，各大平台踊跃投入资源

从本质来看，网络直播是一种兼具极强互动性和即时性的内容传播渠道，它并非特定产品，而是一种基础产品形态。与媒体结合，它是信息传播媒介，可以起到快速传递最新资讯，并与接收信息的用户互动的作用；与内容平台结合，它能够丰富内容形态，增强创作者和用户之间的互动性；与电商结合，它能够搭建媒介化的消费场景，驱动用户线上购物体验升级，使用户向消费者的转化更加顺畅。①

疫情发生后，网络直播行业的渠道价值显露无遗——"宅经济"进一步激发了用户的直播观看需求，在刺激直播行业高速发展的同时，更为平台带来了巨大的流量与红利。在这一过程中，"直播+"模式的高渗透性促使用户逐渐养成直播观看习惯，并进一步增加用户群体黏性，将增量市场转变为存量市场。

基于此，网络直播的渠道价值成为商业变现的核心关注点，各类网络

---

① 喻国明、杨嘉仪：《理解直播：按照传播逻辑的社会重构——试析媒介化视角下直播的价值与影响》，《新闻记者》2020年第8期。

平台陆续加大了对直播的布局力度。无论是以淘宝、拼多多为代表的电商平台，还是以抖音、快手为代表的短视频平台，甚至以百度、搜狐为代表的传统互联网公司，都在这一如火如荼的直播赛道上频频发力。2020年1月，拼多多正式上线"多多直播"功能，旨在为有"带货"能力或潜力的合作方提供营销工具；2月，微信小程序直播功能开启公测，商家可以通过直播组件实现直播互动与商品销售的闭环；3月，百度百家号上线直播功能，主播可通过百家号开直播与受众实现实时分享与对话；4月，QQ音乐推出一款名为Fanlive的移动社交视频直播软件；内测已有4个多月的小红书直播功能正式上线。与此同时，各大平台还加大了直播扶持力度，比如，快手推出了品牌C位、电商合伙人等计划，抖音提供3亿流量扶持商家的"线上不打烊"活动，淘宝直播面向线下商户开放零门槛免费入驻通道等。

（三）"直播+"模式赋能传统产业，电商直播"带货"势头迅猛

2020年，疫情带来的"宅经济"不仅丰富了直播行业的入局主体，也丰富了"直播+"模式的垂直业态。在通过直播媒介输出社会价值、重构传统场景、创新商业模式的同时，"直播+"模式也在促进网络直播行业不断向细分领域拓展。随着疫情防控的展开和直播技术的升级，传统行业加速数字化转型，除了在传统电商领域一向表现不俗的快消品行业率先闯入直播渠道，汽车、房产、大家电等传统大宗商品也开始进入直播间进行线上交易，在5G赋能下，"直播+万物""直播+各行业"都成为可能，直播渗透率的不断提升，使网络直播变得更加生活化、日常化。

在琳琅满目的"直播+"商业模式中，电商直播迅速成为第一个业界爆点。根据艾媒咨询数据，2017~2020年直播电商市场规模一直保持较高水平增长。预计2021年，直播电商行业营收将突破万亿元关口（见图2）。

电商直播将营销与零售整合一体化，搭建新的消费场景，进一步激发用户的线上购物需求。一方面，直播为电商塑造了一个独具临场感的

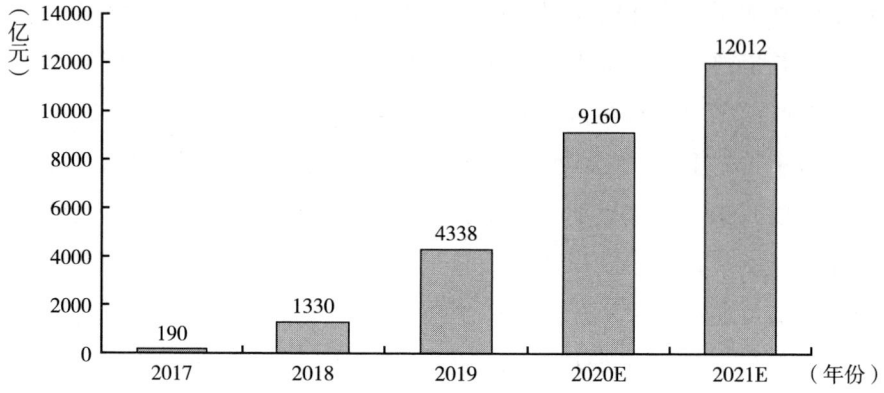

图 2 2017～2021 年中国直播电商行业市场规模及预测

资料来源：艾媒咨询。

消费场景，而主播参与所营造出的临场感是价值变现的有效催化剂；另一方面，直播为电商提供了极具便利性的媒介工具，不仅为买卖双方提供了极大的便利，而且能够帮助双方在最短的时间内获得尽可能多的价值。此外，疫情防控常态化时期，电商直播与抗疫救灾、助农脱贫等政策相结合，增强了用户购物过程中的获得感。随着"直播+"模式的持续渗透，网络直播势必为更多行业的发展注入新活力、提供新的选择和方向。

（四）内容监管进一步加强，行业规范密集出台

在网络直播成为互联网经济中重要活跃现象的同时，各种行业乱象也有所显现，包括秀场直播中出现的低俗、庸俗、媚俗等不符合社会主义核心价值观的内容，电商直播中出现的货不对板、假冒伪劣等损害消费者利益的现象以及主播刷单制造虚假流量、夸大数据等扰乱行业秩序的现象。随着整个网络直播行业的扩容和影响力的扩大，相关不良现象在一定程度上影响了行业健康经营和发展。

2020 年 6 月以来，针对网络直播行业出现的多种乱象，国家政府部门开始密集制订相关政策规定，部分有关平台也发布了自律公约。6 月，国家

互联网信息办公室会同相关部门对31家主要网络直播平台的内容生态进行全面巡查，视违规情节对相关平台采取一系列处置措施；7月，中国广告协会发布的《网络直播营销行为规范》正式实施，这是首部针对直播电商行业的全国性规定；9月，抖音、快手、京东共同发布《网络直播和短视频营销平台自律公约》；11月，国家广播电视总局发布《关于加强网络秀场直播和电商直播管理的通知》；国家互联网信息办公室会同有关部门起草《互联网直播营销信息内容服务管理规定（征求意见稿）》并向社会公开征求意见。①

相比野蛮生长时期，网络直播行业的模糊空间正在逐步减少，规范性也在不断增强。目前，行业内形成的机制为各方在直播规范化过程中共同努力提供了很好的互动基础。网络直播行业规范的底线日益清晰，直播中脱离敏感词汇有利于良性价值观的形成与多元化内容的出现。

二 平台：始于娱乐休闲，归于社会责任

随着行业发展更加稳定，网络直播平台凭借其丰富多变的内容、直观新颖的方式，在为受众带来娱乐享受和精神满足的同时，其强大的传播力也成为传递社会主义核心价值观的有效载体。疫情之下，始于"娱乐"的直播已然成为传播主流资讯、助力社会发展的重要渠道。

（一）内容生态更丰富，满足用户多样化需求

作为新型信息媒介形态，网络直播平台的竞争核心并非直播形式，而是内容生态。近年来，随着用户群体越来越成熟，对内容的需求也变得更加多样。此外，在疫情影响下，一些过于依赖线下运营的行业开始利用直播将阵地转移至线上，在一定程度上倒逼了"云旅游""云逛街""云健身"等新

---

① 中国社会科学院社会学研究所"网络直播行业发展"课题组、高文珺、何祎金、田丰：《网络直播：参与式文化与体验经济的媒介新景观》，电子工业出版社，2019。

型直播场景的出现，使直播内容得到全方位丰富。

根据艾媒咨询数据，2021年第一季度直播用户观看偏好不再局限于传统娱乐直播，新闻资讯、科普教育、公益义卖等类型直播成为用户的主要观看内容（见图3）。

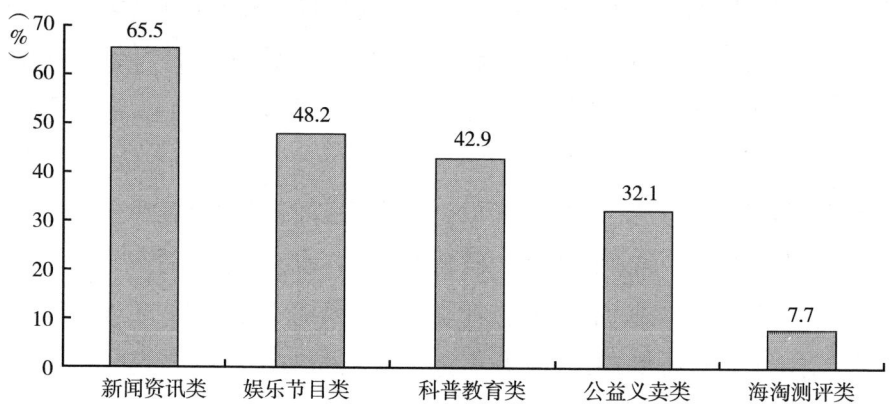

图3　2021年直播用户观看偏好形式占比

资料来源：艾媒咨询。

目前，网络直播行业的内容生态已经实现了多元化发展。在文化娱乐方面，既有拥有音乐、舞蹈等特长的才艺达人，也有竞技水平超高的游戏玩家；在教育方面，直播平台为大众提供了便捷高效的线上平台，如人大附中的物理老师李永乐在直播平台开启线上教学，为用户提供即时的教学讲解，并迅速受到用户追捧；在实体经济方面，电商直播方兴未艾，除李佳琦、薇娅等知名带货主播外，各地县长也纷纷尝试通过直播带货助力乡镇扶贫；在新闻资讯方面，网络直播已经成为权威媒体进行新闻报道的重要渠道，如疫情发生后，新华社、中央广播电视总台、《人民日报》等权威媒体均在直播平台开启新闻直播，使用户第一时间获知抗疫一线资讯；在泛生活类内容方面，以李子柒为代表的美食创作主播不仅吸引了国内用户的关注，也走出国门并得到海外用户广泛认可。网络直播的内容生态已不仅局限于娱乐化内容，丰富多彩的直播内容获得更广大用户的青睐。

（二）商业生态更多元，盈利变现渠道升级

传统网络直播的盈利模式主要是用户打赏、付费会员、广告投放。随着平台功能设计与内容品类不断创新，传统盈利模式发生变化，新的商业生态出现——用户购买行为的转化赋予了电商直播"新生命"。直播不再仅依靠流量，而是与"货"紧密捆绑，带来更多的变现机遇。2020年3月，斗鱼推出"斗鱼购物"功能；4月，百度面向主播用户推出"直播带货"功能。此外，传统媒体也纷纷开始直播带货，东方卫视开设"番茄台"直播间、浙江卫视开设"蓝莓台"直播间等。

2020年，受疫情影响，我国实体经济受到一定冲击，企业线下经营受阻，网络直播成为众多企业线上引流、营销拓客的新渠道。根据CNNIC统计，2020年上半年商家总直播场数超1000万场，日均直播近150万场，观看次数高达500亿次。

在此背景下，各大平台开始注重企业用户，纷纷建立起自己的直播中控台，帮助企业提供一站式直播解决方案，从而实现最大限度的流量变现。以抖音直播为例，在建立起相对完善的直播中控台后，在产品端，"Dou+"、企业达人、购物车等功能也为直播带来更多玩法。随着网络直播行业发展日渐成熟，多元化收入形式的出现也是必然趋势之一，有助于直播平台减少对头部主播的依赖，从而降低运营风险。

（三）拓展科教公益内容，积极履行社会责任

随着用户规模的快速增长，网络直播已经逐渐成为一种主流的媒介形式。网络直播平台拥有广泛影响力和高覆盖率的同时，也意味着需要承担更大的社会责任。

根据艾媒咨询数据，2020年上半年，有56.9%的受访用户认为直播平台在承担社会责任方面表现突出，具有较强的社会责任感（见图4）。当前，随着"直播+"逐渐渗透到各个领域，直播平台也利用"直播+"媒介优势积极承担社会责任。

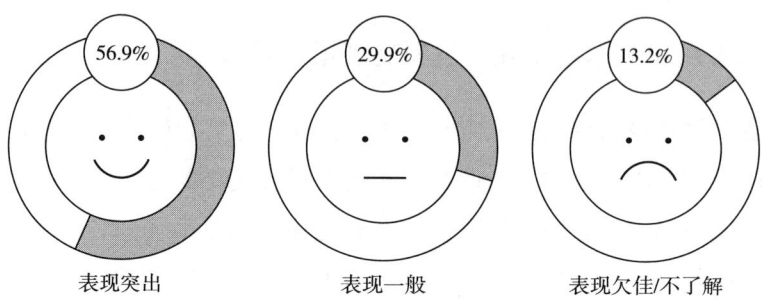

图4　2020年上半年中国在线直播用户对直播平台社会责任感感知调研

资料来源：艾媒咨询。

疫情发生后，各大直播平台推出了"停课不停学""战疫助农"等一系列公益活动，在防疫知识传播、抗疫讯息、教育创新、优质文化艺术普及等方面扮演了关键角色，充分体现了直播平台不仅具有产业升级、促进就业等经济价值，还具有深远的社会文化价值。以央视在微博推出的"谢谢你为湖北拼单"公益活动为例，该直播通过央视新闻主播与职业电商主播共同为湖北特色产品进行宣传，吸引了1091万用户同时在线收看，单场销售额超过4000万元。①

三　主播：构建多元化价值，探索专业化转型

在内容生产过程中，主播既是直接生产者，也是推动行业市场稳定发展的重要一环。2020年，随着用户的大规模涌入，主播生态也逐渐丰富。一方面，主播群体日趋多元，主动深入各行各业，不断探索专业化转型，试图在激烈的竞争格局中赢得用户更多关注。另一方面，平台通过构建全面、完善的主播生态，达到创造优质内容的目的，并以此强化平台竞争优势。

---

① 《抗疫直播力：直播社会价值白皮书》，中文互联网数据资讯网，2020年5月11日，http://www.199it.com/archives/1046690.html。

（一）身份更加多元，"跨界"带货趋势明显

疫情重塑了人们的生活方式，"直播+旅游""直播+教育""直播+综艺"等各种各样的"直播+"场景席卷而来，让线下经营受挫的行业恢复运营，让乏味的"宅生活"不再枯燥，让疫情带来的焦虑情绪得以缓解，真正开启了一个"万物皆可直播，人人都可主播"的时代。

由于网络直播的低成本和高效率，各垂直领域都迅速出现了直播达人——主播已经不再只是网红、达人的代名词，流量明星、企业厂商、主流媒体人等纷纷通过自播或与其他主播合作等形式加入直播阵营，极大地扩大了主播群体，也为行业发展注入了新动力。以淘宝直播为例，截至2020年2月，有至少100种不同职业的主播转战直播间，超过100位企业负责人参与带货。同时，淘宝商家自播体量增长趋势也不断被刷新，2020年2月，淘宝直播新开播商家数量环比增长高达719%。①

2020年5月，聚划算平台官宣明星刘涛入驻，成为聚划算官方优选官。随后，景甜、闫学晶、肖央等明星进驻，组成聚划算垂直直播矩阵。借助明星，聚划算完成直播人设打造，促进与用户的情感联结，子品牌"百亿补贴"与刘涛关联紧密。5月14日，刘涛本人首次在淘宝平台进行直播，吸引了超过2100万人观看，销售额达1.48亿元，创下全网明星带货新纪录，成为明星带货主播的典型案例。②

（二）生态更加丰富，"抱团"运作趋势明显

在全民直播的趋势下，主播生态逐渐丰富，流量竞争日益激烈。为此，主播"抱团"、互相引流趋势进一步加强。除了传统的在线PK、连麦等方式，明星、政府官员、商企纷纷与网红主播合作进行直播。2020年5月，快手

---

① 《2020年淘宝直播新经济报告》，新浪网，2020年4月1日，http://finance.sina.com.cn/stock/relnews/hk/2020-04-01/doc-iimxyqwa4391616.shtml。
② 《刘涛成为聚划算官方优选官，入驻百亿补贴直播间打造直播新场景》，搜狐网，2021年5月25日，https://www.sohu.com/a/468476149_121057231。

"和平精英"游戏主播王小歪现身直播间；9月12日，良品铺子、五芳斋、周黑鸭等多家企业在爱逛开启联营直播，共享流量资源，相互"背书"。

在不断创新寻求竞争优势的过程中，主播结构和合作模式发生调整，直播形态也得到了新的发展。在人人都能成为主播的时代，凭一己之力不断生产优质内容、持续获得曝光是很难的。于是，专门孵化运营网红的MCN机构成为无数网络主播突围的首选——通过成熟的运营经验、丰富的商业资源、自带网红矩阵，助力平台主播持续输出优质内容，高效对接优质品牌商，吸引大量粉丝，将网红经济效益最大化。比如，洋葱视频旗下的办公室小野就是洋葱视频一手打造的超级网红，还有七舅脑爷、代古拉K等；而千万级流量IP李佳琦则是由美ONE公司打造的网红。

根据《2020年中国MCN行业发展研究白皮书》数据，截至2020年底，国内已有约28000家MCN机构（见图5）。90%以上的头部网红被MCN机构收入囊中，或成立了自己的MCN机构。随着MCN行业红利逐渐显现、市场规模不断扩大，不难发现"单打独斗"的主播越来越少，而选择签约MCN机构的主播越来越多，MCN机构势必将更加注重铺设自己的主播孵化体系和渠道体系。

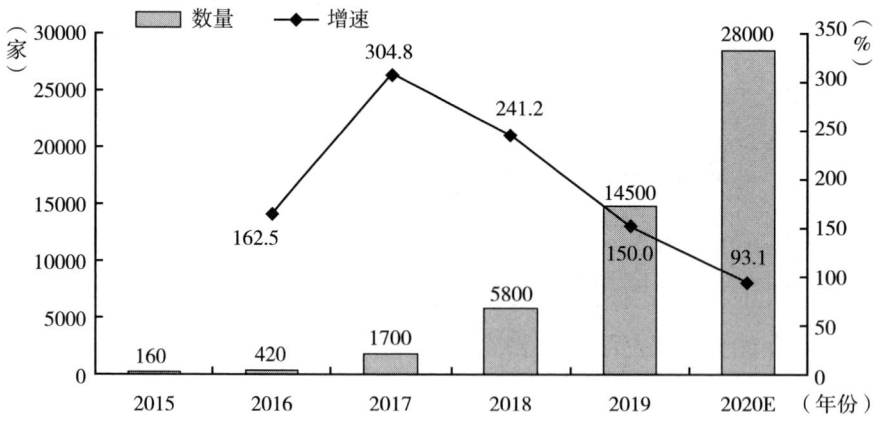

图5 2015～2020年中国MCN机构数量及预测

资料来源：艾媒咨询。

（三）专业化水平提升，呈现更好的直播效果

目前，网络直播行业规模增长趋于稳定，行业发展回归理性。从行业大环境来看，拼颜值、搏出位、打法律擦边球等内容显然已无立足之地，要获得长足的生命力，主播就必须持续生产精品化的优质内容。因此，网络主播专业化、职业化已成为行业发展的必然趋势。

入局易，深入难。根据智联招聘携手淘榜单共同发布的《2020年春季直播产业人才报告》，多数招聘要求直播相关人才具有特殊才艺、表达能力强、互动能力强，有些还要精通美妆或时尚等领域的专业知识。对主播而言，如何创建符合自身特色的内容、提升专业化水平、精准定位粉丝、增加粉丝黏性，已成为提升核心竞争力的关键。这个过程可以简单概括为"用户生产内容（UGC）向专业生产内容（PGC）的转型"，而最为明显的标志就是前文提到的大量孵化主播的专业MCN机构的产生，使主播"出圈"难度大大降低。

各大平台也开始加强对主播的专业化培训，利用自身的主播培养生态来培养优质主播，包括花椒直播、映客直播等典型直播平台都已逐步建立起自己的主播养成生态。2020年7月，花椒直播推出"闪耀新星计划"，聘请乐坛金牌专业导师指导参赛的新人主播，帮助他们在专业技能和职业素养方面得到更大提升，并进一步塑造"内容为王"的直播生态。[①] 2020年5月，浙江省义乌市人社局向19名带货主播颁发省内首批电商直播专项职业能力证书，这意味着主播作为一种职业正在被官方认可，将朝着职业化方向发展。

四 用户：看播购物习惯逐步养成，下沉是趋势也是拐点

疫情防控常态化时期，网络直播的经济价值、社会价值得到了极大的发

[①] 《花椒直播〈闪耀新星计划〉完美收官，终极赛事〈巅峰之战〉打响》，搜狐网，2020年10月9日，https://www.sohu.com/a/423451287_119038。

挥，多元化的内容生态满足了用户多样化的内容需求，用户线上看播习惯加速养成。大量的用户聚合使市场规模进一步扩大，用户市场下沉态势明显，成为网络直播行业下半场的突破口。

（一）看播购物习惯已逐步养成

《2020年3季度娱乐直播行业用户洞察》指出，在视频直播市场内规模较大的体育直播、娱乐直播、游戏直播三个板块中，用户使用市场、启动次数以及用户规模均有所上升，用户使用情况同比分别增长0.65%、26.3%、30.5%（见图6、图7、图8）。[①]

通过数据发现，网络直播用户市场呈现三大特点：规模大、活跃度高、平稳增长。显然，网络直播已经成了一种新的娱乐方式，渗透到用户的日常生活娱乐中。

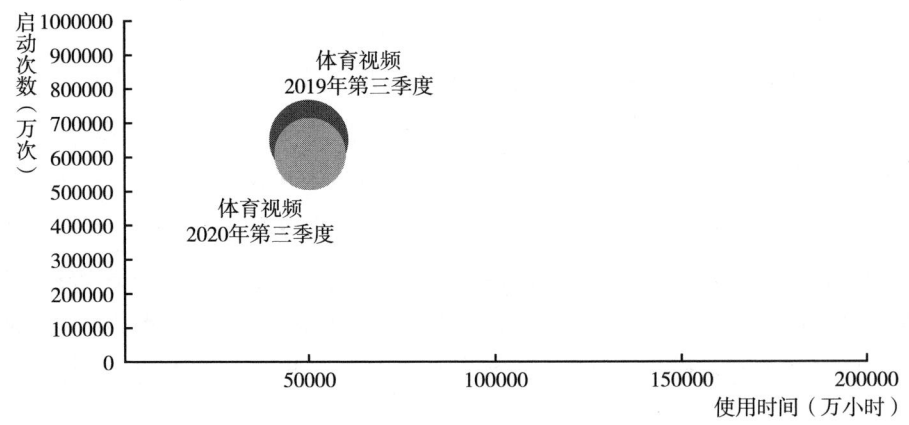

图6　2019年第三季度和2020年第三季度体育直播行业用户使用情况对比

资料来源：易观分析。

受疫情影响，大批用户涌入网络直播领域，平台通过多元化的内容引导以及对公益扶贫等社会价值观的积极践行，有效提高用户留存率，使直播文

---

① 《2020年3季度娱乐直播行业用户洞察》，网易网，2021年1月20日，https：//www.163.com/dy/article/FSF8FC6N0538DFWK.html。

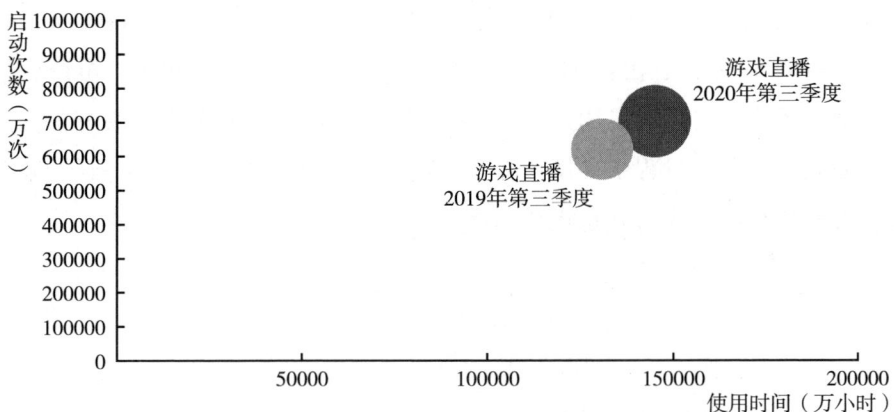

图 7　2019 年第三季度和 2020 年第三季度游戏直播行业用户使用情况对比

资料来源：易观分析。

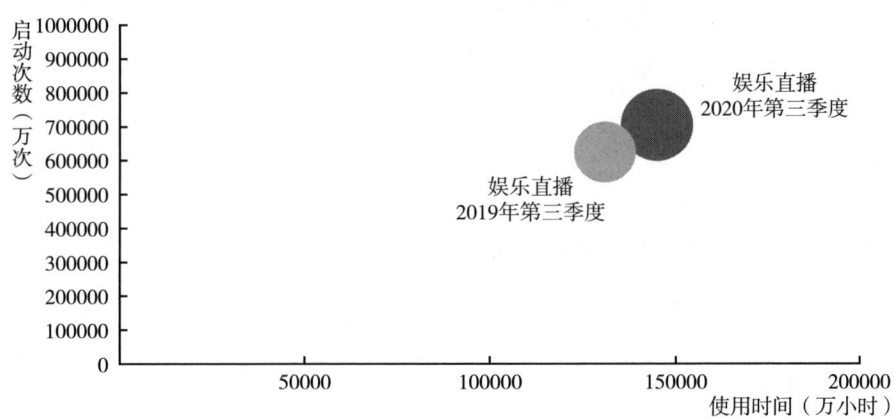

图 8　2019 年第三季度和 2020 年第三季度娱乐直播行业用户使用情况对比

资料来源：易观分析。

化不断渗透，观看网络直播演变为用户新的行为方式。作为直播领域占比第一的电商直播市场更是如虎添翼，迅速成为拉动内需增长的重要动力。2020年4月，《人民日报》发表时评，肯定"直播带货"方式在激活消费和促进经济转型升级方面的作用；疫情稳定后，《人民日报》、央视新闻等央媒联合淘宝、快手等平台为湖北直播带货，助力湖北经济复苏。

艾媒咨询数据显示，2020 年上半年有近七成电商直播用户买过主播推荐的商品(见图9),平均每周购物次数集中在9次以下,其中,购物次数最多的是每周5~8次,占比41.7%(见图10)。与传统电商相比,电商直播的传播互动形态更能满足用户对"感性消费"的需求,能够起到良好的商品推介效果。在这一过程中,用户在直播间不断"剁手",购买力得到持续提升,看播购物的行为习惯也逐步养成。

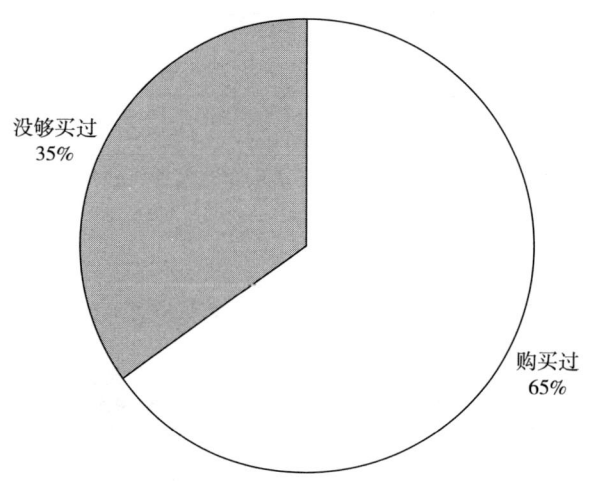

图9 2020年上半年中国直播电商用户中累计购买过商品的比例调查

资料来源:艾媒咨询。

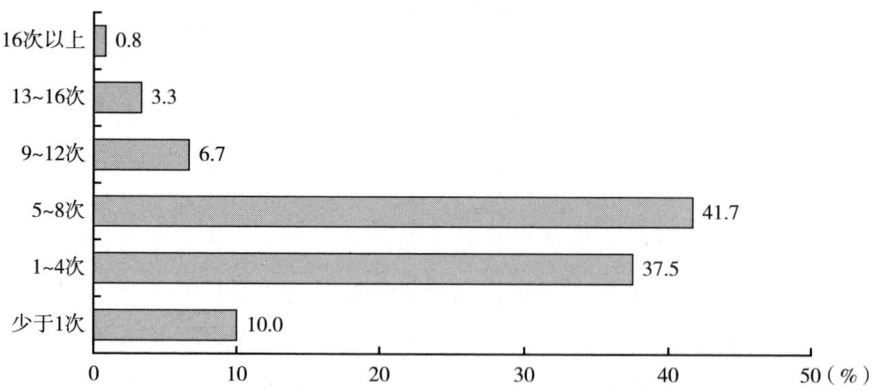

图10 2020年上半年中国直播电商用户平均每周购物次数调查

资料来源:艾媒咨询。

（二）逐渐向三线及以下城市下沉

近年来，直播行业竞争加剧，一、二线城市用户存量市场已基本被瓜分完毕，"下沉""五环外""小镇青年"等热词开始被频频提及，说明一、二线城市外还有非常广阔的发展区域。根据《2019城市商业魅力排行榜》，全国338个城市中，三线及以下城市有288个，占中国城市人口总数的69.7%；国家统计局数据显示，三、四、五线及以下城市及村镇人口已占全国总人口的八成以上。相较互联网产品和服务发展相对成熟的一、二线城市，三线及以下城市及村镇拥有巨大的用户规模和市场潜力，人口红利仍有待进一步释放。

"58同镇"对6315份有效样本进行调查统计，解读县域用户疫情发生后"宅家"时的休闲娱乐行为。报告显示，89.79%的下沉市场用户有观看直播的习惯，68.88%的下沉市场用户有过在线娱乐充值付费经历。从内容偏好来看，新闻、真人秀和购物直播占据了偏好类型前三名，占比分别为53.30%、37.15%、19.38%（见图11）。

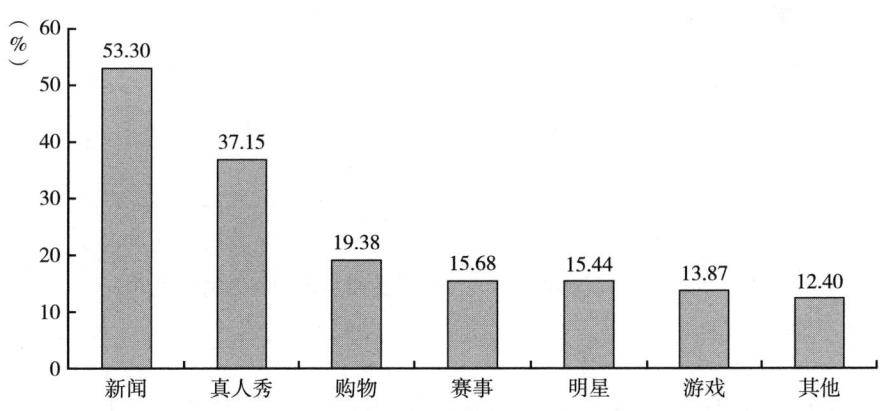

图11　疫情影响下中国下沉市场直播类型偏好分布

资料来源：58同镇。

对于三线及以下城市的用户而言，由于娱乐方式较少、空闲时间较多，观看网络直播成为满足他们多样化娱乐需求的主要途径，加快了用户从娱乐体验、生活质量到物质诉求的升级转换。随着网络直播用户逐渐向三、四、五线城市下沉，在线消费需求逐渐升级，下沉用户付费市场日趋成熟，在开辟新兴市场空间的同时，也为网络直播行业带来了新的流量与红利。

（三）需求多样化，注重体验感

网络直播内容的丰富性在满足不同类型受众需求的同时，又加快推进了分众化趋势。根据艾媒咨询数据，2020年上半年，用户观看网络直播的主要动机是消遣娱乐、购买商品和获取知识。同时，追随主播、支持公益等也是用户观看直播的重要动机（见图12）。用户观看直播不再只是出于消遣娱乐的目的，而是出于更为多元化的内在需求。受疫情影响，公益活动、教育培训、获取咨询等都成为备受关注的直播内容，在线直播平台也开始针对用户的多元化需求，不断升级直播产品和丰富直播内容。

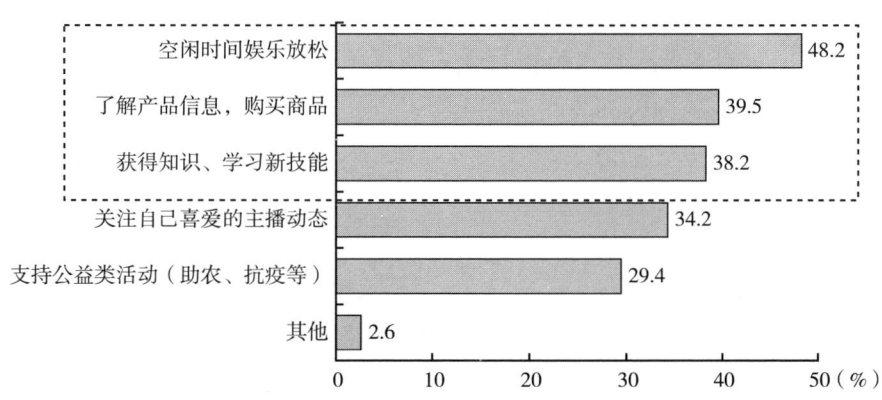

图12　2020年上半年中国在线直播行业用户观看直播的动机调查

资料来源：艾媒咨询。

由于用户观看需求的多元化和分众化，对不同内容的需求程度必然会随着时间的推移产生一定变化，因此，用户体验成了决定用户去留的关键——用户在需求得到满足的过程中建立起的主观感受，正是用户观看体验的呈现。从艾媒咨询调研情况来看，27.6%的用户认为当前直播的技术水平不足。音质与画质是否同步，直播画面清晰度、信号强弱均是影响用户直播体验感的关键因素,因此技术实力的竞争有可能成为市场未来主基调。目前,直播平台在搭建功能和玩法上已经较为成熟,纷纷着手对系统的流畅程度、沉浸式场景的搭建等进行优化与融合,全力提升用户的使用体验。比如虎牙直播依托 5G 和 AI 技术的发展,顺势推出虚实结合开放平台 HERO,通过生成 AI 数字人形象,让直播在场景、任务和内容情节等方面突破时间和空间的限制,更好地迎合了用户对沉浸式体验感的需求。

五 网络直播行业的困境与发展趋势

从行业发展脉络来看,网络直播在经历了探索成长期、流量剧增期、商业变现期三个阶段后,现在已基本步入规范化发展轨道,但大多数网络直播平台的生存现状依然不容乐观,行业发展受多重外部环境约束。不过,随着科技水平的不断提升,行业发展回归理性,精细化运营已成为直播"破局"之道,未来发展前景仍然可期。

(一)网络直播行业困境

1. 负面标签仍难以摆脱

网络直播发展初期,由于行业规范尚未形成,不少主播故意打色情擦边球以吸引用户,使公众对网络直播形成了"低俗化"的刻板印象。近年来,政府持续加大监管整治力度,各大直播平台也纷纷建立自律管理机制,进一步规范直播的内容、主播和用户的行为,但是行业内乱象仍时有发生——不公平竞争、平台数据造假、虚假广告等问题层出不穷,若无法亡羊补牢,"污名化"将成为直播行业健康可持续发展的桎梏。

2. 内容同质化竞争严重

尽管"直播+"语境下垂类内容生态已呈多元化趋势,但同一品类的直播内容还是面临着场景设置、风格塑造较为局限的问题,长期存在这种局限性无疑会让用户产生审美疲劳——当一种直播模式兴起时,特别是拥有话语权的网红、头部 KOL、专业 MCN 机构等打造的爆款内容,往往很快就会

引来无数模仿者照搬。根据艾媒咨询数据，超过五成的用户认为泛娱乐直播平台存在内容同质化问题，长此以往，用户黏性势必大打折扣。因此，无论是直播平台还是主播都应该积极创新，从原创内容品质提升上寻找突破口。

3. 沉浸式互动体验待升级

目前，用户在观看直播时仍以"看"为主，无论是"直播＋购物"还是"直播＋旅游"，在场景构建过程中，用户在场景沉浸及互动参与方面的体验都存在一定短板。以"直播＋旅游"为例，由于VR技术与网络直播的融合尚未达到要求，存在应用成本高、硬件设备限制等壁垒，用户仅能通过手机屏幕看到有限的直播画面，无法360度全景式沉浸于旅游场景之中。找到契合的场景、营造范围浸入式的用户体验、调动用户的参与性，是当前网络直播行业优化和升级时需要解决的难题。

（二）网络直播行业发展趋势

1. 技术升级为行业发展注入新活力

继4G技术的普及使网络直播行业迅猛发展后，5G时代的快速落地以及AI、大数据等技术革新或将为直播生态发展注入新活力。

5G的高传输速率与高移动性使4K/8K超高清直播成为可能。一方面，满足了用户对直播画质与流畅度的期待，极大地改善了用户的观看体验；另一方面，5G覆盖范围的扩大使直播场景趋于多元，为偏远地区的原产地及工厂直播场景提供了新的线上空间，不仅直播模式开始从C端（用户市场）向B端（行业市场）转变，核心价值也将面临从"流量"到"场景"的转变。

2021年2月11日，中央广播电视总台春节联欢晚会直播现场，8K、"5G＋VR"、"AI＋VR"、AR、主体跟踪等各种前沿音视频技术表现亮眼，为受众带来赏心悦目的体验。① 随着云计算、大数据、AI、AR、VR等高新技术的

---

① 《中央广播电视总台春晚8K直播！六大技术亮点引人注目》，搜狐网，2021年2月8日，https://www.sohu.com/a/449518829_120051417。

突破，其与直播行业进一步融合成为必然趋势，未来直播场景将进一步拓展，直播内容将更加立体化，身临其境、全息沉浸式的用户体验将为行业发展带来无限可能。因此，新技术必将成为角逐亿万市场红利的重要一环。

2. 直播"走出去"指明行业发展新方向

随着直播行业市场竞争白热化且市场日趋饱和，头部平台的领先地位和资本优势越发难以撼动，国内直播领域的发展空间越来越小，越来越多的直播平台企业选择"走出去"。2020年12月18日，TikTok联合零售巨头沃尔玛在美国推出带货直播，在历时1小时的直播中在线观看人数接近2万人。作为在美国直播市场的首次试水，TikTok并未对营销收入进行分成，这次合作更像是一次联合测试，标志着TikTok正式开启在直播方面的商业化布局。

从内部环境来看，选择"走出去"的直播企业可以利用前期积累的相对成熟的运营经验，在海外寻求新的市场机会，以期早日实现文化"走出去"和资本逆袭。比如由中国团队打造的"走出去"直播平台Kitty Live，主营业务在东南亚地区，是泰国收入最高的直播平台，其对标国内映客直播的内容运营模式，在具体执行方式上则坚持本土化策略，签约当地有影响力的明星和网红入驻，一跃成为泰国用户最多、收入最高的直播平台。

从外部环境来看，智能手机在全球范围的畅销与普及、全球移动互联网资费的下降、全球线上支付方式的逐步完善等因素，使用户能够通过更低的门槛去使用更多的线上娱乐、购物平台，导致全国移动互联网用户规模的迅速增长，为直播行业的发展提供了足够充实的土壤。直播"走出去"的红利期已然到来，海外直播市场具有相当大的发展潜力，值得挖掘。

3. 内容多元成为行业发展新常态

目前，网络直播行业的内容生态已经实现了多元化发展。从疫情发生后新闻资讯获得公众极大关注可以看出，与社会民生、时代发展紧密相连的主流资讯始终是用户的刚性需求。因此，直播平台已不仅是娱乐内容传播的平台，同时也正在转变为严肃内容的传播渠道，将为传递主流声音提供更广阔的新阵地。疫情防控常态化时期，中央广播电视总台联合快手、斗鱼、微博、抖音等网络直播平台进行同步报道，地方媒体也纷纷与线上平台联合推

出直播报道,进一步拓宽信息覆盖范围,全面提升信息传播效果。

未来,媒体、高校等在直播平台进行新闻报道、开展讲座等的现象会越来越普遍,可以满足不同年龄、不同职业、不同地域、不同兴趣爱好用户的多层次需求,进一步提升直播内容生态的丰富性,并成为行业发展的新常态。

4. 业务互融提供行业发展新路径

正如前文所述,随着网络直播渠道价值抬升,越来越多的平台投入资源开启直播功能,抖音、快手、美拍等短视频平台都已加入直播阵营。而网络直播平台在探索多元化出口过程中,也开始扎堆加入短视频阵营。随着短视频和网络直播的界限越发模糊,二者已进入加速互融阶段。

从内容生产层面来看,直播与短视频既各有特色又相互渗透——直播内容价值更高,用户付费意愿更强;短视频内容更碎片化,用户黏性更强。从用户推广层面来看,直播与短视频兼具便捷的传播特性,业务互融既可以增加老用户的留存率,又可以吸引新用户进行相互导流,长此以往,将形成良好的生态闭环,为行业发展提供切实可行的新路径。

随着直播和短视频的界限被打破,未来直播内容将向精品化、专业化、垂直化全面推进,内容生产和分发渠道的机构化趋势也将更加明显,网络直播产业链势必会出现更多的发展机遇。

B.6
2020年网络短视频行业发展报告

周才庶 李敏*

摘 要： 2020年短视频行业步入较为稳定的发展时期。各大商业巨头纷纷争夺市场，竞争格局愈加鲜明。2020年，一系列新政策的出台和新冠肺炎疫情的特殊形势使短视频迅猛发展。短视频产业链的参与主体不断丰富，产业生态逐渐成熟，抖音、快手强势发展，受众群体特征愈加明显。短视频的海外市场开始拓宽，也面临国际关系的挑战。垂直领域的跨界合作不断丰富其营收模式，促进了短视频的多元发展。未来短视频的发展需要更专业化、精细化的运营，注重用户体验，促进行业的良性持续发展。

关键词： 短视频 内容分发 产业结构

短视频行业萌芽于2011年，在互联网技术的推动下，其以内容短小精悍的特点呈现爆发式增长。2020年，短视频持续发展，抖音、快手逐渐覆盖全民，用户的关注点更多地从长视频转移到短视频，竖屏时代已经到来。2020年短视频的内容质量有了进一步的提升，精品化和专业化成为短视频的发展趋势。短视频的用户渗透率大幅提升，它在利用用户的碎片化时间方面占据了很大的优势。2020年，受新冠肺炎疫情的影响，大量线下需求转

---

* 周才庶，博士，南开大学文学院副教授，研究方向为新媒介文艺理论与影视产业；李敏，南开大学文学院硕士研究生，研究方向为传播学理论。

为线上需求,短视频和直播在用户的日常生活中扮演了重要的角色。随着人工智能技术以及5G技术的发展,未来短视频行业会有更多发展机遇,激发更大的发展潜力。

一 短视频行业发展纵览

随着数字技术和互联网技术的快速发展,以及公众生活方式和信息接收方式的变化,短视频已经成为信息传播的主流方式。2011年,快手首次推出GIF快手,短视频进入萌芽期。2016年,短视频应用爆发式增长,进入重要增长期。字节跳动于2012年成立,依靠智能算法吸引了网络视听行业的大批用户,同时抖音、西瓜视频、好看视频纷纷上线。2017年,各平台纷纷对短视频提出了自己的定义。快手率先提出:"57秒,竖屏,这是短视频行业的工业标准。"① 今日头条提出了另一定义:"4分钟,是短视频最主流的时长,也是最合适的播放时长。"② 秒拍紧随其后:"短视频不需要被定义,秒拍就是短视频。"③ 短视频即短片视频,是一种互联网内容传播方式,一般是时长在5分钟以内、在互联网新媒体上传播的视频。这种视频形式主要借助移动智能终端实现快速拍摄和美化编辑,并在社交媒体平台上实时分享。

2020年,短视频应用由"多"向"优"转变,行业发展进入成熟稳定期,其中抖音、快手突出重围。短视频直播电商占据风口,短视频和直播带货成为社会常态。根据第三方数据知瓜数据直播日榜,2020年"双十一"预售首日,薇娅总销售额达53.2亿元,李佳琦带货总额为38.7亿元。④ 与

---

① 《竖屏57秒是短视频的工业标准,也是与90后沟通的最佳方式》,搜狐网,2017年4月18日,https://www.sohu.com/a/134784461_116132。
② 《今日头条赵添:4分钟是短视频最适合播放的时长》,TechWeb,2017年4月20日,http://mo.techweb.com.cn/phone/2014-06-17/2515402.shtml。
③ 《短视频掀定义权之争背后:内容才是护城河|深度》,网易网,2017年5月4日,https://www.163.com/dy/article/CJI22AR70511D8S6.html。
④ 《双十一预售首日各大电商主播引导销售》,央广网,2020年10月22日,http://www.cnr.cn/rdzx/cxxhl/zxxx/20201022/t20201022_525306602.shtml?ivk_sa=1023197a。

此同时，腾讯公司等商业巨头以"视频号"的方式切入短视频行业。2020年1月19日，微信推出了视频号。陆续支持了顶部分栏、转发朋友圈大屏显示、长视频、直播打赏、连麦等功能。2021年，微信8.0 for iOS 对微信视频号进行了第5次改版。

  根据《2020中国网络视听发展研究报告》，截至2020年6月，我国网络视听用户规模达9.01亿人，其中短视频用户8.18亿人，占网民整体的87.0%。[①] 短视频在竖屏和快节奏的时代背景下，拥有稳定的受众基础，发展生态良好。根据艾瑞数据提供的行业App概况，截至2020年12月，短视频App的独立设备数达到10.4亿台，其使用指数为2161.2亿次，有效使用时间占比为20%。在即时通信、在线视频、新闻资讯、浏览器等大类中位居第一。[②]

  根据艾瑞数据提供的2020年短视频App独立设备数排名，位居TOP10的短视频应用相对稳定，分别为抖音、快手、西瓜视频、抖音火山版、腾讯微视、百度好看视频、爱奇艺随刻、波波视频、迅雷、土豆视频等。[③] 短视频"两超多强"的竞争格局逐步形成，抖音和快手占据"两超"的局面，其设备数量占TOP10总数量的68.1%。"多强"中也存在层次化现象，字节跳动旗下的西瓜视频、抖音火山版以及腾讯旗下的微视发展势头也不容小觑，占TOP10总数量的20.2%。其次是仅占11.7%的短视频App，包括波波视频、迅雷等（见图1）。

  抖音从2016年上线到2020年6月，日活跃用户数量（DAU）超过6亿，截至2020年12月，抖音日均视频搜索次数突破4亿次。[④] 快手从2011年上线到2020年6月，DAU达到3.02亿，每位日活跃用户的日均

[①] 《中国网络视听节目服务协会：2020年中国网络视听发展研究报告》，中文互联网数据资讯网，2020年10月17日，http://www.199it.com/archives/1133619.html。
[②] 《移动App指数》，艾瑞数据网站，https://index.iresearch.com.cn/new/#/app。
[③] 艾瑞指数列表，艾瑞数据网站，https://index.iresearch.com.cn/new/#/app/list?cId=16&csId=0&Tid=86。
[④] 《2020抖音数据报告（完整版）》，中文互联网数据资讯网，2021年1月5日，http://www.199it.com/archives/1184841.html。

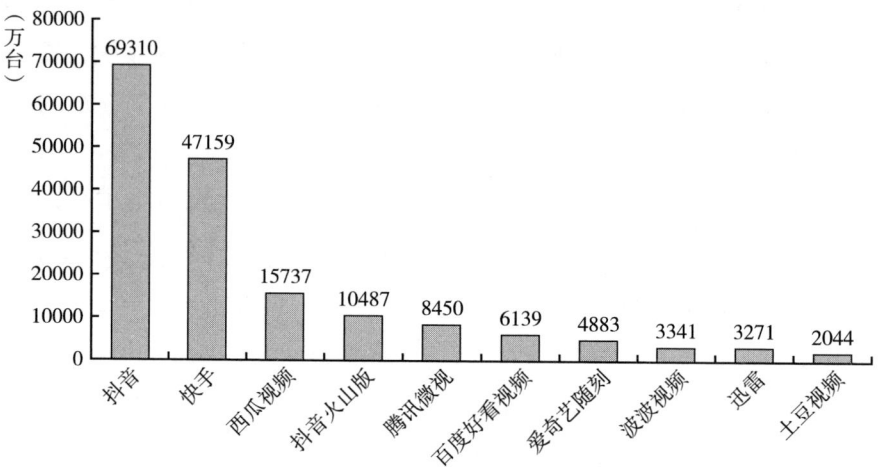

图 1　2020 年中国短视频 App 独立设备数 TOP10

资料来源：根据艾瑞数据网站 2020 年 1~12 月的数据得出，https：//index. iresearch. com. cn/new/#/app/list？cId = 16&csId = 0&Tid = 86。

使用时长超过 86 分钟，在快手应用上共开展直播近 141 亿场。① B 站自 2009 年上线至 2020 年 9 月 30 日有超过 5300 万的日活跃用户数量，② 微信视频号 2020 年 1 月内测时有超 2 亿的日活跃用户数量③。字节跳动、百度、腾讯三大头部互联网企业在短视频领域瓜分市场，在活跃用户规模 TOP10 短视频应用（包括：抖音、快手、西瓜视频、抖音火山版、腾讯微视、百度好看视频、爱奇艺随刻、波波视频、迅雷、土豆视频）中，字节跳动占 4 个，百度占 2 个，腾讯占 1 个，其余 3 个属于其他尾部企业。④

---

① 《2020 快手年度内容报告》，快手直播网站，2021 年 2 月 16 日，https：//v. kuaishou. com/bae59q。
② 《一图读懂 B 站 2020 第三季度财报》，新浪网，2020 年 11 月 19 日，https：//finance. sina. com. cn/stock/relnews/us/2020 – 11 – 19/doc – iiznezxs2586115. shtml。
③ 《视频号日活破2亿，抖音快手该慌吗？》，腾讯网，2020 年 8 月 7 日，https：//new. qq. com/omn/20200807/20200807A0S1LL00. html。
④ 艾瑞数据网站，https：//index. iresearch. com. cn/new/#/app/list？cId = 16&csId = 0&Tid = 86。

二 短视频行业发展环境

（一）政策环境

短视频的蓬勃发展离不开国家政策和法规的监督与支持。"十三五""十四五"规划所提出的网络视听发展要求以及2020年国家相关部门新出台的一系列政策为短视频的发展做出指引，促进其规范化发展。

习近平总书记多次在重大会议中提及网络安全、舆论监管和媒体融合等重要话题，强调"网络安全和信息化是相辅相成的，安全是发展的前提，发展是安全的保障，安全和发展要同步推进"[①]。"十三五"规划就建设"内容+平台+终端"的媒体融合体系对网络视听行业发展提出一系列新要求。

在媒体融合方面，2020年11月13日，国家广播电视总局印发《关于加快推进广播电视媒体深度融合发展的意见》，2020年9月26日，中共中央办公厅、国务院办公厅印发《关于加快推进媒体深度融合发展的意见》，对构建全媒体传播格局提出了一系列要求和部署。《关于加快推进媒体深度融合发展的意见》坚持引导传统媒体与新兴媒体深度融合发展，建设新型全媒体传播体系。在新的互联网信息传播格局下，短视频轻量化、移动化、碎片化的传播形态与受众的使用习惯、生活情境高度契合。对于传统媒体而言，与短视频平台的融合发展已然成为应对当下环境的一个必然选择。

在新媒体信息服务管理规定方面，《互联网新闻信息服务单位内容管理从业人员管理办法》《互联网新闻信息服务单位约谈工作规定》对新媒体单位和人员管理提出相关要求。2019年12月，国家互联网信息办公室发布的《网络信息内容生态治理规定》施行，从内容生产者、新媒体平台、

---

① 《习近平主持召开网络安全和信息化工作座谈会》，《人民日报》2016年4月20日。

使用者、行业组织等方面明确了网络信息内容生态治理的监督管理和法律责任，将网络暴力、人肉搜索、虚假流量、伪造事实等行为列入违法范畴。①

在网络安全方面，2020年4月发布的《网络安全审查办法》，对短视频的内容安全进行了限定，能够确保信息基础设施供应链的安全。2020年5月《中华人民共和国民法典》的颁布进一步扩充了隐私保护的范围，加大了对个人信息保护的力度。互联网是有记忆的，在互联网时代下，一个简单的视频所暴露的内容很有可能会对用户的隐私产生影响。

（二）社会环境

社会环境是组织生存和发展的具体环境，是组织各种公众的关系网络。短视频录制时间较短，一般限于5分钟之内，能够在最短的时间内直奔主题，传达信息。以往专业的新闻信息传播往往需要复杂的录制设备和剪辑团队，而短视频的制作门槛较低，用户随手用自己的手机上传即可完成作品录制，简单的流程大大提高了用户的参与度和体验感。同时，短视频所带来的竖屏时代改变了传统影视所固定的视觉景观，形成一种新的大众影像创作和审美方式，且在一定程度上改变了受众的社交互动方式。

2020年新冠肺炎疫情席卷全球，首先，受疫情影响，利用短视频或者直播带货成为一大趋势，电商交易额明显提高。疫情发生后，玩手机等电子设备成为主要娱乐方式，商家交易活动也由线下转向线上。单从商品流通角度来考虑，线上交易省去中间流转环节，在很大程度上降低了成本。据商务部监测，2020年上半年全国电商直播超过1000万场，活跃主播人数超过40万人，观看人数超过500亿人次，上架商品数超过2000万种。②

---

① 《网络信息内容生态治理规定》，中共中央网络安全和信息化委员会办公室网站，2019年12月20日，http：//www.cac.gov.cn/2019－12/20/c_1578375159509309.htm。
② 《商务部：上半年电商直播带货超千万场，观看人次超500亿》，新浪网，2020年9月22日，https：//finance.sina.com.cn/china/gncj/2020－09－22/doc－iivhuipp5835207.shtml。

著名的带货主播有薇娅、李佳琦等。快手、抖音等短视频平台同样取得了傲人的销售业绩。

其次，疫情防控时期，受众的线上娱乐消费需求增加，刷视频成为公众的一大娱乐方式。短视频App在2020年的下载量明显高于2019年，以快手为例，因快手2020年春节与央视春晚合作的关系，加上10亿元现金红包引流，全球观众参与红包互动累计次数达到639亿次，红包站外分享次数达到5.9亿次。大年初一快手冲上App Store免费榜第一位。① 根据数据统计，快手在2020年的下载量超过367亿次。②

娱乐消费加电商营销消费，极大地刺激了短视频的日活跃用户数量。

三 短视频的内容分析及其产业结构

（一）多种类型短视频竞相发展

短视频的类型多样且涵盖范围广泛，可以分为以下几大类。

一是内容类短视频，其作为短视频的一个大类，范围比较广，既含有传统媒体类的短视频，又包括新媒体短视频。内容类短视频往往更加注重视频内容对信息的分享。这类短视频又可以细分为幽默喜剧类、生活技巧类、美食类、时尚美妆类等。现在网络中的自媒体大多数是这种形式。内容类短视频的创作者想要获得受众必须深耕内容创作，注重内容的打造。只有高质量的内容才能吸引受众的目光，满足受众的需求，从而得到更长远的发展。李子柒的美食类短视频走红国内外，中央广播电视台评论道"没有热爱就成不了李子柒，没有热爱也看不懂李子柒"③。在李子柒的每一个视频中，她

---

① 《快手与头条系的无限战争》，凤凰网，2020年1月31日，http://finance.ifeng.com/c/7tgGO9mPYky。
② 蝉大师，https://www.chandashi.com/new/apps/view?appId=440948110&country=cn。
③ 《热评 | 我也蛮自豪，因为我就是李子柒作品背景里的一个点》，"央视新闻"微博，2019年12月10日，https://weibo.com/ttarticle/x/m/show/id/2309404447882362093714?_wb_client_=1。

都把她的家乡情与农活结合在了一起。每一个视频所呈现的每一帧画面都是壮丽的山河，由此展开一场中国传统文化的传播盛宴。2021年3月抖音平台上，李子柒账号下视频的总获赞量超过1.8亿次；2020年2月2日，李子柒又以1410万次的YouTube订阅量刷新"YouTube中文频道最多订阅量"的吉尼斯世界纪录。

二是社交类短视频，社交类短视频发挥了和微信朋友圈、微博等一样的社交功能，但社交类短视频一般是隐藏于娱乐类短视频中的，社交类短视频的制作者通过娱乐类短视频吸引粉丝，通过与粉丝的互动提高粉丝的黏性。并且通过创作者将个人的近况、身边发生的生活动态等以短视频的形式发布在社交网络上，形成一种受众"围观"效应。同时，社交平台还会通过设置点赞、评论、投币等加深互动，使用户得到最佳的体验。哔哩哔哩（以下简称"B站"）知名美食up主"假美食po主"每个视频的播放量达到160万次以上，粉丝突破250万人。她呈现的不仅是简单的吃播视频，在视频中她会展现自己的一部分生活、家人朋友，并会不断通过问题与受众进行弹幕、评论区留言等互动，甚至会与粉丝开展线下活动。这种社交类短视频极大地促进了创作者与粉丝的互动，粉丝会不自觉地把陌生的up主当作现实生活中的朋友相处。社交类短视频的这种特性有利于未来短视频的发展。

三是资讯类短视频，资讯类短视频就是以短视频的形式来呈现有意义或者有价值的资讯内容，必须抓住一个热点或突发事件进行传播，让用户能够在最短的时间内得到最有效的信息。附带互联网强大基因的短视频形式为以往的传统媒体带来启发，催生了更接近受众、更具有趣味性的资讯类短视频。资讯类短视频的内容要求必须更具有原则性，注重真实性，传递社会主义核心价值观，具有正能量。资讯类短视频从2016年开始在我国快速发展，而梨视频在资讯类短视频中扮演了"领军人"的角色。2020年全国新冠肺炎疫情突袭而至，梨视频上线"万众一心抗击新型肺炎""中国医生""治愈者说""90而立"等多个专题页进行资讯播报。疫情发生后，梨视频当即确立"科学、真实、公益、准确"的编辑方针，即时跟进实时疫情信息,向用户播报防护知识。梨视频推出的"百年汉口站的封城30天"真实地记录了武汉"封城"之后,汉口站为疫情奔波奋战的医护人员的30天。

四是娱乐类短视频,娱乐类短视频主要是通过搞笑、明星等来吸引粉丝,用户选择这类短视频主要是为了放松自己,获得精神上的愉悦。因此,娱乐类短视频更需要注意"泛娱乐化"问题。近几年,短视频乱象频发,短视频创作者为了博眼球制作低俗化内容,这些问题亟待法律来规范。但娱乐类短视频的存在对于生活在快节奏时代下的受众来讲,又有存在的必然性。2021年1月刘德华入驻抖音,3条短视频使他在短短一天内收获超过2700万粉丝,首条入驻视频的还原《无间道》的经典天台场面获赞2345.6万。这类娱乐短视频带给受众更多的是一种回忆和情怀。

五是教育类短视频,教育类短视频内容主要涵盖教育方面,此类视频的制作者必须在1~5分钟内讲清楚一个知识点,而且需以一种有趣、易被接收的呈现形式来传授知识。"罗翔说刑法"在B站的粉丝数量已经超过1200万人,除B站官方账号外,粉丝数排名第二。"罗翔说刑法"拥有高达3928.8万的点赞数,成为B站现象级up主。罗翔老师的视频内容主要是教授法律知识,通过接地气的案例来提高法律知识的接受度,风趣幽默,能够将枯燥难懂的知识融入有趣的故事中,每个视频中都会有与粉丝的互动提问,参与感极强。"罗翔说刑法"也是目前B站涨粉最快的up主之一,在这个泛娱乐化的时代,知识的获得还是受众最大的渴求。

六是电商类短视频,电商类短视频主要是制作者为产品和用户搭建联系的桥梁,制作者将短视频内容塑造为消费化的起点,吸引目标粉丝,最终完成消费变现。目前许多电商类短视频的制作者从淘宝来到抖音,抖音也与淘宝合作开启了小橱窗功能,让受众购买更便捷。2019年淘宝推出"鹿刻",淘宝直播也开始作为独立的短视频App进行内容营销。内容电商已经成为一种优秀的短视频变现模式。电商类短视频拥有精准的目标粉丝群体,粉丝群体又可以将流量沉淀下来,进一步减少再次获取流量的成本。"大佬甜"作为时尚美妆类短视频创作者,其内容聚焦于彩妆、护肤、穿搭,拥有淘宝店铺,可以将视频内容直接转化为消费力。除此之外,她还可以将粉丝沉淀于微信公众号内,通过微信公众号的商品种草清单为淘宝店铺引流,实现变现。电商类短视频的销售主体、产品、途径和方式非常多样,政府参与、企业运营、个体主导或者多方合作都有出现。

(二)产业结构

1. 内容生产

短视频行业内容生产的核心主要是创作者和内容生态,即关注内容从哪里来。随着互联网技术的发展,短视频的产业链中添加了一些新元素。短视频的内容生产主要是由 UGC、PGC、PUGC、MCN 四大部分组成。UGC(User Generated Content)指内容由使用群体生产制作,即用户生产内容。传统上传播是单向的,用户只是信息的接收者,而这种模式下用户同样是传播者,可以自由制作传播内容。抖音、快手主要是依据这一模式走红,用户进入门槛低,参与度高。抖音平台"疯狂小杨哥"和"张若宇"平均每个视频的播放量超过 150 万次,以"疯狂小杨哥"为话题的视频帖的播放量超过 2.1 亿次。PGC(Professional Generated Content),其内容生产者都是专业人士,利用自己的专有技能对某一专业领域的内容进行单向的传播。"邦纳影视集团""柠檬影业""五元文化""奇树有鱼"等都是 PGC 内容生产企业。PUGC 指的是"UGC+PGC"内容生产模式。"新片场""青藤""薇龙文化""大禹"均运用 PUGC 生产模式,其内容大多通过 PS 或者 PR 进行剪辑。MCN(Multi-Channel Network)是一种多频道网络的产品形态,是一种新的网红经济运作模式。这种模式将不同类型和内容的 PGC 联合起来,在资本的有力支持下,保障内容的持续输出,最终实现商业的稳定变现。MCN 模式在抖音大行其道,相较于之前的 UGC 和 PGC,它的工业化更强,保证了输出内容的质量,能够在一定程度上延长流量网红的生命周期;内部资源的共享化,团队间的跨界合作,专业化的运营也使其能够在短视频行列的激烈竞争中脱颖而出。抖音、快手、西瓜视频都有自己的 MCN 机构进行网红孵化培养。MCN 究竟能否持续发展仍待观察，在新的互联网时代背景下，MCN 机构还需要向精耕细作的垂直领域发展，探索更多元的盈利模式。

2. 内容分发

内容分发对于短视频的内容运营来说是十分重要的一步，相较于内容生产，它更注重把内容推给目标消费群体，即内容流向哪里，从而获得推广和盈利。短视频的内容分发平台圈层化比较明显，主要分为抖音、快手等短视频平台，美拍、西瓜视频等传统视频平台，今日头条、梨视频等新闻资讯平台，微博、微信等社交平台。近几年电商平台也成为短视频内容分发的一大主力，如淘宝、小红书等。各大视频平台通过推送和播放将视频内容呈现给用户，获得点击量和阅读量。用户也通过对自己感兴趣的内容进行打赏、付费与平台进行交互式交往，电商平台则主要依靠为用户推荐所购买的商品来为用户服务。头条系和快手系占据短视频行业的头部流量，截至 2020 年 12 月，抖音和快手分别以 53557 万人和 44245 万人的活跃用户规模居前二位，快手极速版以 14808 万人的活跃用户规模居第三位，西瓜视频以 11455 万人居第四位。[①]

抖音于 2016 年上线，上线第一年不断更新迭代产品，借助明星重金推广，成为短视频行业的一大"黑马"，成为 2020 年国内最大的短视频平台。2020 年，抖音用户月人均使用时长为 26 小时。2020 年抖音的电饭煲蛋糕、自制凉皮一度成为热门，掀起一阵自制浪潮。据统计，相关视频的播放量超过 93 亿次，有 1446 万人参与抖音的云健身活动。2020 年抖音上的疫情防控视频总播放量达 423 亿次。[②] 在受众群体方面，抖音用户性别比例分布比较均衡，男女占比分别为 53.47% 和 46.53%，有超过 50% 的受众人群年龄在 30 岁以下，高收入群体占比较高，东部城市人口占比为 46.9%，下沉用

---

① TRUTH 标准数据库，QuestMobile，https：//www.questmobile.com.cn/products/truth。
② 《2020 抖音数据报告（完整版）》，中文互联网数据资讯网，2021 年 1 月 5 日，http：//www.199it.com/archives/1184841.html。

户的增长空间较大。① 抖音的主旨是"记录美好生活",注重用户的需求和观赏感。在抖音发展初期,一大批高颜值高才艺的年轻人入驻,迅速吸引了大批量的粉丝,提高了关注度。因此,抖音热词更多地集中在"美女""帅哥""音乐"等方面。与其主旨相匹配的是其独特的产品形态,采用单列式以及上下滑动的方式,被动获取视频内容,大大降低了用户的获取成本,满足用户的愉悦需求。入驻抖音的明星占独立创作者的一大部分,也有许多的媒体号进行内容生产,这种强媒体、强内容式的生产逻辑决定了抖音的分发方式更接近以单向消费为主的中心化算法分发模式。

快手于2011年上线,2017年其用户规模突破2亿人,快手大数据研究院发布的数据显示,截止到2020年6月,在近一年的时间,有3亿用户在快手平台发布作品,30岁以下用户占比超过70%。② 快手的受众群体中男性偏多,以年轻群体为主,用户地域也更多地集中在东部和中部地区,西部地区较少,相较于抖音来说,地域分布较为不均匀。广东、江苏、山东3个省份的用户数量排前三位,占比分别是10.77%、7.37%和6.32%。③ 快手推出的"快手小剧场"系列短视频赢得好评,其中播放量较多的包括"陈翔六点半""小太阳给陈温暖""叶公子""懂车侦探"等,其收录内容的累计播放次数高达2040亿次。快手的产品定位为"基于短视频和直播的内容社区和社交平台",它更多的是强调公平,强调普惠,鼓励用户成为生活的参与者,注重长尾用户。相较于抖音"记录美好生活",快手更注重"拥抱每一种生活""提高每一个人独特的幸福感",快手热词也相应地更多是"老铁""好久不见"等更贴近社区生活气息的词语。在界面设计上,快手采用双列瀑布流模式,半全屏半获取的方式有利于内容的多元呈现。去中心化的算法方式迎合了快手致力于打造社区平台的定位,互动式

---

① 《移动App指数》,艾瑞数据网站,https://index.iresearch.com.cn/new/#/app/detail? id = 11341&Tid = 95。
② 《2020快手内容生态半年报》,搜狐网,2020年7月24日,https://www.sohu.com/a/409413348_801286。
③ 《移动App指数》,艾瑞数据网站,https://index.iresearch.com.cn/new/#/app/detail? id = 8503&Tid = 95。

的核心抢夺的除了时间还有用户的情感价值。目前环境下,头部平台已有进入下沉期的趋势,但竞争依旧十分激烈,同时尾部平台也在一路追赶。

四 短视频行业的未来展望

(一)内容创新,形成优质差异化内容

尽管短视频行业有各种类型的分发平台,但依旧存在短视频内容同质化、不同平台间搬运和"洗稿"的现象。随着短视频的出现和普及,视频内容生成技术与传播方式的变革,简单的操作流程使得人人都能成为内容的创作者。如今,慢节奏、田园式的生活成为人们向往的生活,一时间,关于农村生活、农村美食的短视频迅速走红。"蜀中桃子姐""潘姥姥""川香秋月"等博主均依靠展现乡村美食生活获得百万粉丝。搭配最简朴的炊具、天然的食材,完成一道美食摆在家人面前,呈现一幅纯真朴实、其乐融融的画面。这样的内容制作程序被大部分乡村视频所采用。长此以往,会造成用户审美疲劳,观看短视频的满意度会大大降低。在内容为王的时代,追求短平快的短视频更应该注重内容质量的创新,打破机械复制视频内容的现象,鼓励用户进行内容创新,创造更人性化、更具创造性的艺术作品,提供更加丰富多彩的资源。

(二)注重用户体验,提供个性化服务

短视频行业在垂直领域的发展,更多的是作为服务业为受众服务。创作者更应该准确了解受众的喜好和习惯,精准出击,抓住受众的需求提供个性化服务。B站以年轻人为主要对象,弹幕和二次元是其显著标志,这在一定程度上将B站的面向人群进行了一个明确划分。在B站上有无数志同道合的朋友一起进行交流探讨,促进了用户间的群体依赖感,这种群体间的情感共鸣使得用户连接在一起,凝聚力更强,用户黏性也更强。又比如超能界App以喜爱二次元的男性为主要目标对象,以录制真人视频为特色,迅速吸

引受众目光，取得了成功。随着5G技术的到来，AI智能和AR/VR技术的结合，短视频在质量优化的前提下需更加注重人性化的表达，构建短视频内容传播新生态。

（三）增强国际竞争力，提高文化软实力

随着全球化进程的深入推进，文化交融日趋深化，一个国家的文化软实力越来越成为国际竞争的一个重要因素。尼尔·波兹曼（Neil Postman）指出："有两种方法可以让文化精神枯萎，一种是奥威尔式，文化成为一个监狱；另一种是赫胥黎式，文化成为一场滑稽戏。"① 短视频在更大程度上将用户由观看者变为参与者，释放了话语空间，呈现更为多元、自由的价值观。但同时也要警惕短视频传播理念与话语形态过度娱乐化、狂欢化的问题。短视频行业应该时刻把社会责任放在首位，短视频内容中应该嵌入正确的价值导向，提供健康积极的内容。不仅如此，越来越多的短视频企业向海外拓展市场，这关系到国家形象。短视频企业在海外拓展市场、提高竞争力的同时，更要彰显中华文化的魅力和感染力。

---

① 〔美〕尼尔·波兹曼：《娱乐至死》，章艳译，中信出版社，2015，第201页。

B.7
2020年网络广播行业发展报告

冯耀贤*

摘　要： 2020年，随着网络广播行业第一家上市公司的诞生，整个行业进入投资中后期，各个平台纷纷接近Pre-IPO阶段。随着5G的应用，AIoT的应用逐渐成为可能，为网络广播行业开启了新的增长点。各个网络广播平台在已经逐渐形成成熟的四大盈利模式的坚实基础上，开始积极探索布局AIoT的智能家居和智能车载领域，甚至还出现更有探索精神的网络广播平台积极布局物联网生态。在2020年整个网络广播行业规模稳步增长的基础上，网络广播行业新阶段已经到来。

关键词： 网络广播　AIoT应用　网络主播

2020年对于整个网络广播行业来说是丰收的一年，不论是资本的追捧、用户数的增加、新应用场景的尝试，还是业务模式的逐步形成、利润新兴增长点的探索，都有益于这个行业发展。

---

* 冯耀贤，澳门科技大学电影管理学院2019级博士研究生，研究方向为电影投融资、电影完片保险。

一 网络广播行业规模发生显著变化

受新冠肺炎疫情的影响，2020年居家收听率达到1.99%，较上年增长8%，而车载收听市场被削弱，收听率仅为1.23%，为近6年最低（见图1），网络广播的整体用户数量上升。

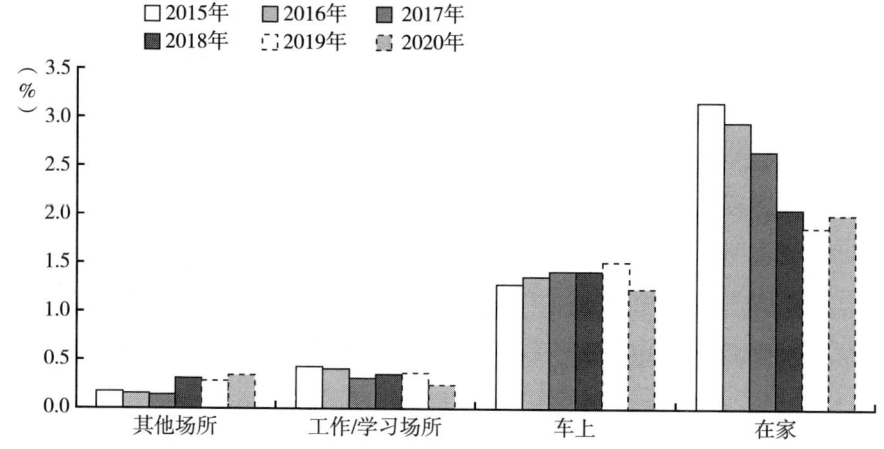

图1 2015~2020年网络广播收听率

资料来源：CSM媒介研究、历年连续调查城市。

受疫情防控措施的影响，2020年收听率走势巨变，居家收听率大幅度增长，增幅为8%，车载收听率断崖式下跌，降幅为18%（见图2），但以网络广播为主要渠道的居家收听率有所提升，收听率达到1.99%（见图3）。

市场竞争格局逐渐发生变化，网络广播收听呈现上升趋势，通过环境音收听虽然仍占主流但已经呈现下滑态势（见图4）。

2020年，网络广播平台迎来了稳定的市场增长，同时呈现快速上升趋势。

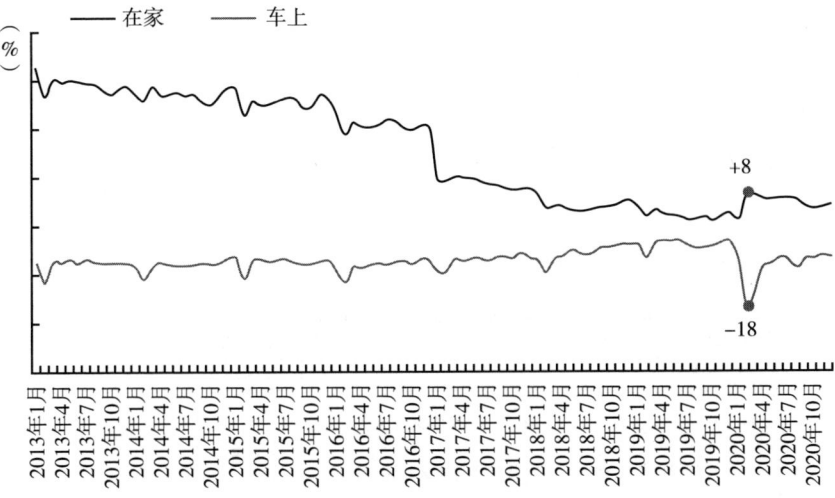

图2　2013年1月~2020年10月车载与居家收听率走势变化

资料来源：CSM媒介研究、历年连续调查城市。

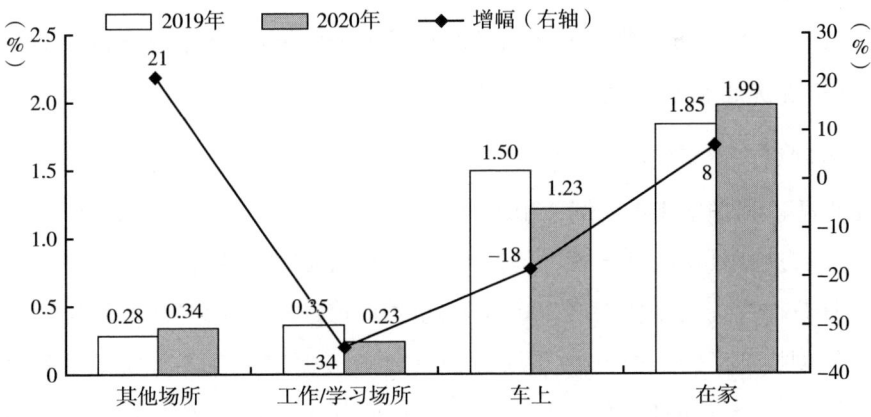

图3　2019~2020用户不同场景下的收听率走势变化

资料来源：CSM媒介研究、历年连续调查城市。

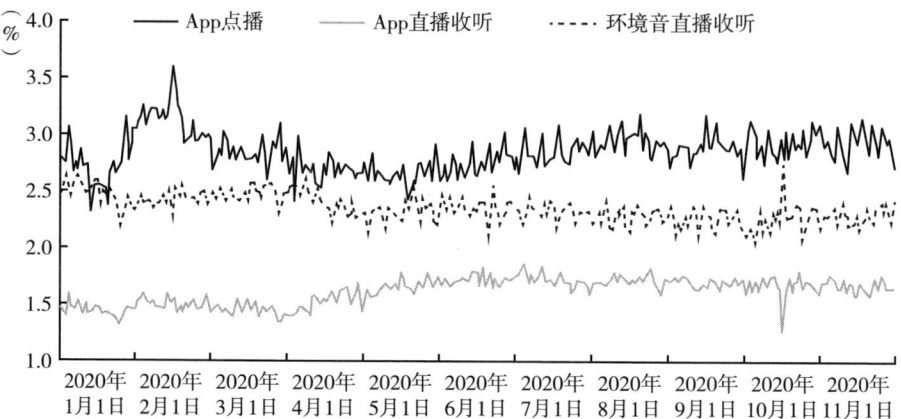

图 4　2020 年市场收听率

资料来源：CSM 媒介研究、2020 虚拟测量仪八城市组。

二　继续与专业投资资本加强合作，积极探索布局 AIoT 的应用

（一）2020 年网络平台继续加深与资本的合作，为新业务拓展积极寻找优质合作伙伴

各网络广播平台持续快速发展的背后都有各项资本的大力推动、支持和金融保障。以蜻蜓 FM 为例，2020 年 3 月 6 日其获得小米的战略投资，虽然双方没有披露具体投资金额，但我们可以看一下蜻蜓 FM 的融资历史：2013 年 1 月获得投资人创新工厂 200 万美元的 A 轮融资；2014 年 3 月获得投资人晨星创投和经纬中国 1000 万美元的 B 轮融资；2015 年 1 月获得投资人小米等数千万美元的 C 轮投资；2016 年 2 月获得 D 轮投资总额数亿美元；2017 年 9 月获得 E 轮投资，其中有单笔投资已超 10 亿元；2018 年 11 月获得投资人 BAT、多支中央财政部出资的基金等的 F 轮投资。投资方有百度、腾讯、阿里、小米等互联网巨头，也有晨星创投、经纬中国等专业投资机构。蜻蜓 FM 在获得这些投资人出资后与部分投资人，如小米、百度等展开了深入的合作。这些投资人除了给网络广播平台提供资金支持外，也为其业

务拓展提供了非常有利的帮助。荔枝于2020年1月登陆美国纳斯达克交易所，荔枝成为中国网络广播行业首家上市公司。

随着荔枝的成功上市和各大网络广播平台的发展壮大、整个行业的成熟、稳定商业模式的形成以及资本的不断推动，除荔枝以外，其他三家主要网络广播平台都处于D、E、F轮的融资中后期（见表1）。整个网络广播行业进入了上市前的资本集中操作期，相信在不远的将来我们会集中看到更多网络广播平台登陆股市，进入公众持股公司的行列。未上市的平台中，在PE融资中最少的懒人听书都已经经历了4轮的增资，最多的蜻蜓FM加上2020年战略投资已经经历了7次增资；估值最少的懒人听书的估值已经达到20亿元，估值最高的蜻蜓FM的估值已经达到60亿元，已经接近独角兽公司的估值水平。整个行业的发展成熟度和资本的进入深度都已经到了可以进入上市前准备程序的阶段。

表1 2018~2020年中国主要网络广播平台融资情况

网络广播平台	最近一次融资时间	最近一次融资金额	2020年融资轮次	2020年估值
蜻蜓FM	2020年3月	亿元以上	战略投资	60亿元
荔枝	2020年1月	4510万美元	IPO上市	5.2亿美元
懒人听书	2019年8月	1亿元	D轮	20亿元
喜马拉雅	2018年8月	4.6亿美元	E轮	34亿元

资料来源：Wind数据库、知网。

（二）积极布局AIoT领域，为网络广播寻找未来新的应用场景

AIoT即"物联网"或者"智慧物联网"，这个概念1999年由美国Auto-ID首先提出，2017年我国陆续有企业也提出了AIoT概念。2018年11月28日，小米向业界发出邀请，"共同推动人工智能和物联网产业的发展"，开创"万物智慧互联"新时代。2019年OPPO创始人兼首席执行官陈明永在《共创万物互融新生态》主题演讲中，提出了万物互融，并表示："连接只

是基础,融合才是趋势未来。技术服务融合、组织融合、文化融合,以及科技与艺术人文融合,将是万物互融的重要组成部分。"AIoT 被互联网行业认为是下一个发展的最大风口。而智能家居目前是 AIoT 应用中先行先试的领域。2020 年各大网络广播平台都在积极探索、布局 AIoT 在智能家居中的应用。

1. 2020年12月喜马拉雅与小米达成战略合作

双方将在 AIoT 等相关领域展开合作。喜马拉雅授权给小米优质内容,"喜马拉雅×Redmi 小爱音箱 Play"联名款音箱也于同期上线。未来,双方还会探索音频会员服务。

小米和喜马拉雅深度合作后,小米用户通过小米的各项应用可直接触达喜马拉雅的优质内容。喜马拉雅会向小米开放海量优质内容,为小米 AIoT 的内容生态提供海量内容。目前喜马拉雅收听长虹的《郭德纲相声》《好好说话》《蔡康永201堂情商课》等,热门内容《小猪佩奇》《超级飞侠第8季》《新黑猫警长》《奥特曼》等,还有文化历史地理内容《余秋雨:中国文化必修课》《易中天品三国》《国家地理小探险家双语百科》等,以及优质广播剧《三体》《斗罗大陆》等海量优质 IP 内容已经上线小爱音箱。

喜马拉雅已经通过小米服务累计获得超过1亿小米用户。此前,小米与喜马拉雅已经展开了部分合作,小米音乐、小爱音箱、小米网络收音机等都已经展开合作。小爱音箱和喜马拉雅账号互通后,将实现小米旗下小爱音箱内容和播放进度实时互连,多场景多设备互联。小爱音箱 App 还将增加喜马拉雅的内容入口,用户可以直接触达喜爱的内容。

2. 2020年3月蜻蜓FM获得小米战略投资,快速发展智能家居应用

目前,蜻蜓 FM 已内置小米的小爱音箱、百度小度、天猫精灵等智能音箱,内置华为、苹果、三星等可穿戴设备和美的、海尔等智能家居设备。总计内置智能家居、儿童智能设备及可穿戴设备超过 8400 万台。

2020 年,网络广播平台在积极布局智能家居设备的同时,也在积极拓展 AIoT 在其他领域的应用,如智能驾驶等。2020 年各大网络广播平台与宝

马、奥迪、沃尔沃、福特等厂商合作，支持各网络广播平台的音频内容收听，仅蜻蜓FM一家支持收听的汽车已经超过800万辆。

2020年，在AIoT领域中的应用已经成为整个网络广播行业的必争之地。

3. 荔枝车载音频产品"登陆"梅赛德斯-奔驰S级轿车，拓展AIoT应用新领域

2020年12月14日，荔枝宣布其相关的车载音频产品已全面上线华为HMS for Car。这标志着荔枝的车载音频产品已经通过华为HMS for Car "登陆"了梅赛德斯-奔驰S级轿车。华为HMS for Car是为车载场景下的用户提供精准丰富的车内场景服务和内容的应用系统。

AIoT在智能家居、智能车载领域的应用必然会给网络广播带来全新的应用场景，而蜻蜓FM积极布局的智能化生态体系，是物联网技术与人工智能的融合，在该体系内，能实现不同智能终端设备之间、不同平台之间、不同应用场景之间的互融互通，实现万物互融。

三 经历行业高速发展后各项行业规范逐渐推出

（一）各项行业政策纷纷出台

2020年，国家广电总局发布了《4K超高清视频图像质量主观评价用测试图像》等三项中华人民共和国广播电视和网络视听行业标准，印发了《防范和惩治广播电视和网络视听统计造假、弄虚作假责任制规定》《广播电视网络安全等级保护定级指南》等，对广播电视和网络视听行业标准报批稿进行了公示，印发了《广播电视和网络视听统计基本单位信息库管理办法》。为整个行业的健康发展提供各项法律法规保障，使整个行业发展有法可依、有章可循。

（二）逐步提升"网络主播"的整体从业素养

NJ（Net Jockey），作为网络广播节目的主持，有时也指为网友做各种

网络直播的业余职业人。目前在国内十余家NJ网中,担任NJ、活跃于各网络电台的大多是20岁左右经常使用互联网的年轻人。网络电台比传统电台有更大的自由,从节目主题到节目制作,完全由NJ自己把握,一些有创意的新奇想法更容易实现。这促进了网络广播行业的蓬勃发展,也出现了一些乱象,如完全以让听众得到更大的乐趣作为节目主旨和制作节目的依据等。

针对以上问题,2020年8月国家广电总局和河南广电局共同主办了网络视听节目主持岗位师资队伍培训班,涵盖了行业相关法规、播音主持理论、职业道德建设、网络节目策划等内容,从根本上解决NJ素质参差不齐、不熟悉相关法律法规的问题。

四 持续增强优质内容输出,驱动会员付费业务收入保持高增长

2020年网络广播行业呈现的特点是内容优势更加突出,付费用户数量以及ARPU(每用户平均收入)值实现双升。各网络广播平台的会员付费业务收入呈现快速增长的特点。各平台纷纷开拓新的节目形式及品种:喜马拉雅建立了13大类节目,包括以《武动乾坤》《遮天》《凡人修仙传》等为代表的有声小说,以《飞鱼秀》《东方夜新闻》《锵锵三人行》《直播港澳台》《可凡倾听》等为代表的新闻谈话类节目,以共青团、十九大、新思想、学法规、发展历程、榜样故事等为代表的政党园地,以《快乐大本营》《康熙来了》《天天向上》等为代表的综艺节目,以《单田芳评书》《三国演义》《侯宝林相声全集》等为代表的相声评书小品类节目,以及音乐节目、教育培训、财经证券、儿童故事、笑话大全、健康养生、个性电台、广播剧场等。蜻蜓FM则有一系列的特色节目,包括中国之声、中国交通广播等在内的国家电台和地市电台的广播电台类节目,版权内容类的有声小说、畅销文学、热播影视、评书、相声小品,以主播内容为核心的热门内容以及每日更新,还有新闻、音乐、脱口秀、历史、军事、情感、财经、儿童以及大咖云集等您倾听等。以此带动会员收入、活跃度、拉新数等多个指标创新高。连续推出热播内容

互动活动，提升高价值会员黏性，提高会员转化率，有效会员数持续增长。同时，利用大数据和智能算法，提升会员整体营销效率。广告招商能力持续提升，广告收入快速增长。网络广播行业未来有望通过深入挖掘平台内容及用户价值，开辟"第二增长曲线"。各主要平台节目情况详见表2。

表2　2020年主要网络广播平台音频内容服务分布

	网络广播平台	播客	付费音频节目	网络电台	音频直播	有声书
音频平台	喜马拉雅	√	√	√	√	√
	荔枝	√	√	√	√	
	蜻蜓FM	√	√	√	√	√
	酷我畅听	√	√	√		√
	企鹅FM	√	√			√
	懒人听书		√			√
	猫耳FM	√			√	√
阅读平台	QQ阅读		√			√
	掌阅		√			√
	咪咕阅读	√				√

资料来源：知网、艾瑞咨询。

五　用户数量稳步增长

2020年上半年受新冠肺炎疫情的影响，大多数居民居家办公，线上娱乐需求持续增长，从而带动了整个网络视听行业应用软件使用频率、用户规模的进一步增长。截至2020年6月，我国网络视听用户数为9.01亿人，较同年3月增长了4380万人，使用率达95.8%。其中，网络音频的用户使用率为29.3%，用户数为2.75亿人。

随着网络广播业务的不断发展，优秀的业务模式、精品内容、头部节目不断涌现，节目的内容和形式也越来越多样化，进一步推动付费用户数量增长，用户付费收入大增。新的直播互动模式也将"打赏"这一商业模式带入网络广播，各大网络广播平台2020年积极布局AIoT领域更是给整个行业带来了全场景深入发展的空间，或将推动网络广播行业市场规模的进一步扩大（见图5）。

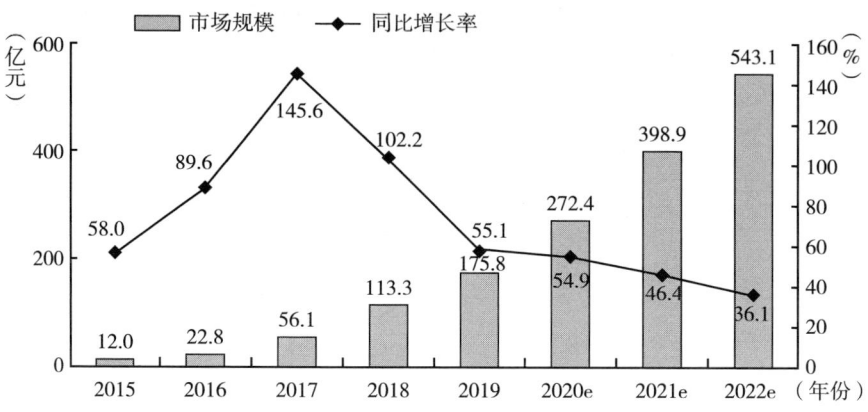

图5　2015～2022年网络广播行业市场规模

资料来源：知网。

六　多种商业模式深化构建

网络广播行业经过了多年的发展，目前已经趋于成熟，各种商业模式也都进入深入构建阶段。截止到2020年底，整个行业形成了以会员付费、广告费、打赏、硬件销售为主的盈利模式。在此坚实的商业模式基础上，应不断积极尝试构建能够打通平台、内容、用户的新盈利渠道，同时发展各平台的特色，从而推动行业内各平台的可持续发展。

会员付费：目前有会员订阅和一次性买断两种模式，会员订阅在为会员提供内容服务时一般还会提供一些会员特权。对网络广播用户的调研结果显示，76%的用户为广播平台付会员费，整体付费情况良好，用户年平均交付会费202.3元，均值较高。随着网络广播平台整体转向追求内容创作，优秀的作品不断产生，用户的持续付费习惯得到不断培养，用户更愿意为优质内容付费。

广告费：目前各平台和主播的主要盈利方式，2020年网络广播平台的广告类型主要为软广告和硬广告两大类，其中硬广告以贴片广告、插屏广告、banner广告等为主，软广告以冠名、为资方制定专门的品牌电台模式等为主，同时发展出了对地点以及受众进行选择的精准广告投放、根据品牌主题以IP共建等方式高度精准实现品牌宣传等模式。根据中国网络音频用户的调研结果，注意到开屏广告的用户占32.7%，注意到音频贴片广告的用户占35.2%，注意到植入式口播广告的用户占36.2%。这几类广告用户都有注意，同时从认知来看，用户认为音频广告让人印象更加深刻。

打赏：用户对喜爱的主播的额外打赏，是粉丝经济的一种表现形式，喜马拉雅、蜻蜓FM、懒人听书等都通过一次性买断和订阅打赏相结合的模式丰富了网络广播行业的收费模式，2020年充值打赏在整个网络广播行业中得到了高速的发展，为开通这类业务的各平台带来较高的收益。

硬件销售：以各平台内置的各种硬件为主，丰富了网络广播行业的盈利模式。

整个网络广播行业在2020年已经正式进入资本投资的中后期，与其他进入资本投资中后期的行业一样，形成了稳定的盈利模式、行业竞争格局，资金壁垒、技术壁垒等各种壁垒已经形成，新的竞争者很难再进入。2020年疫情下这个行业得到进一步发展。2020年对于这个行业的投资者来说是承前启后的一年，在经历了多轮的PE融资之后，已经接近了Pre-IPO的上市前最后阶段，各个平台也会从之前的抢占市场份额战略转向更适合迎接IPO的战略。2020年在传统的会员付费、广告费、打赏、硬件销售四大盈利模式下，各个平台都形成了各自不同的侧重点，同时在探索新的深度链接平台—内容—用户的盈利模式。各个平台都在纷纷争取AIoT的内置。从喜马拉雅与小米等的各应用场景合作，到荔枝宣布正式"登陆"梅赛德斯-奔驰S级轿车，再到蜻蜓FM得到目前AIoT市场占有率最高的小米的战略投资，与小米、百度、vivo等展开合作，积极布局物联网生态，都说明了AIoT这个市场是未来网络广播行业最有可能性的新兴增长点，各平台对这个领域内置的争夺，在2021年将延续。

参考文献

《2020年中国网络音频行业研究报告》，艾瑞网，2020年5月14日，http：//report.iresearch.cn/report/202005/3576.shtml。

《广播电视和网络视听大数据标准化白皮书（2020版）》，国家广播电视总局网站，2020年8月28日，http：//www.nrta.gov.cn/art/2020/8/28/art_113_52660.html。

《第八届中国网络视听大会于成都开幕，"视听+扶贫、抗疫"分论坛聚焦行业发展新模式》，央视网，2020年10月15日，http：//news.cctv.com/2020/10/15/ARTIx20fUoXVavJSdtuamovZ201015.shtml？spm=C94212.PgkLR5uaDsru.S26488.1。

《中央广播电视总台5G媒体应用白皮书（2020版）》，未来智库网，2020年7月29日，https：//www.vzkoo.com/doc/15688.html。

年度热点

Annual Hot Spot Reports

B.8
2020年网络视听政策法规解读

北京韬安律师事务所*

摘　要： 本报告梳理了我国2020年政策法规和自律规范中与网络视听行业相关的部分，对本年度网络视听行业发展情况及热点问题进行了评析。为了鼓励和生产一批精品化网络视听节目，2020年延续了此前高度重视网络内容监管的政策导向，结合前期经验并根据网络视听行业的特征与需求制定细化的动态监管规范。在网络影视剧、网络综艺等方面，明确提出了拍摄和制作的备案公示制度、剧本基本完成承诺制度，坚决抵制收视率造假，强调对内容安全的细节把关，重申反对网络影视剧内容"注水"，规范网剧剧集长度、演员薪酬与职业道德等问题；在网络直播领域，出台不同的规范，明确了网络营销与开展网络表演

---

* 执笔人：王军，北京韬安律师事务所主任；李燕蓉，北京韬安律师事务所高级顾问；任月，北京韬安律师事务所律师助理；梁译方，中国传媒大学硕士研究生，研究方向为传媒政策与法规。

的具体举措；在未成年人保护方面，立法明确了未成年人的网络保护，为未成年人提供绿色健康的网络视听资源。

关键词： 网络视听　内容监管　行业自律

受新冠肺炎疫情影响，2020年民众的文化娱乐需求向线上转移，提高了我国网络视听内容的使用率，扩大了用户规模。截至2020年末，我国网络视频用户规模达9.27亿人，占整体网民的93.7%。其中短视频用户规模为8.73亿人，占整体网民的88.3%；网络直播用户规模达6.17亿人，占全国网民的62.4%。① 在"加快构建以国内大循环为主体、国内国际双循环相互促进的新发展格局"政策的号召下，电商直播行业依托技术优势，激发了全社会的消费潜力，为建设国内大循环、促进经济回暖提供了重要的媒介技术支持，成为2020年上半年发展最为迅猛的网络视听应用之一。而作为网络直播的传统类型，游戏直播在2020年上半年成为宅家休闲娱乐的重要方式，为娱乐直播平台营收和移动端用户活跃度助力。

一　2020年网络视听总体情况与政策法规导向

随着互联网与现实世界的分界日益模糊，网络视听的触角已延伸至人们的衣食住行，给防范违法、不良网络视听节目内容带来不便。为规范网络视听节目传播秩序，国家在2020年出台了一系列制度措施，力求全面提高依法治理能力，实现有法可依，在行政监管手段上实现标准统一，不断完善网络视听的事前引导、事中监督、事后评估的全周期管理机制。

---

① CNNIC：《第47次〈中国互联网络发展状况统计报告〉（全文）》，中华人民共和国国家互联网信息办公室网站，2021年2月3日，http://www.cac.gov.cn/2021-02/03/c_1613923423079314.htm。

(一)"宅经济"激发产业活力,监管部门助力产业发展

2020年2月6日,北京市广播电视局发布《关于应对新型冠状病毒感染的肺炎疫情支持网络视听企业保经营稳发展的若干措施》①,这是全国首个地方广电系统针对新冠肺炎疫情出台的企业扶持措施,囊括了优化提交审核方式、压缩审核工作时间、帮扶受疫情影响的重点题材节目、为创作生产反映防疫抗疫的视听节目开通绿色通道等八大措施,以支持网络视听企业保经营稳发展。

2020年3月12日,国家广播电视总局(以下简称"广电总局")下发了《关于统筹疫情防控和推动广播电视行业平稳发展有关政策措施的通知》②,强调加强内容引导、优化政务升级、提高政务部门公共服务管理水平,对统筹疫情防控、推动网络视听服务行业有序复产复工、鼓励优秀内容创作、支持扶贫工作、维护网络视听行业稳定健康发展提出具体要求。

2020年4月9日,北京市广播电视局组织召开了网络视听内容创作生产调度会,发布2020年北京市年度广播电视局优秀网络视听节目种子库,③研究决定逐步完善各项机制联动,调度优质资源,贯通线上线下,贯通院线电影与网络电影,全力加速推进网上优质节目的内容生产供给。

2020年5月7日,腾讯视频、爱奇艺、优酷三大视频平台及正午阳光、新丽传媒等六家制作公司在中国广播电视社会组织联合会、中广联电视制片委员会、中国电视剧制作产业协会和首都广播电视节目制作业协会等行业组

---

① 《北京市广播电视局关于应对新型冠状病毒感染的肺炎疫情支持网络视听企业保经营稳发展的若干措施》,北京市人民政府网,2020年2月7日,http://www.beijing.gov.cn/zhengce/zhengcefagui/202002/t20200208_1626725.html。
② 《国家广播电视总局关于统筹疫情防控和推动广播电视行业平稳发展有关政策措施的通知》,国家广播电视总局网站,2020年3月13日,http://www.nrta.gov.cn/art/2020/3/13/art_113_50337。
③ 《北京市发布优秀网络视听节目种子库,推进内容供给》,"网络视听生态圈"微信公众号,2020年4月16日,https://mp.weixin.qq.com/s/liBthbjRVXwOQFRHmz2kXw。

织的号召下,根据国家广播电视总局发布的《关于进一步加强电视剧网络剧创作生产管理有关工作的通知》精神,联合发出《关于开展团结一心 共克时艰 行业自救行动的倡议书》,倡导为伟大时代创作伟大作品,反对内容"注水",规范集数长度,倡议影视剧拍摄制作不超过40集,鼓励30集以内的短剧创作,不断规范文艺演职人员在薪酬、排名、待遇等方面的管理。①

(二)顺应时代需求助力经济发展,创作高质量视听作品

在我国脱贫攻坚决胜关键时期,新冠肺炎疫情突袭而至,各个行业都遭到冲击,网络视听行业则逆风而行展示了顽强的生命力。广电总局为全力推进网络视听疫情防控宣传工作,组织网络视听服务平台加强网络视听宣传,推送抗击疫情、打赢脱贫攻坚战、全面建成小康社会、抗战胜利75周年、2021年建党100周年、唱响时代主旋律等正能量主题内容,以提升网民的政治觉悟与社会信心。

2020年10月4日,在第八届中国网络视听大会网络视听精品创作高峰论坛上,广电总局正式启动"庆祝中国共产党成立100周年"精品网络视听节目创作展播活动,对外发布了一批精品网络视听节目片单,鼓励创作有厚度、有温度、高品质的网络视听节目作品,以加强网络视听技术创新,推动产业优化升级,助力经济发展,为繁荣先进文化赋能。②

(三)呼应现实问题,完善未成年人网络保护

随着网络空间与现实空间的重合度越来越高,社会各界格外关注网络内容对未成年人的影响。2020年3月1日正式实施的《网络信息内容生态治理规定》强调了内容生态的多方共治,明确规定了发布网络信息内容的生

---

① 《快讯!爱优腾联合六家影视公司发布行业自救倡议书》,"广电头条"微信公众号,2020年5月7日,https://mp.weixin.qq.com/s/xpfA7_EuKB13G-6P4d79oQ。
② 赵光霞:《"庆祝中国共产党成立100周年"精品网络视听节目创作展播活动正式启动》,人民网,2020年10月14日,http://media.people.com.cn/n1/2020/1014/c40606-31891997.html。

产者、管理者应当采取措施，防范和抵制制作、复制、发布可能含有违反社会公德、诱导未成年人发展不良嗜好、引发未成年人模仿的不良信息与违法信息。

为有效地保护我国未成年人身心健康，防范网络沉迷，中国互联网协会于2020年6月1日公开发布了《防范未成年人沉迷网络倡议书》，倡导全社会共同关注未成年人沉迷网络问题，并以多元共治、依责分工的监管思路，号召全社会共同努力，维护健康网络环境，守护未成年人茁壮成长。[①]

2020年8月，教育部、国家新闻出版署、中央网信办、工业和信息化部、公安部、市场监管总局六部门联合下发《关于联合开展未成年人网络环境专项治理行动的通知》，专项治理未成年人所处的网络环境，重点关注不良网络社交行为、低俗有害信息、沉迷网络游戏等问题，专项治理低俗有害信息，集中整治网络不良行为，加强对企业的监督监管，加强教育宣传引导。[②]

二 网络影视剧、网络综艺

2020年，全球影视剧市场由于疫情原因受到了极大的冲击，无论是线下影院还是影视剧拍摄都近乎停摆，网络影视剧则因渠道优势撑起了行业的半边天。《2020年网络电影调研报告》显示，2020年1月至10月全国取得规划备案号的网络电影已经达到3722部，取得上线播出备案号的网络电影已有634部。截至2020年12月初，爱奇艺、腾讯视频、优酷三大平台共上线新片近700部，在三大平台上已累计诞生了71部分账票房过千万元的影片。其中，爱奇艺独播的有34部，优酷独播的有22部，腾讯视频独播的有

---

① 《中国互联网协会发布〈防范未成年人沉迷网络倡议书〉》，新华网，2020年6月2日，发布，http://www.xinhuanet.com/gongyi/2020-06/02/c_1210642981.htm。
② 《教育部等六部门关于联合开展未成年人网络环境专项治理行动的通知》，中共中央网络安全和信息化委员会办公室网站，2020年8月26日，http://www.cac.gov.cn/2020-08/26/c_1600000556412018.htm。

13部,爱奇艺、腾讯视频联播的有2部。①

2020年网络综艺平稳发展,上半年生活体验类、音乐类和情感类节目居多,疫情防控常态化时期经过前期的沉淀,厚积薄发,以新老结合、"保老减新"的方式发展优质IP,生产出一批如《这!就是街舞第三季》《追光吧哥哥》《脱口秀大会第三季》《青春有你第二季》《乘风破浪的姐姐》等爆款节目。

(一)网络影视剧、网络综艺政策法规解读

2020年1月21日,广电总局发布《关于开展2020年网络视听节目季度推优工作的通知》②,设立了重大题材网络影视剧项目库,开展"网络视听节目精品创作传播工程"扶持项目评审工作,以各种推优形式鼓励我国网络视听行业积极创作高品质的影视作品。在收视率监管方面,2020年10月28日,广电总局结合既往文件精神制定了《防范和惩治广播电视和网络视听统计造假、弄虚作假责任制规定》③,落实网络视听统计工作责任制。综观2020年网络影视剧、网络综艺行业的相关政策法规与行业自律规范,2020年广电总局延续了2019年强化内容监管的思路与导向,并延伸出细分监管、提质减量等具体举措,出台了《广播电视行业统计管理规定》《国家广播电视总局关于进一步加强电视剧网络剧创作生产管理有关工作的通知》《国家广播电视总局关于进一步落实主体责任,切实强化电视剧细节把关的通知》等规范性文件,对收视率造假、完善拍摄制作备案公示、剧本基本完成承诺、反对内容"注水"、规范剧集长度、内容安全细节把关等问题作出规定,在"提质减量"的基础上,强调制作优质作品、提升内容质量。

---

① 曲翔鹏:《〈2020年网络电影调研报告〉重磅发布!》,"电视指南"微信公众号,2020年12月24日,https://mp.weixin.qq.com/s/Qemc5j1vMgSkGAKmudThOA。
② 《国家广电总局办公厅关于开展2020年网络视听节目季度推优工作的通知》,国家广播电视总局网站,2020年2月5日,http://www.nrta.gov.cn/art/2020/2/5/art_113_49808.html。
③ 《广电总局印发〈防范和惩治广播电视和网络视听统计造假、弄虚作假责任制规定〉》,国家广播电视总局网站,2020年11月5日,http://www.nrta.gov.cn/art/2020/11/5/art_114_53677.html。

网络影视剧是网络视听的重要组成部分，监管部门常对其作出更细致的规定。2020 年，相关部门从网络影视剧制作的不同流程、不同维度出发，以治理"四剧一酬一造假"为重点，其中"四剧"指古装剧、宫斗剧、抗战剧、注水剧，"一酬"指演员的天价片酬，"造假"指收视率造假。[①] 在审批流程上，为提高网络电影和网络剧的申报门槛，广电总局要求重点网络影视剧必须提交《完成剧本创作承诺书》才可申请备案，[②] 此举虽一方面会增加前期投入的风险，但另一方面也会提高规划备案项目的成功率。在内容制作上，加强审批，整治老剧翻拍，[③] 网络影视剧制作机构对内容负直接责任，[④] 反对内容"注水"，提倡网络剧拍摄制作不超过 40 集，[⑤] 进一步研究制定更加科学合理的行业标准。在制作流程上，抵制剧集创作重演员、轻编剧、轻导演、轻制作的现象。在演员职业道德要求上，抵制演员自带编剧乱改台词和剧本，抵制演员不顾剧情需要设计形象、不熟悉剧情、不背台词等行为。[⑥] 在演员片酬待遇上，广电总局于 2 月 6 日印发《关于进一步加强电视剧网络剧创作生产管理有关工作的通知》，于 10 月 15 日印发《关于推动新时代广播电视播出机构做强做优的意见》，抵制高价、天价片酬，要求每部网络剧全部演员总片酬不得超过制作总成本的 40%，其中主要演员片酬不得超过总片酬的 70%。[⑦]

[①] 韩萌萌：《盘点 2020 | 过去一年这些改变让广电行业发展更健康》，"中国新闻出版广电报"微信公众号，2020 年 12 月 23 日，https：//mp. weixin. qq. com/s/QaTmIiQ_ lZ1YeO2sCsRD2Q。

[②] 《总局〈完成剧本创作承诺书〉备案新规出台后，编剧生存规则变了》，"传媒内参"微信公众号，2020 年 2 月 22 日，https：//mp. weixin. qq. com/s/qLGmUxjo83Gq – XxLMDkVGQ。

[③] 《广电总局：重点加强三类剧审核和审查，治理"老剧翻拍"》，"传媒内参"微信公众号，2019 年 7 月 13 日，https：//mp. weixin. qq. com/s/GiIK8EjpphBq1y61iCZbmA。

[④] 《广电总局明确！网络影视剧制作机构对内容负直接责任》，"知识产权那点事"微信公众号，2020 年 11 月 17 日，https：//mp. weixin. qq. com/s/_ kKjMsROuOuoD – SmnVVirQ。

[⑤] 《广电总局：电视剧和网剧提倡不超 40 集》，"网络视听生态圈"微信公众号，2020 年 2 月 19 日，https：//mp. weixin. qq. com/s/CYT8U1Fzru11Xzh2_ YAXQw。

[⑥] 《中制协：电视剧创作要去浮华浮躁、重创作规律》，搜狐网，2020 年 12 月 9 日，https：//www. sohu. com/a/437222759_ 120702。

[⑦] 《广电总局提倡剧集不超 40 集 须演员片酬合同复印件》，新华网，2020 年 2 月 20 日，http：//www. xinhuanet. com/ent/2020 – 02/20/c_ 1125601057. htm。

（二）热点事件解析

1. 疫情引发传统电影行业发掘网络发行新形式

2020年初，疫情的突袭而至影响了春节档电影的正常上映，影片《囧妈》《肥龙过江》转向线上首映引发了电影从业人员的讨论。网络视听平台电影播映的渠道价值被发掘，短视频和直播行业崛起为电影宣发找到了新的着力点，但也有多家院线认为此举违背了行业准则，无法确保各方尤其是发行方的基本权益，因此联合发文抵制。

2. "超前点播"服务模式合法性判定

爱奇艺会员用户吴某因不满爱奇艺在《庆余年》上额外推出的"超前点播"服务将其告上法庭，法院依据《爱奇艺VIP会员服务协议》判决认定，爱奇艺的超前点播行为纵向切割了吴某的黄金会员权益，其超前点播条款对吴某无效。[1] 该案规范指引了网络视听服务平台在创新商业模式时应合规合法，变更格式条款时应遵循"公平原则"。但是法院并未判定"超前点播"服务模式违法，仅认为不应当损害会员的已有在先权益，即爱奇艺不能单方面变更服务条款，强制要求会员接受超前点播的服务。

3. 短视频版权保护亟待完善

根据12426版权监测中心发布的《2020中国网络短视频版权监测报告》，2019年1月至2020年10月，该中心接受权利人及监管部门委托，对10万多名原创短视频作者、国家版权局预警名单及重点影视综艺等作品的片段短视频进行监测，覆盖作品量超过1000万件，累计监测到3009.52万条疑似侵权短视频。其中，独家原创作者被侵权率高达92.9%，非独家作者被侵权率为65.7%。[2] 各大平台版权审核过滤及保护机制不统一，而相关行业标准始终不能落实，短视频盗版监管后劲不足，呼吁短视频行业形成相对统一的审核标准，落实动态监管机制。

---

[1] 北京互联网法院，（2020）京04民终359号民事判决书。
[2] 《12426版权监测中心发布〈2020中国网络短视频版权监测报告〉》，"上海市网络视听行业协会"微信公众号，2020年11月30日，https://mp.weixin.qq.com/s/yO5cBQOWCzp7J5uRCfnW5g。

4. 内容细分落实监管责任

2020年的马保国事件引发了一场网民"无厘头"狂欢，2020年11月28日，《人民日报》发文评论其以弘扬传统武术之名行哗众取宠、招摇撞骗之事，呼吁有关部门加强监管。① 同日，B站发布官方公告称，为纠正有些商业机构利用马保国的热度炒作并收割流量进行谋利的行为，将严格限制、审核、管理马保国相关的视频内容。② 舆论监督与行业自律结束了这场发酵过头、"娱乐至死"的狂欢闹剧，也为互联网内容细分下压实平台责任、提高网民自身素质提出了新的要求。2021年1月28日，国家体育总局武术运动管理中心中国武术协会印发《清理整治武术乱象规范赛事活动管理办法》，明确了重点整治随意自创门派、私下约架、恶意攻击、相互诋毁、歧视他人、自封"大师""掌门""正宗""嫡传"等称号的行为。③

5. 成立网络视听相关道德委员会

2020年12月18日，中国视协电视界职业道德建设委员会在北京成立。会议审议表决通过了《电视界职业道德建设委员会章程》，载明委员会的重要任务之一是建立健全联合评议惩戒机制，明确惩戒制度、规则、措施，建立并动态更新行业违法失德人员清单，探索其退出机制。④ 2020年12月29日，电影界职业道德建设委员会正式宣布成立，旨在向全行业提出电影人职业道德方面的自律规范建议，推动我国电影行业健康有序发展。⑤

6. 社会公众版权意识增强

2020年12月21日，编剧余飞、宋方金等111位影视从业者发起联合声

---

① 秦川：《人民锐评 | 马保国闹剧，该立刻收场了》，"人民日报"微信公众号，2020年11月28日，https：//mp.weixin.qq.com/s/h36ygW-kRUplGmC9GPoFdA。
② 《B站发布公告：将严审马保国相关视频内容》，腾讯网，2020年12月7日，https：//new.qq.com/rain/a/20201207a069tj00。
③ 《国家体育总局武术运动管理中心中国武术协会关于印发〈清理整治武术乱象规范赛事活动管理办法〉的函》，国家体育总局武术运动管理中心网站，2021年1月29日，http：//www.sport.gov.cn/wszx/n5392/c977663/content.html。
④ 《电视界职业道德建设委员会成立，将建立行业违法失德人员清单》，"广电头条"微信公众号，2020年12月21日，https：//mp.weixin.qq.com/s/7j1CYX8kaCBzUsbi0fN4hA。
⑤ 姬政鹏：《中国影协成立电影界职业道德建设委员会》，"中国电影报"微信公众号，2020年12月29日，https：//mp.weixin.qq.com/s/PdECvBR6fHMMa1d3f153Bg。

明，倡议抵制劣迹编剧。随后，《人民日报》发表评论文章，点名批评有抄袭行为却不向原作者道歉的两位视听行业从业者。2020年12月31日，二人先后在微博发布道歉函。二人的公开道歉是行业自治与舆论声讨的直接成果，反映了社会对原创的尊重以及版权意识的增强。①

三 网络表演、网络直播

疫情发生后，"宅休闲"稀释了人们的焦虑情绪，各网络视听平台及网红、艺人也在寻找合作和出镜机会。"直播演出""直播综艺""线上音乐会"等进入了人们的视野，五月天、刘若英、张杰等歌手先后发起线上直播演唱会，线上 live 成为热门话题，线下筹办、线上直播打破了空间边界，对音乐人品牌构建，用户音乐娱乐形式、产业生态链重塑都具有积极意义。

网络直播营销方面，短视频平台入局直播带货行业，经过一年的热度攀升，直播带货问题频出。中消协发布的报告称，2020年"双十一"期间有关"直播带货"的负面信息有33.41万条，日均在1.24万条左右，"虚假宣传"成为消费者吐槽直播带货的高频关键词。②

（一）网络表演、网络直播政策法规解读

2020年，随着"直播+"的发展，行业细分越发清晰，国家网络内容监管部门、市场监管部门、行业协会等结合网络直播的不同侧面先后出台了《关于深化"放管服"改革促进演出市场繁荣发展的通知》《关于加强网络秀场直播和电商直播管理的通知》《关于加强网络直播营销活动监管的指导意见》《网络直播营销行为规范》等。

---

① 《娱乐圈又一事件将会被载入圈史：众多编剧联合抵制郭敬明、于正》，腾讯网，2021年2月23日，https://new.qq.com/omn/20210223/20210223A0AO1W00.html。
② 《中国消费者协会发布"双11"消费维权舆情分析报告》，国家市场监督管理总局网站，2020年11月24日，http://www.samr.gov.cn/xw/mtjj/202011/t20201124_323837.html。

2020年3月，北京市文化和旅游局发文明确，网络表演是指网络表演者以现场进行的文艺表演活动等为主要内容，通过互联网、移动通信网、移动互联网等信息网络，实时传播或者以音视频形式上载传播而形成的互联网文化产品。电商类、教育类、医疗类、培训类、金融类、旅游类、美食类、体育类、聊天类等直播不属于网络表演，不需要申请办理"网络文化经营许可证"，释明了网络表演与网络生活服务类节目的区别。[1]

文化和旅游部于2020年9月印发《关于深化"放管服"改革促进演出市场繁荣发展的通知》，依据《营业性演出管理条例》《互联网文化管理暂行规定》等有关规定，结合线上演出通过互联网为公众提供实时观看的特点，建立监管规则。从准入机制上，应按照《营业性演出管理条例》的规定办理审批手续；从实施精细化管理措施方面，涉及特殊题材的应审核把关，加强对重点演出节目类型的监管检查；从落实主体责任上，对文艺表演组织、演员、演出经纪机构、演出场所经营单位提出要求；从协同监管方面，除各级文化和旅游部门外，也应加强与宣传、公安等部门的沟通协调，指导协会出台相关标准与规范，加强行业自律与正面引导。[2]

广电总局于2020年11月12日发布《关于加强网络秀场直播和电商直播管理的通知》，从整体上坚决抵制违法失德艺人公开出镜发声，防范、遏制炫富拜金、低俗媚俗等不良风气滋生蔓延，维护直播间良好生态；将网络直播类型分为秀场直播与电商直播，用于区分监管主体与形式；建立直播间和主播惩戒机制，重点关注问题直播间和问题主播，建立"黑名单"机制，不允许其更换"马甲"或更换平台后再度开播；要求对打赏用户实行实名制管理，并通过实名验证等技术措施确保落实实名制，封禁未成年用户的打

---

[1] 《关于电商类、教育类、医疗类、培训类、金融类、旅游类、美食类、体育类、聊天类不需要申请办理〈网络文化经营许可证〉的特别提示》，北京市文化和旅游局网站，2020年3月10日，http://whlyj.beijing.gov.cn/zwfw/202003/t20200310_1786910.html。
[2] 《文化和旅游部关于深化"放管服"改革促进演出市场繁荣发展的通知》，中国政府网，2020年9月14日，http://www.gov.cn/zhengce/zhengceku/2020-09/16/content_5544020.htm。

赏功能，平台建立分段分时分日的限制打赏机制。①

在加强对网络直播带货营销的监管方面，2020年11月6日，市场监督管理总局发布《关于加强网络直播营销活动监管的指导意见》，指出各部门应结合直播带货新业态的特点，为市场营造公平有序的商业竞争环境，为消费者营造放心安全的消费环境，依法查处网络直播营销活动中侵犯消费者合法权益、侵犯知识产权、破坏市场秩序等违法行为，加强对网络直播营销活动的监管，压实商品经营者法律责任，促进我国网络直播营销体系健康发展。②

（二）热点事件解析

1. 加强内容监管，维护行业秩序

（1）厉行节约，杜绝吃播浪费

观看吃播是人们缓解焦虑的一种新型解压方式。为了"博眼球""赚流量"，吃播不仅要求"吃得香"，还要"吃得多"，甚至出现了"假吃""假喝""催吐"等极端化现象。我国高度重视粮食储备安全，吃播浪费现象引起了有关部门的关注。

2020年8月13日，中国演出行业协会网络表演（直播）分会发文提示各会员企业要进一步加强直播内容管理，特别要重点关注以美食类为主要内容的直播，加强引导树立正确的饮食消费观，坚决禁止在直播中出现假吃、催吐、宣扬量大多吃、暴饮暴食以及其他铺张浪费的行为。③

2021年2月5日，北京市人大常委会就《北京市制止餐饮浪费规定》公开征求意见，要求加强审核网络音视频信息内容，压实服务提供者责任，对发现制作、发布、传播宣扬量大多吃、暴饮暴食等浪费食品的音视频内容

---

① 《国家广播电视总局关于加强网络秀场直播和电商直播管理的通知》，国家广播电视总局网站，2020年11月23日，http：//www.nrta.gov.cn/art/2020/11/23/art_113_53957.html。
② 《〈关于加强网络直播营销活动监管的指导意见〉亮点解读》，国家市场监督管理总局广告监督管理司网站，2020年11月20日，http：//www.samr.gov.cn/ggjgs/sjdt/gzdt/202011/t20201120_323706.html。
③ 《厉行节约，杜绝浪费，理性吃播》，"CAPA网络表演直播分会"微信公众号，2020年8月13日，https：//mp.weixin.qq.com/s/3i1-02uMAN5WePRMuzBIbg。

应及时制止、停止传播等。①

（2）某平台因传播淫秽色情信息被顶格处罚

某平台中个别主播存在发布低俗、血腥、暴力、恐怖内容，以及将用户引流到其他平台进行违法违规活动的内容。全国"扫黄打非"工作小组办公室于2020年接到相关举报900余条。2021年1月8日，北京市"扫黄打非"工作小组办公室指导北京市文化市场综合执法总队对该平台进行约谈，对其传播淫秽色情低俗信息行为作出顶格罚款。这类大型互联网平台用户数量庞大，不良信息、违法信息内容一经发布极易快速、广泛传播，容易产生恶劣影响。该处罚行为敲响了网络视听服务平台加强内容安全管理的警钟，提醒此类平台应主动承担主体监管责任。②

（3）国内首例"主播跳槽"行为不构成不正当竞争判定

2020年11月27日，浙江省高级人民法院判决游戏主播"圣光"跳槽虎牙及虎牙公司的行为均不构成不正当竞争。法院认为昵称、头像具有人身权和财产权的双重属性，与主播的人身利益紧密关联。游戏主播"圣光"离开原平台后仍继续使用原昵称和头像，在人身指向上并无偏差，不存在导致相关公众混淆误认的情况。同时，法院认为，游戏直播行业并非事关国计民生，可被允于自由的市场环境，司法应充分尊重行业发展规律。③ 该案是我国首例主播跳槽行为中主播与平台方均不被认定为构成不正当竞争的司法判例，明确了直播行业市场以"自由竞争"为原则、以《反不正当竞争法》规制为例外的司法意见，重申《反不正当竞争法》适用应当秉持审慎原则，区分了个人道德与商业伦理。④

---

① 《关于向社会公开征求〈北京市制止餐饮浪费规定（草案征求意见稿）〉意见的公告》，北京市人民代表大会常务委员会网站，2021年2月5日，http://fuwu.bjrd.gov.cn/rdzw/legislation/draft/front/draft.do?method=detailDraft&_draftId=20211900000188。
② 《全国"扫黄打非"办通报"抖音"平台被行政处罚》，"扫黄打非"新浪微博，2021年1月8日，https://share.api.weibo.cn/share/205812604.html?weibo_id=4591019234166479。
③ 浙江省高级人民法院，(2020)浙民终515号民事判决书。
④ 《2020年度中国十大文娱法事例简介及入选理由》，"中传法学"微信公众号，2021年1月9日，https://mp.weixin.qq.com/s/kJ9x1CpnQFyPueUd3elGyQ。

2. 完善知识产权保护体系，加强内容法律保护

（1）体育赛事节目直播转播的著作权保护

2020年9月23日和29日，"新浪"诉"天盈九州"中超赛事著作权纠纷案①及"央视"诉"暴风"体育赛事著作权纠纷案②再审分别落下帷幕。法院认为，从体系解释的角度，电影类作品与录音录像制品的划分标准应当为独创性的有无而非独创性的高低。体育赛事直播节目不同于录音录像制品，在摄制过程中存在显著的创造性，因此区别于对客观事实的机械记录。体育赛事直播节目涉及比赛现场、转播车、转播中心等各环节，融合了包括场地导演、摄像、总导演、切换导演、慢动作导演、慢动作操作员、字幕导演、字幕操作员等在内的摄制团队的齐力创作，对素材的选择、编排充分体现了摄制团队的独创性智力投入。两案体现了人民法院对体育赛事直播转播节目著作权的保护态度，对"直播+体育"产业规范自身行为产生深远影响。

（2）网络游戏短视频侵害信息网络传播权及不正当纠纷案

2020年2月18日，某文化公司在其运营的视频平台提供《王者荣耀》游戏短视频，并与多名游戏用户签订游戏视频收益分成协议，腾讯公司认为该行为侵害了其对网络游戏《王者荣耀》享有的信息网络传播权，同时构成不正当竞争。法院认为涉案游戏整体画面应认定为类电作品，腾讯公司而非用户享有其著作权，某文化公司的行为侵害了腾讯公司就该类电作品的信息网络传播权，亦构成不正当竞争。③ 本案的关注点在于游戏整体画面的著作权保护，未经授权的网络游戏画面传播是否构成合理使用，以及是否存在不正当竞争的行为，该案裁判对涉网络游戏网络视听的传播具有重要影响。为化解游戏版权问题纠纷，2020年4月12日，广东省高级人民法院发布了国内首个面向网络游戏领域的司法规范《关于网络游戏知识产权民事纠纷案件的审判指引（试行）》，明确了视频传播的游戏画面可视为电影作品和以类似摄制电影的方法创作的作品，《著作权法》对于直播、录播等涉及游

---

① 北京市高级人民法院，（2020）京民再128号民事判决书。
② 北京市高级人民法院，（2020）京民再127号民事判决书。
③ 广州互联网法院，（2019）粤0192民初1092－1102、1121－1125号民事判决书。

戏的视频内容可予以保护。[①]

（3）规范互联网服务平台内作品使用的版权保护

2020年5月11日，北京知识产权法院对"图解影视剧"案作出裁判。原告是涉案电视剧的著作权人，被告在其开发运营的"图解电影"平台"剧集栏目"中提供了涉案电视剧第一集的连续图集，法院判定被控侵权行为虽改变了影视剧的表现形式，但具体表达内容并未发生实质性变化，远远超出以评论为目的以及必要性适当引用的限度，影响了作品的正常使用，且不合理地损害了著作权人合法权益，不构成合理使用。[②]

2020年6月12日，北京互联网法院对"配音秀"案作出裁判。原告运营以"阿狸"为主的原创动漫形象并享有涉案作品的著作权，其发现被告运营的"配音秀"软件中存在大量未经原告授权使用的涉案作品配音片段，且有基于涉案作品片段形成的配音视频。法院认为用户的上传行为是向公众提供，不属于合理使用，构成侵权，而被告在"配音秀"这一主题软件中可能存在对侵权视频主观上的认知能力，客观上有人工审核程序同时又从侵权视频中直接获利，因此对于侵权视频的传播具有过错，构成帮助侵权。[③]

以上两案中，被告涉案互联网服务平台的营利性质在一定程度上带来了著作权侵权风险，也引发了互联网行业对明确影视市场商业化开发以及合理使用边界的思考。

四　2021年网络视听政策法规趋势展望

受新冠肺炎疫情影响，2021年网络视听行业仍将面临许多机遇与挑战。在此背景下，为保障网络视听产业平稳高速发展，行业监管会随着新形势、

[①] 《广东省高级人民法院发布〈关于网络游戏知识产权民事纠纷案件若干问题的审判指引（试行）〉》，"广东省游戏产业协会"微信公众号，2020年4月13日，https：//mp.weixin.qq.com/s/QC98E－P－jHbqYl_B4－OgsA。

[②] 北京互联网法院，（2020）京73民终187号民事判决书。

[③] 北京互联网法院，（2019）京0491民初39992号民事判决书。

新问题的出现进行动态调整，继续推动多元共治。因此，本报告认为未来监管方面会有几大趋势：

第一，高度重视内容正确性把控。在中国共产党建党100周年之际，2021年将播出近百部相关主题影视剧，广电总局于2020年6月2日发布的《关于开展"理想照耀中国——国家广播电视总局庆祝中国共产党成立100周年主题作品创作展播活动"的通知》，体现出我国有关部门鼓励创作建党题材相关作品，鼓励从业者深入挖掘网络视听节目内容的精神，未来有关部门在对网络视听行业项目的内容正确性把控上将予以高度重视。

第二，加大网络视听内容的知识产权法律保护力度。党中央、国务院高度重视知识产权工作，自2005年以来，国家版权局联合有关部门开展打击网络侵权盗版"剑网行动"，该行动对频发的版权问题进行专项整治，形成了对网络侵权盗版行为的动态监管。新修改的《著作权法》于2021年6月1日起施行，为创作者维护自身合法权益提供了更多、更完善的法律保护路径。其中涉及视听作品、广播权、信息网络传播权的调整，扩大了著作权保护的范围，为网络短视频、网络直播、游戏画面、体育赛事网络直播等新类型作品的著作权保护提供了法律依据。法定赔偿额增加到500万元以及惩罚性赔偿规定的引入，在大大增加对著作权人保护力度的同时提高了侵权的违法成本，为遏制著作权网络侵权提供了法律保障。未来几年，司法机关、网络视听监管部门、著作权人都将结合新修改的《著作权法》对网络视听内容的版权保护问题给予重点关注。

第三，监管趋势将持续加强。2021年2月10日，国家网信办、工信部、全国"扫黄打非"工作小组办公室、公安部、文化和旅游部、国家市场监管总局、广电总局七部门联合发布《关于加强网络直播规范管理工作的指导意见》，旨在加强对网络直播行业的正面引导与规范管理，明确了网络直播监管的职责分工，释放出对网络视听行业持续强监管与细分监管的信号。随着主要形态的网络视听产业基本告别野蛮生长，主管部门将结合网络视听不同内容类型的特点，在"一把尺子量到底"的基础上，明确监管主体，细化监管领域，从而维护洁净的网络内容生态，杜绝有害信息传播。

第四，借助技术内容优势，扶持网络视听作品"出海"。我国网络视听平台一直在模仿如 Netflix、迪士尼"Disney+"这类平台的会员付费模式，这种新型平台未来会降低优秀影片上线的经济成本与时间成本，同时其跨国属性也为优质内容"出海"提供了机会。无论是《庆余年》收割大批海外剧粉还是韩国电视台确认购买大火的网络剧《有翡》，都显示了中国文化强大的感染力，也是网络视听平台努力的结果。未来政策法规将进一步推动网络视听精品节目的生产，助力国产影视剧走出国门。

第五，加强未成年人保护。随着互联网基础设施的完善，未成年人成长的各个阶段与互联网内容越发不可分离，直接导致未成年人"触网"年龄逐年降低。2021年6月1日实施的新修订的《未成年人保护法》将未成年人的网络保护单列一章，提出网络产品和服务提供者不得向未成年人提供诱导其沉迷的产品和服务，并要求网络游戏、网络直播等网络服务提供者针对未成年人设置时间管理等功能，与传统保护形成互补。该法正式实施后，行政监管部门将结合网络保护专章，在网络视听的各个领域配套具有可行性的行政监管细则，以应对互联网世界中可能发生的"社交绑架""数据绑架"等情况，更好地保护未成年人。

第六，持续扶持网络视听产业。疫情对网络视听行业将继续产生影响，疫情导致的剧组工作停摆和复工受限，直接导致网络影视剧存量不足，给市场带来许多不定性因素。有关部门在网络直播方面将扶持各个领域深化"直播+"合作，在网络影视剧方面将进一步扶持优秀剧集的摄制和发行，相关监管部门将大力扶持网络视听产业。

B.9
2020年网络纪录片的典型热点分析

夏圳锴*

摘　要： 2020年我国网络纪录片产业稳步发展。各大平台持续增加对纪录片的投入，相比2019年，我国网络纪录片上线率大幅度增长。2020年受新冠肺炎疫情的影响，网络纪录片传播受众向网络平台阵地聚集，篇幅比例的压缩使微纪录片成为传播主流，融媒传播成为主要传播力量。本报告从2020年中国网络纪录片的行业数据解读、内容类型、平台战略、典型热点四个方面进行梳理分析，以期较为全面地呈现网络纪录片的典型热点分析概况。

关键词： 网络纪录片　微纪录片　流媒体平台　融媒体传播

一　网络纪录片数据解读

（一）2020年网络纪录片迎来创作高峰

据国家广播电视总局监管中心对2020年网络纪录片①主要数据的统计，

---

* 夏圳锴，澳门科技大学电影管理方向2019级博士研究生，广州美术学院跨媒体学院影视摄影专业讲师，研究方向为电影摄影、影视摄影、纪录片传播、流媒体平台纪实影像传播。
① 网络纪录片，是指由机构或网民个人制作，仅在网络平台播出或先网后台播出，以真人真事、真物真景等为记录展示的对象，以活动的影像记录资料为素材，通过有主题性的策划制作以及多种表现手法具体呈现，形成的具有作品属性和审美功能的视听节目。按照网络纪录片类别完成管理部门规定的备案手续的，一般认定为网络纪录片。

全年上线网络纪录片259部，比2019年的150部增长73%。其中，续集纪录片34部，增长13%；系列纪录片（单部3集以上）160部，增长61%；独播纪录片169部，增长65%；付费纪录片43部，增长17%。另外，互动纪录片共4部，衍生纪录片14部，网台合作纪录片13部，中外合作纪录片15部。①

从数量上看，2020年视频平台上线网络纪录片数量大幅增长，从平台上线数据看，多平台生产多达90部，占比最大，占35%；其次是腾讯视频，共生产44部，占17%；爱奇艺生产39部，占15%；哔哩哔哩（简称"B站"）生产33部，占13%；优酷生产30部，占12%；芒果TV生产12部，占5%；最后是其他平台，共生产11部，占4%。从流媒体视频平台生产数据看，爱奇异、优酷、腾讯视频、B站四大平台所上线的纪录片数量较为平均（见图1、图2）。

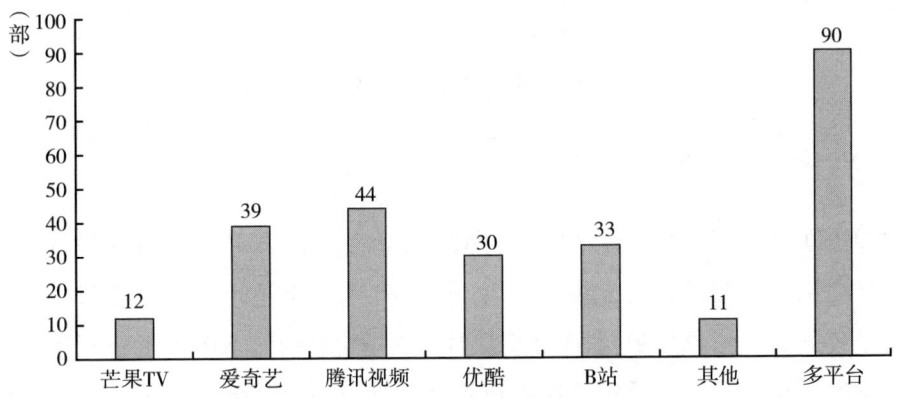

图1　2020年平台上线网络纪录片数量

资料来源：钟新平《权威发布：这一组2020网络原创节目关键数据，值得收藏》，搜狐网，2021年1月20日，https://www.sohu.com/a/445790358_505774。

从2020年网络纪录片类型统计数据来看，2020年网络纪录片题材类型涉及面更广，更加关注社会的丰富多样性。社会现实题材产量最高，

---

① 钟新平：《权威发布：这一组2020网络原创节目关键数据，值得收藏》，搜狐网，2021年1月20日，https://www.sohu.com/a/445790358_505774。

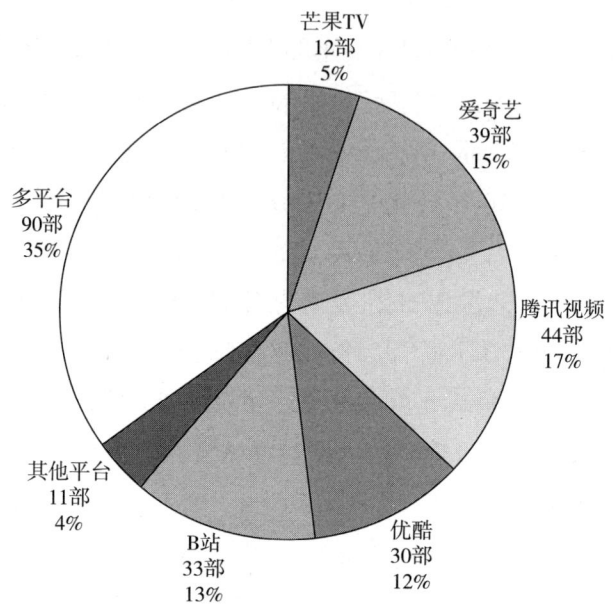

图 2　2020 年平台上线网络纪录片占比

资料来源：钟新平《权威发布：这一组 2020 网络原创节目关键数据，值得收藏》，搜狐网，2021 年 1 月 20 日，https://www.sohu.com/a/445790358_505774。

2020 年共上线 77 部，占 2020 年网络纪录片总数的 30%，占比最大；其次是文化艺术题材，共上线 54 部，占 2020 年网络纪录片总数的 21%，占比排名第二。纪录片更追随和关注社会的发展现状，2020 年新冠肺炎疫情发生，媒体报道几乎覆盖所有流媒体，同时在流媒体平台中创建了疫情专栏，2020 年网络纪录片类型中新增疫情防控题材，共上线 44 部，占总数的 17%，占比排名第三；而以往受观众喜爱的美食题材纪录片，在 2020 年网络纪录片中的占比排名第四，占总数的 9%，主要是疫情防控对美食题材纪录片摄制的影响，导致美食题材纪录片的数量有所下降；剩下的依次为人文历史（占比 5%）、自然地理（占比 5%）、脱贫攻坚（占比 5%），各类型生产数量均为 13 部；最后是科教题材和其他题材（分别占比 4%）（见图 3）。

2020 年的网络纪录片，在紧跟社会热点和青年风尚、关注社会重大

2020年网络纪录片的典型热点分析

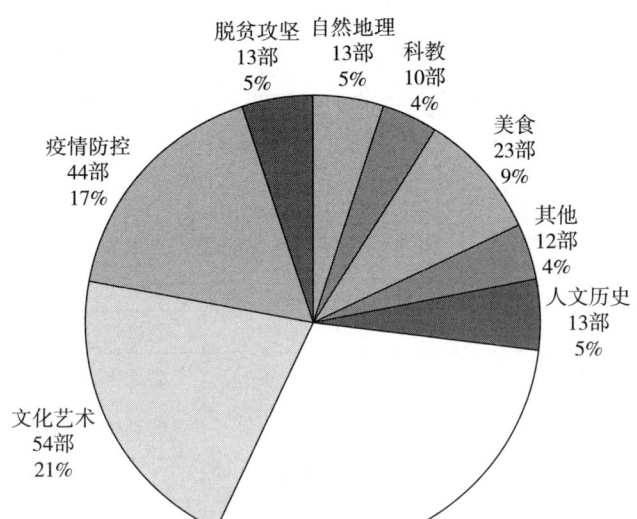

图3 2020年网络纪录片类型占比

资料来源：钟新平《权威发布：这一组2020网络原创节目关键数据，值得收藏》，搜狐网，2021年1月20日，https://www.sohu.com/a/445790358_505774。

事件和社会现实、不断丰富题材的同时，积极响应国家政策的支持，脱贫攻坚题材覆盖流媒体播放平台，聚焦社会热点，叙说现实故事，同时满足了受众对现实题材的需求。网络纪录片的多样化探索、类型丰富的格局已然显现。

（二）流媒体平台网络纪录片整体表现

从流媒体平台看，2020年网络纪录片的题材更注重垂直细分，涉及面更广，内容更加丰富多彩。

从2020年腾讯视频自制纪录片片单来看，腾讯视频自制纪录片的主要发展方向为美食题材，最有名的为"风味"系列纪录片、"早餐"系列纪录片等。2020豆瓣评分榜单上的《风味人间第二季》评分高达9.5分，据腾讯视频平台统计，点击量高达9.5亿次。其次是文化艺术和社会题材纪录片，有《此画怎讲》《非常手记》等。同时，2020年腾讯视频也注重新冠肺炎疫情题材，以《正月里的坚持》记录新冠肺炎疫情下普通中国人的坚毅和担当（见表1）。

表1　2020年腾讯视频自制纪录片片单

单位：分，万次

片名	类型	豆瓣评分	点击量
《正月里的坚持》	医疗健康	暂无评分	2567.6
《真实生长》	纪实	暂无评分	139.2
《早餐中国第三季》	美食	9	16000
《犹太教育探秘》	教育	暂无评分	170.8
《英雄》	战争	暂无评分	2443.7
《新国货》	社会	4.8	6785.8
《小孩的神秘生活》	教育	8	2403.7
《向着宵夜的方向》	美食	7.8	10000
《武皇:我的后半生》	传记	暂无评分	165.3
《天时戊戌志》	社会	暂无评分	152.3
《竖屏刷不停·萌娃小剧场》	教育	暂无评分	37.7
《燃点·创战到底》	社会	暂无评分	3909.5
《看见爱的力量》	社会	暂无评分	1464.5
《风云战国之列国·高能企划》	混剪	暂无评分	335.5
《风味原产地·潮汕》精彩番外	美食	暂无评分	262.8
《风味原产地·甘肃》	美食	8.7	8053.6
《风味实验室新春特辑》	美食	6.9	5248.9
《风味实验室第二季》	美食	7.4	6178.3
《风味人间第二季·中国美食集锦》	美食	暂无评分	1758.1
《风味人间第二季·在线云游》	美食	暂无评分	444.3

2020年网络纪录片的典型热点分析

续表

片名	类型	豆瓣评分	点击量
《风味人间第二季·云吃夏日大餐》	美食	暂无评分	580
《风味人间第二季·一次馋个够》	美食	暂无评分	491.9
《风味人间第二季·下饭必备》	美食	暂无评分	2437.8
《风味人间第二季·魔鬼混剪》	美食	暂无评分	3047
《风味人间第二季·美食纯享》	美食	暂无评分	4279.3
《风味人间第二季》	美食	9.2	9500
《沸腾吧火锅》	美食	7.3	100000
《非常手记》	社会	暂无评分	981.7
《此画怎讲·精华合集》	文化艺术	暂无评分	592.4
《此画怎讲·精彩预告》	文化艺术	暂无评分	361.4
《此画怎讲·爆笑竖版花絮》	文化艺术	暂无评分	78.1
《此画怎讲》	文化艺术	8.1	4949.4
《城市梦》	社会	8.2	1848.8
《潮生》	—	暂无评分	1460.7

注：数据统计时间为2020年1月9日。
资料来源：腾讯视频平台及豆瓣评分。

2020年，优酷纪录片豆瓣评分8分以上作品有21部，9分以上作品有12部，高口碑内容数全网最多。截至2020年7月，优酷人文年活跃用户数达1.7亿；连续两年获评国家广电总局"年度优秀纪录片播出机构"。从2020年优酷出品纪录片片单来看，社会题材占比颇高，尤其是"战疫"主题及脱贫攻坚题材的纪录片。另外，优酷也注重年轻人的精神需求和人文关怀，打通线上内容跟线下体验，在内容和产品互动层面触达更多年轻受众。疫情发生之后，优酷纪录片团队快速反应，扛起摄像机深入武汉一线，推出了中国第一部由互联网平台拍摄出品的抗疫纪录片《冬去春归——2020疫情里的中国》，推出了《第一线》《山河无恙——影响中国的疫情档案》《中国面孔》《武汉日记》《不能忘却的记忆》《冬去春归2·原地生长》等一系列抗疫作品。此外，2020年是全面建成小康社会的收官之

155

年,也是打赢脱贫攻坚战的关键一年。优酷在国家广电总局、北京市广电局的指导下推出了《追光者:脱贫攻坚人物志》。片中各具特色的扶贫者和脱贫者勇敢、坚韧,他们通过不同的方式与贫穷抗争,成为时代的"追光者"榜样(见表2)。

表2　2020年优酷出品纪录片片单

片名	类型
《古墓派互动季:地下惊情》	历史/考古
《追光者:脱贫攻坚人物志》	社会
《直播启示录》	社会/经济
《大地情书》	社会
《街舞中国》	文化
《奇妙之城》	文化
《车手》	文化
《我在中国做电影》	文化
《冬去春归——2020疫情里的中国》	社会
《冬去春归2·原地生长》	社会
《幸福实验室》	社会
《醉美中国》	文化
《无忌之谈》	商业
《文学的日常》	文化
《江湖菜馆》	美食
《戴口罩的日子》	社会
《超级食材》	美食
《最美中国5》	人文
《告诉世界我可以》	亲子
《中国美》	人文
《生命里2:活到100岁》	养老
《日出之食第三季》	美食
《当我们谈论艺术时》	文化

2020年网络纪录片的典型热点分析

续表

片名	类型
《顽童时代》	人物
《钟南山》	社会
《幸好还有博物馆》	艺术
《素食者联盟》	文化
《新冠肺炎防治教学》	科学
《生生》	社会
《一桌年夜饭第二季》	美食

资料来源：根据网络公开数据统计。

从 2020 年 B 站自制纪录片片单来看，B 站 2020 年自制网络纪录片题材涵盖各个方面，对疫情也有所关注，如《新冠肺炎：与魔鬼的战斗》。B 站是年轻受众网络流量聚集地，题材类型从受众的角度出发，考虑年轻受众的需求，推出了校园人文《嗨，大学!》《我是 XX 生》等，自制 LPL 电竞纪录片《来者何人》。2020 年 B 站网络纪录片不断探索，推出了一系列观察类真人秀网络纪录片，如《守护解放西 2》，获得了高达 9.2 分的豆瓣评分，另外还有宠物医疗观察类真人秀《小主安康——宠物医院 2》；除此之外，B 站与 CCTV 合作出品的故宫系列纪录片在网络平台取得了良好的口碑，2020 年针对文化遗产的传承继续推出《海派百工》等纪录片；同时支持国家政务宣传，出品全景式警务纪录片《派出所的故事 2019》；而自然和野生动物题材在 B 站 2020 年自制纪录片中也有呈现（见表 3）。

表3 2020 年 B 站自制纪录片片单

单位：分，万次

片名	类型	豆瓣评分	点击量
《决胜荒野之华夏秘境》	野外生存竞技赛	8.2	4991.8
《守护解放西 2》	观察类真人秀	9.2	4804.6
《小主安康——宠物医院 2》	宠物医疗观察类真人秀	7.8	2875.2

续表

片名	类型	豆瓣评分	点击量
《〈我和我的家乡〉电影幕后纪实节目》	电影幕后纪实节目	暂无评分	2010.1
《来者何人》	LPL电竞	5.8	1801.8
《我是XX生》	校园人物系列	7.6	1423.8
《穷豪旅游记第三季》	旅游	暂无评分	1220.8
《在武汉》	疫情	7	1119.3
《爸爸的木匠小屋第三季》	传统手艺	暂无评分	747.4
《嗨,大学!》	校园人文美食	6.9	747.3
《极度深海》	海洋生物	8.5	697.1
《逐鹿:古战场往事》	历史	暂无评分	321.4
《海派百工》	非物质文化遗产传承人	暂无评分	320.3
《繁星之下:2020最美的夜幕后纪实》	幕后纪录片	暂无评分	301.5
《冻结的希望》	医疗	7.8	271.8
《派出所的故事2019》(英文版)	全景式警务	暂无评分	102.5
《新冠肺炎:与魔鬼的战斗》	疫情	暂无评分	48.6
《从前有座山》	自然	暂无评分	35.6
《未至之境》(杨紫琼配音版)	野生动物	暂无评分	21

注：数据统计时间为2020年1月9日。

资料来源：B站及豆瓣评分。

2020年10月14日下午，第八届中国网络视听大会于成都开幕，会议中，国家广播电视总局公共服务司司长邓慧文指出："网络视听不仅是宣传工作的重要载体，也是脱贫攻坚的重要力量，视听+扶贫成为全社会参与扶贫、了解扶贫的重要途径。"①

从2020年芒果TV出品的网络纪录片片单来看，可以发现该平台网络

---

① 《第八届中国网络视听大会于成都开幕，"视听+扶贫、抗疫"分论坛聚焦行业发展新模式》，央视网，2020年10月15日，https：//news.cctv.com/2020/10/15/ARTIx20fUoXVavJSdtuamovZ201015.shtml？spm=C94212.PgkLR5uaDsru.S26488.1。

纪录片以主旋律题材为主。国家政策对网络视听语言的支持，引领平台跟随国家政策发展，芒果TV出品的《我的青春在丝路》《不负青春不负村》等系列纪录片，为脱贫攻坚题材，通过这些故事以点带面生动地向网络观众呈现了我国脱贫攻坚所取得的决定性成果（见表4）。

表4　2020年芒果TV出品纪录片片单

单位：万次

片名	类型	点击量
《我的青春在丝路·八月季》	文化/主旋律	486
《人间正道是沧桑》	社会/文化/主旋律	477.9
《我的青春在丝路第三季》	社会/主旋律	424.3
《我的青春在丝路第一季》	社会/主旋律	432.6
《总有一天会胜利》	人物	340.3
《石榴花开》	文化/社会/人物	824.1
《可爱的中国第一季》	文化/主旋律	659.4
《中国出了个毛泽东·故园长歌》	历史/人物/主旋律	619.9
《不负青春不负村第二季》	文化/社会/人物/主旋律	471.8
《果味香村》	社会/主旋律	428.9
《石榴花开第二季》	社会/文化	862.1
《战旗美如画》	文化/人物	554
《功夫学徒之走读中国》	社会/科技/文化/主旋律	2070.5
《致我们共同的地球》	社会	422.2
《闪耀的平凡》	文化/科技/主旋律/人物/探索	1268.3

注：数据统计时间为2020年1月9日。
资料来源：芒果TV平台。

从2020年爱奇艺出品的纪录片片单来看，网络纪录片题材类型及表达形式不断丰富，更加注重垂直深挖、多样探索，呈现良好的发展趋势（见表5）。

表5 2020年爱奇艺出品纪录片片单

片名	类型
《辛巴奇遇记》	自然地理
《一义孤行》	系列纪录片
《非常之人》	系列纪录片
《烟火气里的武汉》	饮食
《我行我乐》	系列纪录片
《穷电影的诞生》	纪录电影
《一桌好宴》	人物
《中国餐馆》	文化
《丹程》	旅游
《原声中国》	系列纪录片
《中国宴》	文化
《慢游全世界》	旅游
《本草中国》	系列纪录片
《此食此刻》	饮食
《ai一下》	人物
《天下一锅》	饮食
《放映缘》	生活/民生
《炉火江湖》	系列纪录片
《讲究》	文化
《跨界》	人物
《本草中华》	人物
《天罚》	历史

注：数据统计时间为2020年1月9日。
资料来源：爱奇艺平台。

（三）电视纪录片进入流媒体平台

2020年央视出品纪录片《如果国宝会说话》《航拍中国》《人生第一次》《我在故宫六百年》等，电视纪录片进入流媒体平台，在流媒体平台中收获超高点击率，在豆瓣评分中也表现突出。从网络公开数据统计来看，

2020年网络纪录片的典型热点分析

2020年上半年网络纪录片豆瓣评分榜单,主要针对2020年网络平台播出的具有代表性的网络纪录片。

2020年上半年网络纪录片豆瓣评分Top 10榜单中,人文历史题材共有2部,社会/抗疫题材共有2部,自然题材共有2部,美食题材共有3部,动物题材共有1部。其中,人文历史题材纪录片《如果国宝会说话第三季》,与自然题材《荒野间谍》同样以高达9.5分的评分名列前茅;社会/抗疫题材《人间世·抗疫特别节目》紧跟其后,与《飓猩营救》同为9.4分,两者仅以星级评分拉开微小的差距;而排名第五的则是美食题材纪录片《风味人间第二季》与人文历史题材《人生第一次》,豆瓣评分高达9.2分;接着是自然题材《航拍中国第三季》,豆瓣评分9.1分;剩下的依次为美食题材《寻味东莞》(8.5分)、社会/抗疫题材《好久不见,武汉》(8.3分)、美食题材《老广的味道第五季》(8.0分)(见表6)。

表6 2020年上半年网络纪录片豆瓣评分Top 10榜单

单位:分

排名	片名	类型	豆瓣评分
1	《如果国宝会说话第三季》	人文历史	9.5
2	《荒野间谍》	自然	9.5
3	《人间世·抗疫特别节目》	社会/抗疫	9.4
4	《飓猩营救》	动物	9.4
5	《风味人间第二季》	美食	9.2
6	《人生第一次》	人文历史	9.2
7	《航拍中国第三季》	自然	9.1
8	《寻味东莞》	美食	8.5
9	《好久不见,武汉》	社会/抗疫	8.3
10	《老广的味道第五季》	美食	8.0

资料来源:《豆瓣评分高达9.5!2020这些纪录片还没看就亏了!纪录片》,腾讯网,2020年7月13日,https://new.qq.com/omn/20200713/20200713A0TOWF00.html。

二 2020年网络纪录片典型热点分析

2020年,网络纪录片在政策扶持下发展迅猛,在数量和质量上都达到了一定的高度,内容和题材类型也不断丰富。同时,在新冠肺炎疫情的影响下,纪录片创作类型与热点也发生了改变,具体分析如下。

(一)政策扶持下的纪录片发展

2010年,国家广电总局出台《关于加快纪录片产业发展的若干意见》,国家纪实影像的发展得到了国家政策的战略性支持。2011年,国家纪实影像进一步开展国际性传播,纪录片频道通过卫星技术进行全球传播;中国纪实影像参加国际主流影展,入驻海外主流媒体。2013年,"讲好中国故事,传播好中国声音"进一步促进了中国纪录片的制作与传播。纪录片发展已融入融媒体环境,首先在国家的文化推动背景下,纪录片作为文艺作品的主要代表,必须承担讲好中国故事的责任。

2020年,社会现实题材纪录片无论是规模还是质量都达到了新的高度,囊括主旋律文化、重大社会卫生突发事件、国家民情等话题的社会现实,无疑是2020年网络纪录片的创作热点。社会现实题材纪录片是讲述中国故事、展现国家文化软实力的重要形式之一。

2020年,新冠肺炎疫情的发生是一场全球性的公共卫生事件,传统媒体以及新媒体的传播报道是人们获取疫情、抗疫等信息的首要渠道。对于"新闻"所带来的大量碎片化信息,网络纪录片起到了一种以客观视角整合串联事件的作用。《人间世·抗疫特别节目》记录上海市疾病预防控制中心的工作全过程,真实反映现场,让观众可以更全面更真切地体会疫情的危险。《人间世·抗疫特别节目》记录了重大突发公共卫生事件中的人和事,全片共6集,分别为《红区》《相逢》《雷神山纪事》《脸庞》《武汉来信》《防线》,讲述抗疫大事件。内容讲述以人为本，体现人类面对疫情的勇气和力量。摄影机镜头真实地记录现实故事，主要聚焦疫情发生后，上海公共卫生系统如何快速应对。疫情发生后，《人间世·抗疫特别节目》制作团队前往一线进行拍摄制作，再通过第一视角呈现给观众，使观众通过影片了解疫情的现实情况。该纪录片成为观众了解疫情现场的桥梁，无疑成为名列榜单前茅的纪录片。

（二）传播形式顺应流媒体的发展

在国家政策的支持下，网络纪录片大力发展社会现实和文化艺术题材方向，传播中国正能量，增强民族自信心。

在融媒时代，随着流媒体的发展，纪录片的表达形式也随之发展，成为具有创新性的网络纪录片。流媒体的受众形成了新的收视习惯，即收视时间碎片化、受众年轻化、收看诉求分众化，促进了网络纪录片的快速发展及网络纪录片题材的丰富。其进行了垂直深挖，以更好地适应时代市场和受众的需求。

1. 篇幅比例迎合碎片化收视习惯

微纪录片是网络纪录片的一大特征。流媒体时代的纪录片传播，呈现短、平、快的特征。网络纪录片以短篇幅为主，迎合了受众的收视习惯及利用碎片化时间收视的特征。《如果国宝会说话第三季》时长在5分钟以内，采用短篇幅进行文物叙事，迎合受众收视习惯的同时加速了其传播，适合当下流媒体时代的传播趋势。

随着融媒时代的发展，网络纪录片在传播的过程中不断开拓创新，传播的短、平、快特征也促使网络纪录片呈现短小精悍、主题明确的特征。在《人生第一次》中，每集都通过一个短小的故事进行叙事；在《如果国宝会说话》中，纪录片围绕文物特征，以拟人化、故事化的方式进行文物的解说，其营造的趣味气氛更能让年轻受众接受，将枯燥乏味的历史变得"活"化，调动了观众的情绪。《如果国宝会说话第三季》以魏晋南北朝到隋唐的国宝文物为主要内容，利用故事化与情景化手法进行演绎，篇幅短小精悍，5分钟一集，讲述一个文物故事。《如果国宝会说话》把静态的"文物"模拟为具有鲜明性格的"人物",在《神往》一集中,旁白与背景音相配合,通过声音来传递情感;在《将进酒》一集中,则上演了一场把酒言欢的宴饮对话,将盛酒器皿模拟为人物,增加了文物的趣味性。拟人化的叙事手法,加深了观众对国宝文物的印象,拉近了观众与文物之间的距离。网络平台的重要受众是年轻群体,以对话的形式进行纪录片的传播,更是受到年轻受众的喜爱,也因此,《如果国宝会说话》有"网红"纪录片之称。

2. 促进受众向流媒体平台聚拢

2020年,网络生活成为人们的日常,流媒体平台成为信息的聚合地。这也给微型网络纪录片提供了更自由宽广的创作空间。除了官方媒体及相关机构拍摄制作之外,广大群众也自发地拿起影像设备拍摄、记录发生在身边的点点滴滴,通过另一种方式从侧面报道了抗疫过程,受众是接收者,同时也是创作者、传播者。在互联网新闻用户规模及移动端覆盖率统计中(见图4、图5),可以看到移动互联网的快速发展和普及,移动端成为传播的核心端口。群众拍摄素材制作的如《14亿中国人共同的抗疫日记 我们的"疫"天》《余生一日》《温暖的一餐》等纪录片都成为网络热点。

(三)题材侧重于彰显民族文化价值

《人生第一次》讲中国故事,讲民生故事,全片共12集,叙事线为出生、上学、长大、当兵、上班、结婚、进城、买房、相守、退休、养老、告别。以独立篇章组合成一个整体,叙述人生的每一个阶段。独立篇章内容的安排,反映了中国的基本社会人文情况,是绝大多数中国人所经历的人生阶段。每一个独立篇章,都是一个独立的人物故事,能引起观众的共鸣。如第三集《长大》以学生进行诗歌的传递和表达为主题,在这一集中,叙事背景是偏远地区孩子通过诗歌"对话"在外打工的父母。片中的主角是一个偏远地区的男孩,通过诗歌"对话"大自然,从侧面反映教育的差异性,自然的传递和表达深深触动了观众的内心。第12集《告别》的主角为一个照顾患有阿尔茨海默病的老伴的老

2020年网络纪录片的典型热点分析

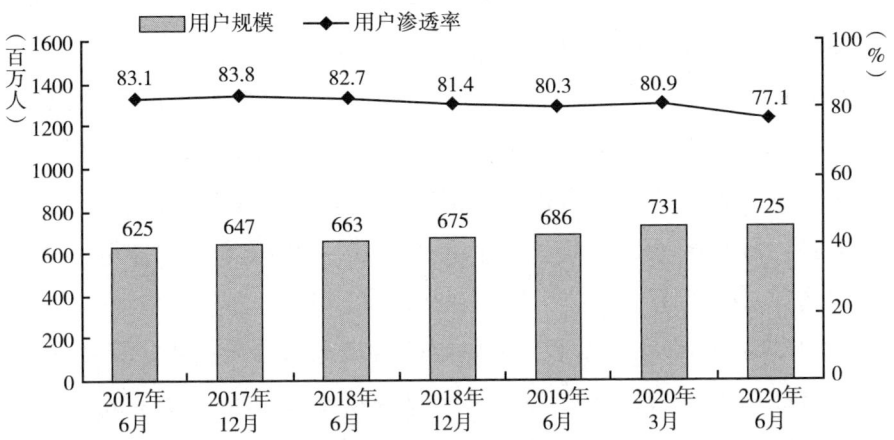

图 4　2017 年 6 月～2020 年 6 月中国互联网新闻用户规模与渗透率

资料来源：《2020 年中国新型主流媒体发展案例研究报告》，艾瑞网，2021 年 1 月 12 日，http://report.iresearch.cn/report/202101/3723.shtml。

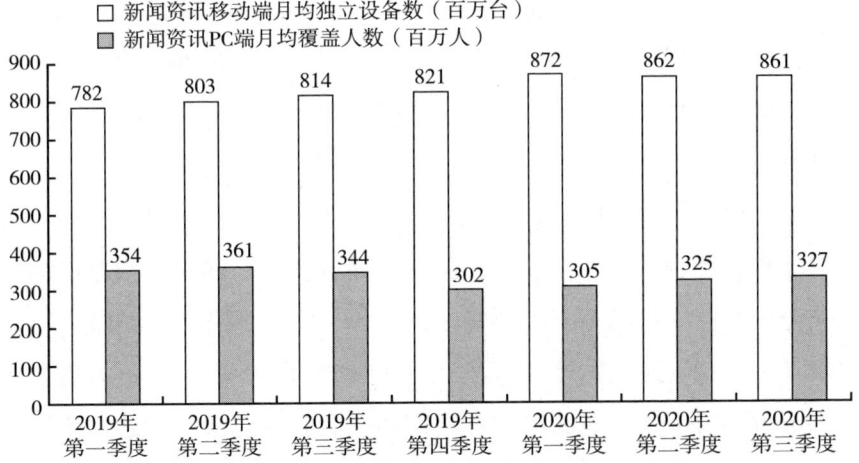

图 5　2019 年第一季度～2020 年第三季度中国互联网新闻资讯移动端月均独立设备数及 PC 端月均覆盖人数

资料来源：《2020 年中国新型主流媒体发展案例研究报告》，艾瑞网，2021 年 1 月 12 日，http://report.iresearch.cn/report/202101/3723.shtml。

爷爷。2020年由于疫情防控的原因，老爷爷与老伴相隔两地，该集借助手机通过竖屏的形式进行叙事，增强了影片的真实性，更符合新媒体的创作和表达形式。纪录片《人生第一次》由12集故事组成一个完整的人生，直视人从出生到生命结束的全过程，直击观众的内心。该纪录片以真人、真事为原则，创作和传播都适应了时代的潮流，融入新媒体的艺术形式，吸引受众，自播出后，B站评分9.8分、豆瓣评分9.2分、腾讯视频评分9.1分。

《航拍中国》则是中国第一部完全以航拍视角制作而成的纪录片，以一个全新的视角进行叙事，呈现了一场视觉盛宴，拍摄内容包括高山、大地、海洋、沙漠、湖泊、森林等，从视觉到视角都很新颖。《航拍中国》在摄制技术层面上，已经拉近与英国BBC、美国国家地理频道等专业纪实频道制作水平的距离。《航拍中国》不仅有自然地理的美和中国地域内容，借助自然的主题，展示中华民族大地的历史人文，同时反映出对自然环境保护的反思。《航拍中国》在文化价值上构建民族认同感，从美学价值到文化价值，彰显了中华民族的宏伟，同时增强了民族自信，以民族共同体的意识吸引受众，同时新颖的创作和叙事手法，更是深得观众喜爱。

在第八届中国网络视听大会上，国家广播电视总局网络视听节目管理司副司长李志忠表示，一年多来，国家广播电视总局网络司指导出品了一批真实记录抗疫一线故事的优秀作品。[①] 如中央广播电视台出品《武汉：我的战"疫"日记》，另外《人间世·抗疫特别节目》《冬去春归——2020疫情里的中国》《在武汉》等流媒体平台自制纪录片，通过传递"战疫"正能量，从侧面反映国家的强大，在重大突发公共卫生事件中起到了安抚人心的作用。

---

① 《第八届中国网络视听大会于成都开幕，"视听+扶贫、抗疫"分论坛聚焦行业发展新模式》，央视网，2020年10月15日，https：//news.cctv.com/2020/10/15/ARTIx20fUoXVavJSdtuamovZ201015.shtml？spm=C94212.PgkLR5uaDsru.S26488.1。

（四）纪录片产业初显商业价值

美食类纪录片是创造商业价值的重要题材之一，商业价值是带动网络纪录片发展的核心力量。美食类纪录片创作不断创新升级，受众是重要的商业价值来源，故事叙事及制作技术的提升给观众带来新的体验感。美食类纪录片是热门题材之一，据2020年视频平台美食纪录片片单（见表7），美食类纪录片聚焦于不同的地域和人群。从视频平台数据看，腾讯视频打造美食纪录片系列IP，诸如"风味"系列，"早餐中国"系列等。腾讯视频将"风味"系列打造成"风味IP"，进行IP矩阵发展，挖掘商业潜力。"风味"系列除了在线上传播之外，还积极发展线下衍生品，联合万达广场、家乐福、胡姬花、东风雪铁龙、康师傅、雪花匠心营造六大品牌，推动纪录片商业价值提升。

表7 2020年视频平台部分美食纪录片片单

平台	美食纪录片	主题	赞助商
腾讯视频	《风味人间》	全球视野下的中国美食	家乐福、万达广场、胡姬花、东风雪铁龙、康师傅、匠心营造等
	《风味人间第二季》	全球视野下的中国美食	匠心营造啤酒、美的厨房、胡姬花花生油、拼多多等
	《早餐中国》	故乡的早餐	麦当劳
	《早餐中国第二季》	故乡的早餐	麦当劳、银鹭等
	《宵夜江湖》	城市宵夜文化	福特领界等
	《沸腾吧火锅》	火锅文化	食物语、康佳、TCL等
	《风味原产地·潮汕》	潮汕美食	匠心营造啤酒、家乐福、万达广场、胡姬花、东风雪铁龙等
	《风味原产地·云南》	云南美食	匠心营造啤酒、家乐福、万达广场、胡姬花、东风雪铁龙等
爱奇艺	《此食此客》	深夜食客故事	维他奶独家冠名
	《天下一锅》	火锅美食文化	中国劲酒·金标独家冠名
	《炉火江湖》	烧烤文化	中国劲酒独家冠名
	《无饭不起早》	全国各地特色早餐	维他奶独家冠名
	《中国宴》	宴席文化	中国劲酒独家冠名

续表

平台	美食纪录片	主题	赞助商
优酷	《原味》	大厨下乡寻好食材	ENJOY、美团、滴滴打车等
	《江湖菜馆》	城市街头美食	—
	《大地私宴》	厨师寻味之旅	浦发银行信用卡、飞猪旅行等
芒果TV	《青春夜佰味》	高校美食文化	—
	《日出之食》	地域饮食文化	—
	《日出之食第二季》	地域饮食文化	—
B站	《人生一串》	烧烤文化	达喜
	《人生一串第二季》	街头小摊	雪佛兰、维他奶、云南白药牙膏、饿了么等
	都在酒里	精酿啤酒文化	智云、RODE等

资料来源：《上拼多多买"风味人间"？美食纪录片开始"玩"营销了》，"综艺报"微信公众号，2020年5月16日，https：//mp.weixin.qq.com/s/G7A_wLohCUTwTWfuUH0hKw。

纪录片在打造商业价值的同时，也注重内容的生产和故事的叙述。纪录片《风味人间第二季》以吃为主线，展现了人间烟火，影片看似只在讲"吃"，但实则讲述的是"人"。这一季共8集，分别为《甜蜜缥缈录》《螃蟹横行记》《酱料四海谈》《杂碎逆袭史》《鸡肉风情说》《颗粒苍穹传》《香肠万象集》《根茎春秋志》。其集聚了全球五大洲25个国家的美食，从山川到海洋，将世界各地的风味美食进行交融和创新，呈现出新的"风味"，每一集长达50分钟，从世界的角度出发，寻找美食和不同地域之间的联系。《风味人间第二季》自2020年4月28日开播以来，获得豆瓣高达9.3分的评分。2020年上半年，疫情防控措施刺激了收视，而美食纪录片更是深受观众喜爱，不仅为观众带来了美好体验，亦充当了慰藉品。影片中的人间烟火，更是能勾起观众的回忆，其讲述的是风味，更是人情味。

三 网络纪录片的前景展望

根据上文对2020年网络纪录片典型热点的分析及总结，网络纪录片发展趋势可观。网络纪录片发展的新模式，一是创作创新，从制作到叙事都产生了变化；二是传播以人为本，更加考虑受众的需求；三是流媒体平台为网络纪录片的传播带来了深刻的变革。融媒时代的技术流，使得网络纪录片不再单向化，变得更多元。网络纪录片的典型热点，不再仅限于创作主体的功劳，更是与受众息息相关，受众是创造典型热点的重要组成部分之一。网络纪录片在不断"破圈"的同时，更要不断提升质量，不断创新。

IP 共识，网络纪录片打造品牌 IP。如"故宫"系列、"风味"系列、"国宝"系列等，以纪录片 IP 进行传播收益、IP 共识的达成，不断拓宽品牌"子项目"。另外，创作主体与客体共创融媒传播、融媒平台传播、内容（弹幕、社区）。网络纪录片在流媒体的传播过程中，实现了主体与客体之间的融媒共创。《如果国宝会说话第三季》在 B 站播出，B 站的弹幕文化和社区风格，提升了其传播效果，观众在弹幕上的"对话"，实际发挥了内容共创与"再创"的功能。B 站、腾讯视频、爱奇艺、优酷、芒果 TV 等流媒体平台中的弹幕功能，实现了网络纪录片的传播多元化、商业多元化，显现了长尾效应。

展望 2021 年，网络纪录片呈正向发展，移动设备的更新及 5G 技术的赋能，将为视频产业带来更多的技术支持，个体创作者更多地走进网络纪录片领域。另外，网络纪录片将在 5G 技术的支持下加速传播，平台在提高影片质量的同时，推动平台建设，平台与受众共同打造纪录片商业新模式。在 5G 技术为网络纪录片带来更多创新可能的同时，商业市场发展空间也将进一步扩大。

B.10
2020年网络互动剧发展报告

武 瑶　王惠汕*

摘　要： 近年来，国产网络互动剧逐渐走入大众视野，并从竞争激烈的网剧市场中逐渐崭露头角。互动影视这类将部分编剧权让渡给观众的观看结构大大增强了与观众的互动，可谓影视行业的创新之举。不过网络互动剧在我国兴起的时间不长，产业结构并不成熟。本报告从市场和内容特征等多个角度分析2020年网络互动剧的表现，希望能为网络互动剧接下来的发展提供一定的理论依据。

关键词： 网络互动剧　网剧市场　互动影视

一　网络互动剧的历史与发展

网络互动剧，区别于一般视频的线性播放特征，它是一种沉浸式的非线性"分支叙事"视频，允许观众通过触摸屏或其遥控器（取决于设备）在两个或两个以上的选项之间进行选择，以控制情节如何展开。[1] 互动剧多了一层屏幕的空间，创作者在屏幕上放置各种具有脚本内容的链接，让观众在屏幕空间进行"自由表演"。互动剧的屏幕和窗口就是观众与互动

---

* 武瑶，澳门科技大学人文艺术学院2019级博士研究生，中国传媒大学媒介融合与内容创新研究中心主任，研究方向为营销传播；王惠汕，墨尔本大学营销传播学硕士研究生，研究方向为营销传播。

[1] 陈路遥：《受众视角下互动剧的创新和挑战研究》，《龙岩学院学报》2020年第1期。

剧的交互界面，构成了观众和互动剧之间的信息中介，观众可以点击链接选择不同的文本内容。在互动剧中，观众必须通过交互界面采取行动，在不同的分支节点选择不同的走向，看到的剧中人物成长轨迹、故事发展情节和最终结局都会不一样，多元的不确定性和未知性吸引着越来越多的观众。

　　网络互动剧形式主要有分支剧情、视角切换和画面信息探索这三类。分支剧情形式是观众通过各个节点的不同选择导向不同的支线剧情，乃至最终走向不同的结局，具体作用过程可以用"x因子"模型来模拟展现（见图1）。这一形式突出沉浸感，观众的选择决定了剧情的走向，观众可以获得更真实的体验。这一形式给了观众"上帝视角"，使观众摆脱了只能通过主视角看剧情走向的弊端，可以全盘掌控剧情。画面信息探索形式在侦探类互动视频里很常见，以《明星大侦探之头号嫌疑人》为例，观众可以点击屏幕收集现场线索，增强了观众的参与感。这三种形式可以单独使用，也可以混合使用，其目的都是和用户产生更深层次的交流，且在交流中充分挖掘互动价值。

　　自1966年可追溯的第一部互动电影《自动电影：一个男人和他的房子》上映以来，国内外对互动剧的探索从未停止。法国游戏工作室Quantic Dream分别于2013年、2016年推出的《超凡双生》《暴雨》是目前较为经典的互动电影游戏。2017年11月，我国首部互动微电影《忘忧镇》上线，该片的无互动微电影版本在芒果TV播出，但互动版本只能在剑侠情缘手游的官方网站上通过H5网页进行体验。《忘忧镇》已初具互动剧的雏形，但其本质是游戏广告。2018年5月，Quantic Dream的新作《底特律·变人》凭借精彩的剧情、精良的制作和强大的演员阵容引爆了全球市场，在我国也拥有极高的知名度。2018年12月，流媒体巨头Netflix推出的《黑镜》特别篇——互动电影《黑镜·潘达斯奈基》，获得了业界和学界的广泛关注。这部电影设置了五个主要结局，观众可以通过自己的选择决定故事的发展，这种模式为后续出现的国产互动剧发展提供了蓝本（见图2）。

　　2019年1月，腾讯视频推出网剧《古董局中局》番外作品——冒险类

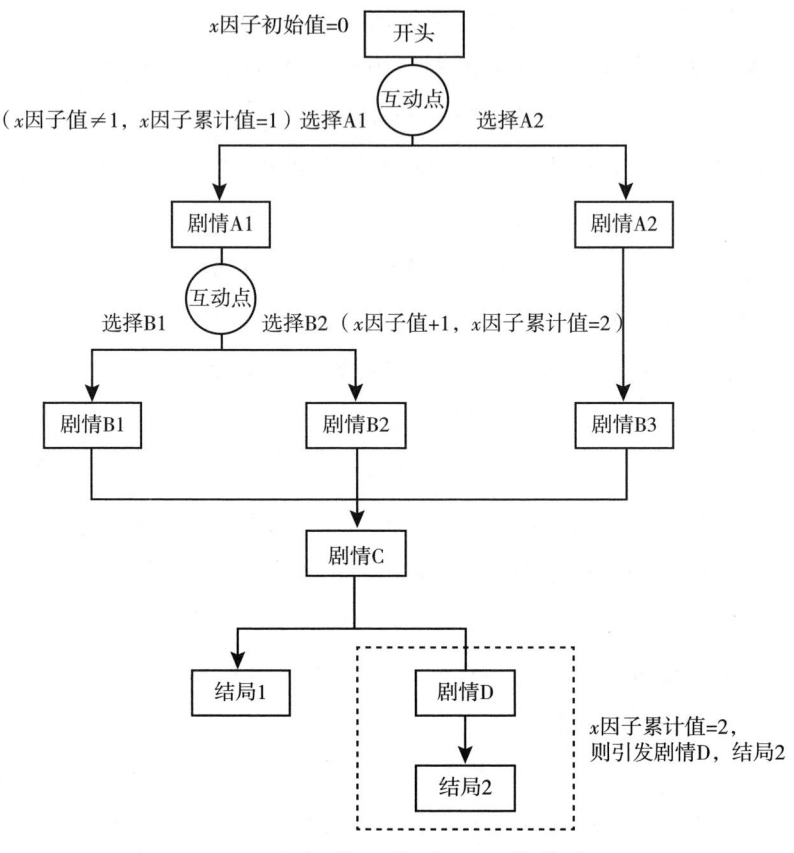

图 1　分支剧情结构"x 因子"模型

资料来源：《艾媒报告丨2019—2020 中国互动剧产业现状剖析及用户行为调查报告》，艾媒网，2019 年 11 月 14 日，https://www.iimedia.cn/c400/66772.html。

互动剧《古董局中局之佛头起源》，该剧虽然篇幅不长、以 H5 技术为依托，但在故事情节、画面质量以及交互设计方面，都比《忘忧镇》有了显著提高。当月下旬，芒果 TV 传统综艺节目《明星大侦探》，推出了衍生互动推理剧《明星大侦探之头号嫌疑人》。该剧总共 6 集，可以直接在芒果 TV App 中观看。观众通过操作交互界面在视频中寻找线索，从而得到沉浸式的推理体验。与前作不同的是，《明星大侦探之头号嫌疑人》不设结局，真相由观众自己想象、推测，拓宽了互动剧的互动范围。优酷体感互动剧《娜娜的一天》主要围绕"我"和女明星娜娜的感情展开，值得一提的是，该剧除

图 2　中国互动剧主要出品平台及发展历程

资料来源：《2019—2020 中国互动剧产业现状剖析及用户行为调查报告》，艾媒网，2019 年 11 月 14 日，https：//www.iimedia.cn/c400/66772.html。

了"竖屏＋第一视角"的观看体验之外，还通过引入语音识别、人脸识别等 30 多项创新互动技术，带给观众一次全新的纯情恋爱体验。

在网络互动剧中，观众不再是以前的"容器人"角色，在听觉与视觉之外，还加入了触觉的感官体验，共情效果更好，心理"卷入"程度与参与度更高，对应的商业转化率和播放效果也会更佳。事实上，互动视频并不是新概念，它之所以如此火爆，除了要归功于技术延展以及近些年交互式游戏的成功探索等外因之外，还有视频平台正陷入增长焦虑的内因。[①]

从增长红利来看，《2020 中国网络视听发展研究报告》显示，截至 2020 年 6 月，我国网络视听用户规模达 9.01 亿人，较 2020 年 3 月增长 4380 万人，网民使用率为 95.8%。[②] 新增用户规模已见顶，从流量竞争到

---

① 《互动剧成视频网站平台新宠　内容也要有互动性》，智能电视网，2019 年 10 月 18 日，https：//news.znds.com/article/41333.html。
② 《PPT 全文——〈2020 年中国网络视听发展研究报告〉重磅发布！首次公布网络视听市场规模！》，搜狐网，2020 年 10 月 12 日，https：//www.sohu.com/a/424159827_683129。

留量竞争，优质内容是核心竞争力。从商业模式来看，《2019中国网络视听发展研究报告》显示，就综合视频应用整体而言，2018年内容付费收入占比为34.5%，较2017年底上升6.4个百分点，广告收入占比为47.1%，较2017年下降2.4个百分点。① 不管是付费会员收入，还是广告收入都还有长足的成长空间，但都依赖差异化内容的投入。

如何在存量竞争中实现用户增长，提升用户使用时长、延长用户付费周期、提升单用户价值，已经成为当前视频平台亟待解决的问题。在继续深耕独家、自制内容之外，互动剧开辟了全新的内容赛道。尽管目前互动剧还处于"冷门期"，但关注度可观，属于劲头正猛的增量市场。② 在"网络互动剧元年"2019年发展的基础之上，网络互动剧在2020年继续纵向和横向领域的交叉发展，增长势头喜人。

二 2020年网络互动剧市场分析

2020年，中国网络互动剧在政策扶持下开始迅猛发展，无论是数量还是质量都达到前所未有的高度。同时，新冠肺炎疫情的影响促使整个网络互动剧产业链发生剧变，是挑战更是机遇。中国网络互动剧市场仍处于早期发展阶段，但前景可观，具体分析如下。

1. 政策扶持互动剧市场高质量发展

2020年9月30日，按照广播电视和网络视听行业标准制定程序要求和计划安排，国家广播电视总局组织广播电视规划院、爱奇艺、腾讯视频、优酷、中国传媒大学等单位共同制定《互联网互动视频数据格式规范》行业标准，并于10月14日在第八届中国网络视听大会上正式发布。该标准规范了互联网互动视频数据格式，在爱奇艺、腾讯视频、优酷、芒果TV等播出

---

① 《2019年中国网络视听发展研究报告》，数据新闻网，2019年5月30日，http://www.xinhuanet.com/video/sjxw/2019-05/30/c_1210147518.htm。
② 《互动剧成视频网站平台新宠 内容也要有互动性》，智能电视网，2019年10月18日，https://news.znds.com/article/41333.html。

平台进行了试验验证，对于促进互动视频制作和播放技术标准化、指导互动视频产业高质量发展具有重要意义。这也为网络互动剧明确了制作规范，让互动剧制作有据可依，给市场注入了一剂强心剂。

除了互动剧这一细分领域，国家通过"限薪令""限集令"调控内容制作市场，对剧集品质和制作规范提出更高要求，尤其是网剧实现了由量到质的提升（见图3）。

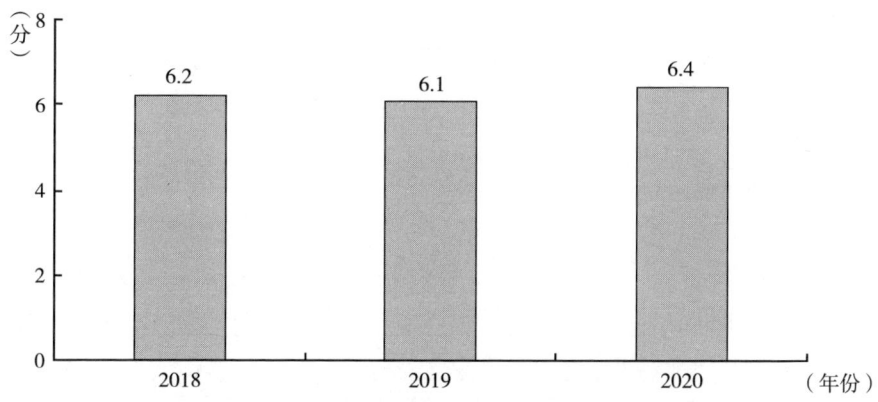

图3　2018～2020年播映指数TOP100剧集平均豆瓣评分

资料来源：《2020年度国产剧集市场研究报告》，外唐教程网，2020年12月31日，https://www.waitang.com/report/27694.html。

2020年，网剧在经过野蛮生长的阶段之后逐渐进入专业化发展阶段，上线数量远超电视剧，占比超过七成。制作上从演员阵容到制作班底逐步比肩电视剧，其中，豆瓣7分以上网剧数量同比提升41%（见图4）。

头部内容中精品网剧不断增多，《龙岭迷窟》《隐秘的角落》等悬疑网剧成为年度精品，互动剧领域里《龙岭迷窟之最后的搬山道人》无论是口碑质量还是流量点击量都居于第一位（见图5）。

2. 时势推动互动剧产业变革

受新冠肺炎疫情的影响，2020年注定是不平凡的一年，疫情防控常态化时期许多产业的运作逻辑都发生了剧变，网络互动剧也不例外，可以说时势推动了互动剧产业的变革与创新。

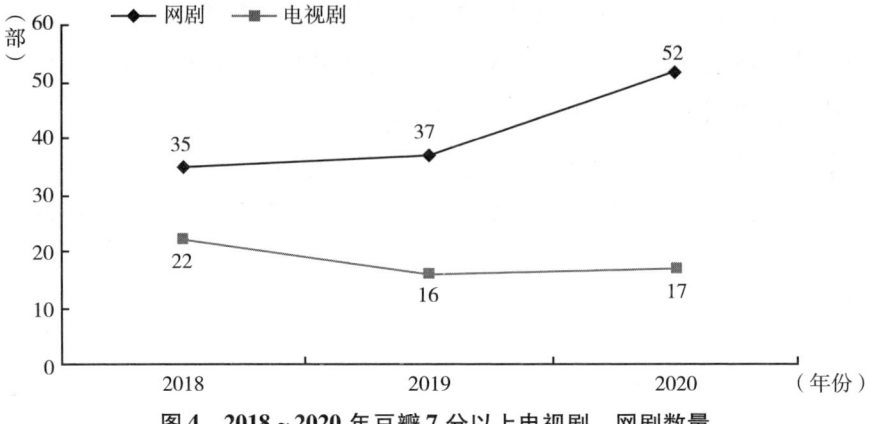

图4　2018~2020年豆瓣7分以上电视剧、网剧数量

资料来源：《2020年度国产剧集市场研究报告》，外唐教程网，2020年12月31日，https：//www.waitang.com/report/27694.html。

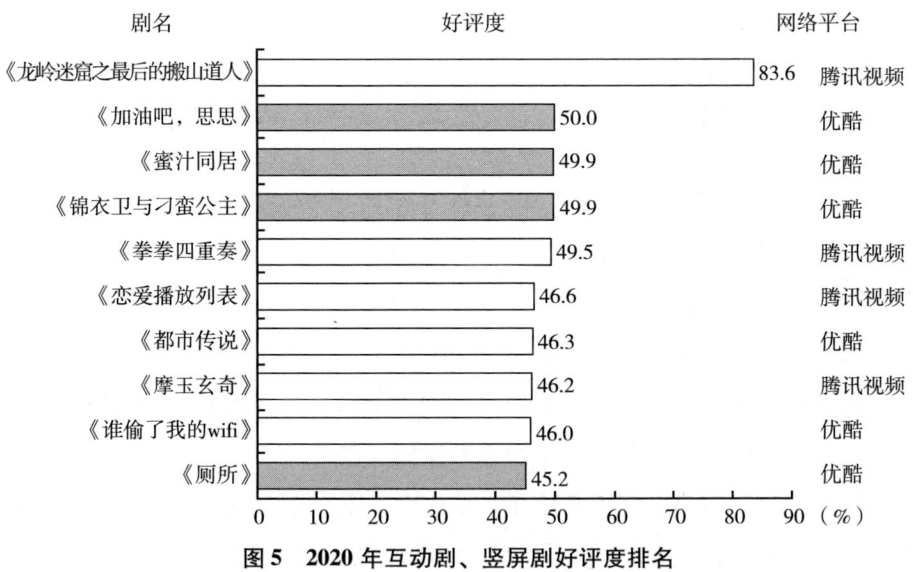

图5　2020年互动剧、竖屏剧好评度排名

说明：白色为互动剧，灰色为竖屏剧。
资料来源：《艺恩数据：2020上半年大剧市场研究报告》，中文互联网数据资讯网，2020年8月18日，http：//www.199it.com/archives/1094643.html。

网络互动剧的产业链可以以施振荣提出的"微笑理论"为框架来进行拆解。在互动视频的产业链中，上游为剧本的写作与设计，如若有IP的话便会大力深挖进行内容创作；中游为拍摄与制作阶段，这一阶段是获利最少的；下游主要包括向各大视频平台投放、分享、营销、售卖、播放已拍摄好的互动剧作品，如果有做 IP 品牌化的打算，就可以进一步研究 IP 衍生产品，探索新的产业链以获利。在互动剧的产业链中，处于中游的拍摄与制作部分收益是最低的，如果想要获利，就必须从上游和下游探索新的利益点。[①]

关于网络互动剧的上游部分，2020 年疫情来袭，剧本制作虽有短暂停工停产，但在国家调度下快速复工复产，上游产能复苏，剧集产业规模进一步扩大。除此之外，《关于进一步加强电视剧网络剧创作生产管理有关工作的通知》提倡电视剧及网络剧拍摄制作不超过 40 集，鼓励 30 集以内的剧集创作，如确需超过 40 集，制作机构需提交书面说明，详细阐释剧集超过 40 集的必要性并承诺无"注水"情况。这一政策无疑给剧集体量本就小巧的网络互动剧提供了资源倾斜。随后腾讯视频、爱奇艺、优酷三大视频平台联合六大制作公司发布了《关于开展团结一心 共克时艰 行业自救行动的倡议书》，积极响应政府号召。在政府和市场双重导向下短剧开始崛起。2018~2020 年，备案剧集单剧平均集数持续下降（见图 6），2020 年，播出剧集单剧平均集数缩减至 30 集以内（见图 7）。2020 年播出的 30 集及以内剧集中网剧占比 95.0%，同比增长 4.1 个百分点（见图 8），互动剧、迷你剧数量都在 2020 年得到了迅猛增长。

关于网络互动剧的下游部分，疫情影响下，互动剧的宣传发行从线下转到线上，云发布会、云直播兴起，宣发创新迎来了新的机会。不仅如此，针对因疫情而暴增的线上用户，视频平台也在此时推出了"剧场"运营模式，比如爱奇艺的"迷雾"剧场等，分众内容规模增长，类型内容厂牌化发展，以求更好地留存观众，增强用户黏性。

由此可以看出，疫情虽有影响，但也给互动剧市场带来了产业链变革，创造了新的创作机会和利润增长点。

---

① 牛雯莉：《浅析我国互动影视的发展前景与方向》，《视听界》2020 年第 1 期。

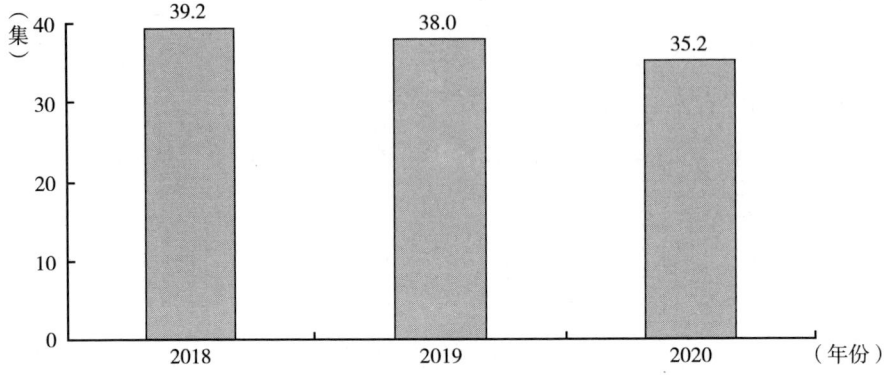

图6　2018～2020年备案剧集单剧平均集数变化

资料来源：《2020年度国产剧集市场研究报告》，外唐教程网，2020年12月31日，https：//www.waitang.com/report/27694.html。

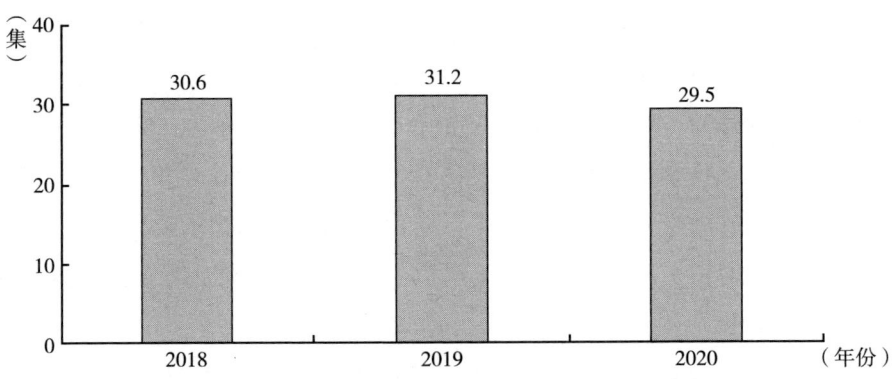

图7　2018～2020年播出剧集单剧平均集数变化

资料来源：《2020年度国产剧集市场研究报告》，外唐教程网，2020年12月31日，https：//www.waitang.com/report/27694.html。

3. 市场虽有增长但仍处于早期发展阶段

在上文叙述中可以看到网络互动剧产业规模在良好的市场环境中增长，但不得不说，中国互动剧产业当前仍处于探索发展的早期阶段，产业规模较小、用户认知度较低。应用AMC应用成熟度曲线模型来分析的话可以清晰看出，网络互动剧市场仍处于市场启动期（见图9）。

从平台侧看，中国互动剧的主要出品平台有腾讯视频、爱奇艺、优酷和

2020年网络互动剧发展报告

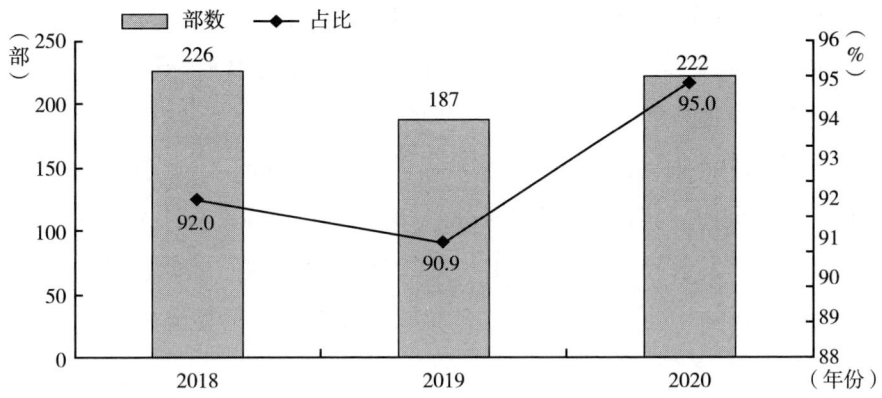

图8　2018~2020年集数30集以内上线剧集数量及网剧占比

资料来源：《2020年度国产剧集市场研究报告》，外唐教程网，2020年12月31日，https://www.waitang.com/report/27694.html。

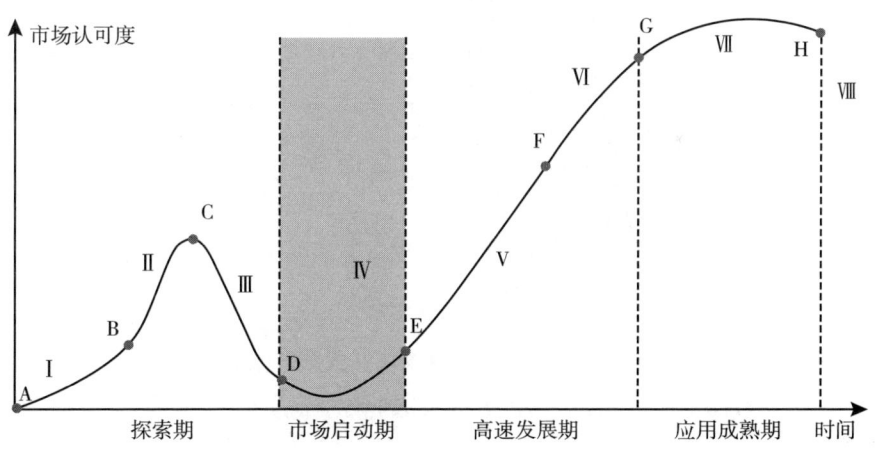

图9　AMC应用成熟度曲线模型

芒果TV等，从2020年的表现来看，不管是出品剧目数量还是质量，腾讯视频都处于领跑地位。2020年10月，豆瓣影视榜单中网剧《龙岭迷窟》的衍生互动剧《龙岭迷窟之最后的搬山道人》以8.3分位列第三，成绩超正片0.1分。同时，该剧不仅连接了《鬼吹灯》系列的《怒晴湘西》与《龙岭迷窟》的剧情，还为正片带来了可观的流量。看起来是"高光时刻"，但实际上互动剧刚从萌芽期过渡到初期发展阶段。腾讯视频从2017年，为手游《新剑侠情缘》推出国内首部武侠互动剧《忘忧镇》，到2020年推出《龙岭迷窟之最后的搬山道人》，近3年的时间内共播出了13部互动剧，包括《摩玉玄奇》《听见我的心》《拳拳四重奏》等，处于行业领跑地位（见图10）。与此同时，优酷推出《当你醒来时》《喜欢你一分之二》《大唐女法医》《娜娜的一天》，爱奇艺推出《爱情公寓5》《他的微笑》等互动剧作品。网络互动剧虽然整体仍处于低阶水平，播映数量不算多，质量不够优秀，但已有突破之势。

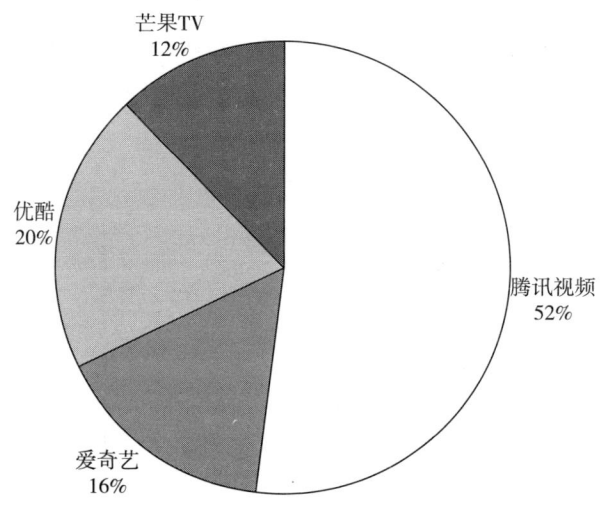

图10 2017~2020年各平台出品互动剧数量

资料来源：2017~2020年各视频平台互动剧数量统计。

从用户侧看，艾媒咨询数据显示，仅有37.9%的受访网民表示对互动剧有所了解，其中观看过的占93.0%。当前视频平台上线的互动剧数量少且缺乏真正的爆款，对用户的渗透率较低。除此之外，艾媒咨询数据显示35.8%的受访网民认为中国互动剧未来能成为市场主流，42.9%认为互动剧的发展对传统影视剧有可能造成影响。分析师认为，当前中国互动剧市场规模较小是造成网民当前看法的直接原因，而互动剧市场规模小则受制于行业标准缺失、制作技术较难、专业人才匮乏等多种因素。

不过中国网民对网络互动剧的投资前景还是持乐观态度的,艾瑞咨询数据显示,2019年上半年,五成受访网民看好中国视频平台对互动剧产业的投资,37.0%的受访网民持中立态度,不看好其发展前景的受访网民占13.0%(见图11)。分析师认为,供给过剩的传统影视剧内容在一定程度上造成了观众的审美疲劳,视频平台需要新鲜的内容来吸引用户,而用户也乐见参与性更强、选择更多元的新模式内容剧作。

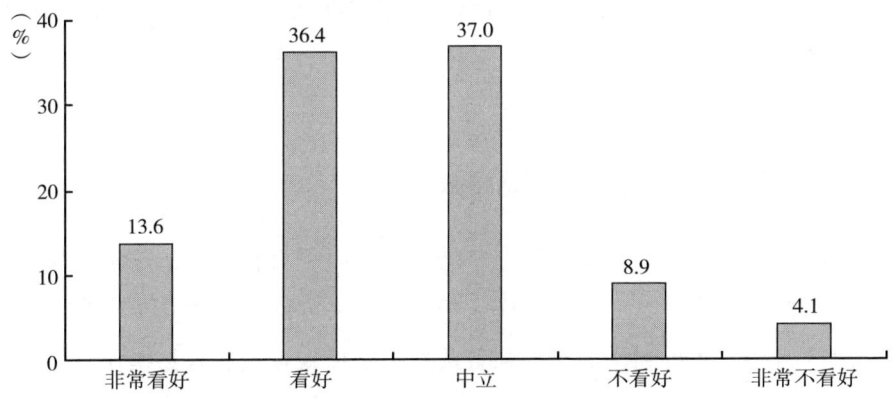

图11 中国视频平台投资互动剧产业前景网民态度调查

资料来源:《2019—2020中国互动剧产业现状剖析及用户行为调查报告》,艾媒网,2019年11月14日,https://www.iimedia.cn/c400/66772.html。

艾媒咨询数据显示,2018年中国互动剧用户规模超过4000万,之后以73.2%的复合增长率高速增长,2020年互动剧用户规模过亿。[①] 由此可以看出,尽管用户对网络互动剧的看法较为保守,但互动剧的产生为视频行业带来技术和内容方面的创新,在满足受众多元化、个性化的观赏需求的同时,也能推动传统影视剧行业进行升级,带动需求方和供给方的双向增长。随着技术越来越成熟,网络互动剧的用户规模和产业规模会越做越大。

[①] 《2019—2020中国互动剧产业现状剖析及用户行为调查报告》,艾媒网,2019年11月14日,https://www.iimedia.cn/c400/66772.html。

三 2020年网络互动剧内容特征分析

2020年迅速增长的网络互动剧也为系统地分析互动剧的内容特征提供了相对足够的样本。互动剧的最大特色在于融合与平衡了内容娱乐范畴内的影视与游戏两大类别。该类剧集以游戏为主线，情节内容与故事内核围绕影视原作，兼顾了游戏的强交互性与影视的强感官性，令观众从"信息接收者"转变为"故事操控者"，体验感与观看感同步提高。2020年网络互动剧内容呈现以下特征。

（一）取材大多为推理、悬疑故事

从编剧、观众角度来看，科幻、悬疑题材故事具有较大的不确定性、随机性、想象空间等特点，与互动作品相契合，一方面使得观众更有参与感和新鲜感，另一方面可制作的结局和可选择的剧情支点也更容易操作。例如悬疑剧《画师》、探险剧《古董局中局之佛头起源》《龙岭迷窟之最后的搬山道人》、探案剧《大唐女法医》《明星大侦探之头号嫌疑人》等均具有偶然性选择元素，互动性和文艺价值较高的同时，增添了作品的观赏性和娱乐性。

（二）多基于IP内容，短时间聚集流量的能力显著

不管是作为衍生内容，还是独立剧集，互动剧大多具有IP基础，例如《明星大侦探之头号嫌疑人》与综艺节目《明星大侦探》进行链接；《古董局中局之佛头起源》在腾讯上线之日，《古董局中局》的百度指数达到了除开播时间和大结局外第三高的搜索指数；《龙岭迷窟》衍生互动剧《龙岭迷窟之最后的搬山道人》依托《鬼吹灯》的IP生态，不仅吸引了更多观众观看正片，还吸引了自身的粉丝，从"辅助工具"变为输出IP价值的作品。此外，还有《波西米亚狂想曲》预告片，其因互动的强属性，成为正片播出前的预热营销活动。

（三）视频平台加速布局，不同平台侧重互动剧的不同题材

从2017年的1部、2018年的1部，到2019年的7部，再到2020年一个月1部的播出节奏，头部视频平台逐渐加速布局，战略侧重也进一步加大。具体到各自部署上，腾讯视频占据榜首位置，爱奇艺、优酷加紧追击，芒果TV和哔哩哔哩对此类作品的布局占位较小。具有IP生态优势的腾讯视频不仅是"第一个吃螃蟹的人"，还一直占领着头部作品高地。其将互动的重点放在了故事本身，同时题材类型均属于悬疑、探险类；而爱奇艺的《他的微笑》《波西米亚狂想曲》、优酷的《娜娜的一天》将互动的重点放在了"人物"身上，探索出了悬疑之外的恋爱养成"赛道"；芒果TV的《明星大侦探之头号嫌疑人》依旧属于悬疑探案类，哔哩哔哩的《穿越吧》则属于多可能性、未知性较强的古装穿越题材。

不同于长剧集，在多平台的竞争下，互动剧的种类和题材得到进一步探索和开发，不仅有利于加速互动剧产业实现规模化发展，也成为视频平台位次调整的"砝码"之一。[①]

四 网络互动剧的前景展望

（一）制作门槛上升，PGC将成主导

互动剧拥有多个故事节点以及分支剧情，剧本内容的复杂程度大幅提升了剧作的制作门槛。内容对于剧集作品来讲是根本，好的内容是互动剧的首个必备条件。其次就是对多支线、多结局的设计，关键节点的选择应该引导和影响剧集走向，而并非无关紧要的问题选择，不能将观众留在被规定好的剧情线上。当下，互动剧已经从《古董局中局之佛头起源》这种"AB剧"

[①] 王涵：《迎战新风口，2020年互动剧用户规模有望破亿》，雪球网，2020年4月19日，https://xueqiu.com/5868117133/147239357。

式进阶到个性化结局式,采用了对话选择、QTE(Quick Time Event,快速反应事件,用户需根据指示在一定时间内操作,引导角色的动作,从而影响故事进展)、解密等多种互动元素。那么,分支节点的设计则显得更加重要,例如在《龙岭迷窟之最后的搬山道人》中,鹧鸪哨的多次不同选择影响着了尘师傅是否传授摸金之术、踏上寻找雮尘珠的旅程等,不同选择都将人物的历程和故事的结局引向不同方向,增加了互动感。① 尤其要重视多样结局的设定,要在细化用户的需求、影视偏好的基础上,设计符合用户心理需求的多样结局。与以UGC为主的短视频相比,互动剧将更加突出PGC专业生产内容的主导地位,而对专业人才的依赖意味着其要经历相对较长的初期发展阶段。

(二)强调用户思维,推动内容升级

互动剧强调参与性和互动性,较传统影视剧作品携带更多的用户思维属性,拉近了上游制作方与下游观众的联系。从参与选择到参与创作,成为互动剧的下一步发展路径。如果说当下互动剧的模式让观众产生了自主掌控感和剧情沉浸感,那么下一步或将产生"自主创作感",成为新型的"互动创造剧"。未来,互动视频标准(IVG)将起到指引性作用,用户可以直接在互动视频平台上选择喜爱的互动脚本,在基础设定之上,自主添加个人定制式设定,直接参与整个"观看性的创作"。正如灵河文化创始人兼CEO白一骢所说:"就好像真正的乐高高手一样,不是按照说明书去组装,而是按照自己的想象组合成新的东西。"② 通过用户参与、互动反馈的信息,制作方能更好地了解用户多样化、个性化的需求偏好,有助于制作方后续在内容创作方面进行快速的升级迭代。

---

① 王涵:《迎战新风口,2020年互动剧用户规模有望破亿》,雪球网,2020年4月19日,https://xueqiu.com/5868117133/147239357。
② 王涵:《迎战新风口,2020年互动剧用户规模有望破亿》,雪球网,2020年4月19日,https://xueqiu.com/5868117133/147239357。

(三)5G 技术加速落地,为互动剧创新赋能

互动剧的发展是技术和内容相结合的模式创新,但其当前的发展在技术方面还受到诸多限制。影视与游戏的受众交集区间较大,互动剧多选择悬疑、探险类题材,与游戏具有较高的契合度,其冒险、超现实元素也与《古墓丽影》等经典游戏匹配度较高,直观且冲突性较强的交互设计、QTE 设计等也让大众感到熟悉。而这就需要制作方不断提升互动视频 UCG 端的参与度,降低制作门槛,平台方也需要克服一些技术难关,完善后台编辑制作工具,增强功能的专业性。5G 技术加速落地也将为视频产业带来更多技术变革,互动剧将被赋予更多创新可能,市场空间可观。

综上,在互动剧推出的初期,观众可能会被"交互"这种新鲜的体验吸引,当这种体验的新鲜感过去,那么可以留存观众的内容又是什么呢?互动剧作为一种"热"的新型艺术形式,我们应秉承"冷"的态度对其进行反思,既需要承认互动剧的独立性,也需要认识互动剧的商业属性,不过分鼓吹。互动剧不能只关注技术的交互,更需要在内容上下功夫。

国产互动剧产业当下仍处在发展初期,但不可否认的是,互动剧在商业化方面已经做了不少探索,预计在技术与投资的带动下产业将快速发展,用户规模将呈现高速扩大态势,而这也需要更多人的参与,和更多优秀作品的产出。未来在产业投资增加、5G 技术落地、行业标准完善的推动下,互动剧剧作数目有望快速增加,用户规模随之增长。随着视听生态升级和技术创新、产品创新双轮驱动,未来会有更多形式的剧集播映模式出现。[①]

[①] 《互动剧成视频网站平台新宠 内容也要有互动性》,智能电视网,2019 年 10 月 18 日,https://news.znds.com/article/41333.html。

案 例 篇
Case Analysis Reports

B.11 电视剧《三十而已》的热播影响因素分析

许庆霞*

摘 要： 2020年暑期热播电视剧《三十而已》是柠萌影业出品的一部从女性视角出发拍摄的都市剧集，由张晓波执导，江疏影、童瑶、毛晓彤等领衔主演，围绕30岁女性的情感与事业故事进行呈现。本报告以《三十而已》为研究对象，从该剧的内容取材、叙事话语、营销策略等方面分析其热播原因，并提出该剧存在的不足之处。

关键词： 《三十而已》 电视剧 热播 影响因素

---

* 许庆霞，南开大学传播学系硕士，研究方向为新媒体影视传播。

电视剧《三十而已》的热播影响因素分析

《三十而已》自 2020 年 7 月 17 日首播，截至 2021 年 2 月 21 日，播放量已达 73 亿次，微博同名超话阅读量达 13.9 亿次，频频登上热搜。该剧以王漫妮、钟晓芹、顾佳 3 位女性为主人公，取材现实，紧扣时代痛点，引发观众热议。近些年，不乏从女性视角出发拍摄的电视剧，亦有诸多从情感角度出发拍摄的都市剧集，缘何《三十而已》可以脱颖而出，取得不错的收视成绩，同时其豆瓣评分却高开低走？本报告将带着以上问题对该剧进行分析。

一 《三十而已》热播原因

（一）扎根现实，围绕女性成长三大话题

《三十而已》中的 3 位女主人公同是生活在上海的 30 岁女性，但同时也代表了 3 种不同的出身背景和脾气性格，剧情围绕她们身上发生的故事以及她们的成长展开。几位女主角在生活中遇到的问题和困惑，也是现实生活中人们会经历的，尽管情节有戏剧化色彩，但真实的细节刻画和有感染力的情绪表达让每个观众都能从演员身上找到一些共鸣点。

钟晓芹是上海本地长大的姑娘，虽不是大富大贵，却也是被父母捧在手心里长大。她工作上安于现状，生活上依赖父母和丈夫照料。但这样平静的生活之下，钟晓芹的婚姻却暗藏着危机。她在爱和包容里长大，喜欢撒娇，渴望关爱，活得像个孩子；但丈夫陈屿伴随着童年的阴影成长，因为现实的压力早早就经历了生活的繁重，习惯独立，不喜欢麻烦别人。两个人背景的差异和性格的不同使得这段婚姻注定要经历波折，但在两个人都各自成长后，终是修成正果。

背井离乡，一个人从外地到上海奋斗的王漫妮从事奢侈品销售，每天要和有钱的顾客打交道，也要和同事进行职场争斗。然而从光鲜的职场环境回到家，她的生活还是"一地鸡毛"。沪漂 8 年，她依然和每天接触的有钱人及奢侈品有着不可逾越的鸿沟，物欲的冲击时刻裹挟着这个 30 岁的女性。生活中她削减其他开销也要买奢侈品，爱情中她企盼和有钱人相爱却被爱情

戏弄，兜兜转转最终看清现实，选择出国留学以提升自我。

顾佳学历好、智商高，少年时代母亲去世后便被迫独立自强。和丈夫一起创业后，选择在家做中产阶级全职太太。但"为母则刚"，她并不柔弱。为了孩子能上更好的学校不惜代价讨好王太太，因为孩子被欺负对另一位家长大打出手，为了公司的生意打进贵妇圈并极力斡旋。她为家庭拼命付出，却遭到了丈夫的背叛，最终选择离婚。

养尊处优乖乖女在婚姻与自我认知中的成长蜕变，沪漂女性在职场与恋爱中的追逐抉择，中产阶级家庭主妇在家庭与事业之间的角力平衡，这三类典型人物形象及其背后的故事无疑呼应了当前多数30岁女性的社会情绪：在满是父母关爱的生活轨迹之下，如何摆脱依赖，觉知自我，学会自己打理生活、经营婚姻；在压力与物欲之间，怎样放弃对虚幻爱情的向往、对奢侈物质的追求，找到自己真正的位置和方向；在家庭与职场之间，怎样平衡对家庭的付出与对自我的投资、拿捏自己的工作能力与丈夫心理感受之间的微妙关系。

《三十而已》在取材细节上着力，从现实出发，极具戏剧化张力，通过普适的女性成长三大话题，带领观众进入了30岁女性的世界，揭示了当下30岁女性的经历与困惑，使得剧情本身充满了真实感和生命力。

（二）转变视角，叙事话语及剧情设定有新意

波伏娃认为，女性之为女性，不是天生的，而是后天形成的，是作为男性中心文化的"他者"而被建构的，"是对主体的彻底放弃，在顺从和崇拜中，心甘情愿地变成客体"。① 过去诸多影视剧中的女性形象被定义为"凝视的客体"，即为了迎合男性的审美和立场来刻画女性。在这种叙事话语下，女性是失语者，是"他者"，她们的存在更多是为了推动剧情的发展。近年来，随着女性的独立和自我意识的觉醒，以女性为主要消费人群的"她经济"逐渐兴起，以女性为主要题材的作品也不断涌现。《三十而已》

---

① 〔法〕西蒙娜·德·波伏娃：《第二性》，陶铁柱译，中国书籍出版社，1998，第332页。

便是一部极具代表性的女性话语电视剧。并且不同于以往的大女主、玛丽苏情节，该剧从当下社会关注度最高的女性话题出发，从人物设置、人物形象、叙事方式和镜头语言方面给观众提供了一种新的审美体验。

人物设置上，该剧紧跟时代发展趋势。剧中的职业设定不再局限于办公室、金融圈等，而是奢侈品销售、烟花设计师等既符合角色设定又呼应社会发展现状的职业。人物形象上，顾佳虽然是家庭主妇，但没有过多描写家务琐事，而是塑造了其帮助丈夫处理公司难题、保护和培养孩子的温柔能干形象。叙事方式上，剧情开始3位女主角便以第一人称独白出场，剧情的展开也从女性视角出发，其中穿插着大量女主人公的内心独白，剧情的推动与解释亦通过女主角向另外两位女性朋友讲述自己情况的闺密谈心方式展开，展现了女性在该剧中的叙事主体地位，奠定了从女性主体视角叙事的基调，并通过主动述说的方式引导受众理解剧情，将观看者也带入女性话语视角。镜头语言上，该剧大量运用自我的对白和凝视。采用了大量的 VFX 特效，用 CG 效果将城市的霓虹流动和人物面孔的特写叠印在一起，放大城市空间中的个体感受。① 通过明亮与灰暗、光鲜与寒酸的对比，更细致地描绘出主人公的情绪状态，完成女性自我的凝视。

此外，该剧每集结束后镜头都会转向葱油饼摊摊主。这个平凡的葱油饼摊贯穿整个剧情，而又在最后独立出现。它展现了大城市的浮华之外，普通民众一家简单质朴的幸福：摆摊卖葱油饼的妻子和送外卖的丈夫在共同努力下逐渐拥有自己的店面，孩子也一天天长大。劝诫人们在为自己的生活奔波之外，还可以更多关注身边真实存在的小温情，抚慰了处于焦虑中的人们。

（三）打破壁垒，多方位满足观众的观剧需求

电视剧"是中国大众最喜爱的一种虚构性叙事形态，它一方面成为当

---

① 刘亭：《镜像与凝视："她剧集"的女性叙事新视角——以电视剧〈三十而已〉为例》，《中国电视》2020年第12期。

代人生活、情感的见证,同时它的发展过程也成为中国社会发展进程的组成部分"。①《三十而已》作为一部电视剧,同步在电视台及网络视频平台播出,相较于纯粹在网络平台播出的网络剧,虽然聚焦女性话题,但更具普适意味。"受众对于主流内容的诉求几乎是共同的,连续不断地提供大众化内容的媒介具有优势。"②麦奎尔在1960年通过研究电视媒介分析出电视节目能够提供给观众的"满足点",并将其归纳为心绪转换、人际关系、自我确认以及环境监测。《三十而已》的传播优势也表现在可以满足观众观看电视节目的以上几方面的需求上。

在节奏越来越快的当下,每个人都或多或少承受着来自工作、生活等方面的压力,在这种情况下,人们更倾向于通过影视、游戏等活动进行娱乐放松,缓解现实的压力,缓和自己的情绪。《三十而已》播出期间,"绿茶林有有""渣男许幻山"长期霸占微博热搜榜单,人们对相关话题的讨论和吐槽非常热烈,将自己的情绪出口转移到对剧情的评论上。看到顾佳为了孩子对家长委员会另一位家长大打出手时,观众直呼"太解气了""太酷了"……种种行为从侧面表现出人们会自动代入剧中人物身份,对其不幸遭遇感同身受,对喜欢的情节拍手叫好,与剧中人物产生情感共鸣,实现心绪转换。

与此同时,《三十而已》开播一周,便产生了31个阅读量破亿次的话题,给舆论带来了大量热点。人们在日常交往中,不可避免会受到媒介影响讨论相关话题。剧中不管是家庭鸡零狗碎的真实感,还是对第三者的愤慨、对渣男的敌视,都刻画生动,极富感染力,调动了人们的讨论积极性。看过该剧的人会在人际交流中极富社交资本,与他人产生共鸣。没有看过该剧的人则可能会出于社交需要观看该剧,以满足人际交往需求。

---

① 尹鸿:《意义、生产与消费——当代中国电视剧的政治经济学分析》,《现代传播(中国传媒大学学报)》2001年第4期。
② 〔美〕丹尼斯·麦奎尔:《受众分析》,刘燕南、李颖、杨振荣译,中国人民大学出版社,2006,第167页。

库利在"镜中我"理论中表示，人的行为在很大程度上取决于对自我的认知，而这种认知主要是通过与他人的社会互动形成的。一方面，《三十而已》中3位女主人公面对的问题也是很多家庭和女性日常生活中会遇到的问题：孩子升学和购买学区房难题、父母不成熟该不该要孩子、工资有限却要追求奢侈品的精致穷……受众在看到剧中写实的剧情时，会进行一定的自我确认。另一方面，人们也想通过剧情的走向，看看这面镜子中的剧中人物在面对同样的问题时是如何处理的，以达到自我认知和自我考评的效果。

环境监测是指人们希望通过观看电视节目获得与自身周围环境相关的信息，以缓解不安、帮助自己更好地认识世界。《三十而已》揭示了一些30岁的女性可能会面临的家庭与社会问题，这对于年轻的观众来说起到了一定的提醒作用。同时剧中台词不乏人生哲理，如顾佳收购茶厂受挫后说道："人走捷径走惯了，总有跌得狠的一天。"观众亦可以通过该剧传递的人生哲理更加明确自己的人生定位。

（四）精准营销，构建多方位传播矩阵

"酒香也怕巷子深。"随着传播技术的进步和各种媒介的兴起，人们每天都被各种各样的信息包围着。不同于以往每天守在电视机前看固定的节目，当前电视剧目繁杂多样，受众的观看选择权被进一步释放，电视剧的热播越来越离不开精准的营销。

洞察演员人设，衍生传播爆点。剧中每一个人物都有着独特的人设，该剧从每个人物着手，衍生出无数传播爆点。如从中产阶级全职太太顾佳身上衍生出"顾学"以形容进可入贵妇圈斗智斗勇、拼搏事业，退可"手撕"第三者、御夫育娃的行为；从希望与高富帅谈恋爱的王漫妮身上衍生出"净身出海"以形容不惜一切代价远离渣男的行为；等等。通过这些人物角色营销，吸引受众参与讨论，提高该剧的热度。

抓住话题痛点，引发情感共鸣。年龄焦虑、职场焦虑、爱情焦虑似乎都在女性30岁时来临，舆论环境中关于30岁女性的话题争议不断。该剧将其

中热度较高的话题单独拎出，设计相关海报进行传播。腾讯视频则结合《三十而已》推出短片《三十岁，人生不可以随便交代》，通过展示可以理性消费、平衡生活和工作、处理好家庭和事业的关系以及不为结婚将就4个片段为30岁女性发声，同时简单带出《三十而已》这部剧，通过引发共鸣，提高人们看剧的积极性和主动性。

多平台联动，整合全域流量。《三十而已》不仅在微博上热搜不断，还举办脑洞大结局策划大赛、表情包大赛等，调动受众的参与积极性，推动受众的二次传播。在抖音上，官方账号根据短视频平台特性，紧跟剧情节奏制作出数个时长较短的精彩视频片段以便传播，还专门开设抖音独家番外剧场，增强受众黏性，其中热门话题#三十而已，我有话说#更是吸引不少抖友上传自己的小视频，再一次扩大该剧的影响力。此外，知乎上由剧情衍生来的"为什么许幻山会出轨""现实生活中真的有林有有这样的人吗"等问题热度颇高，小红书上#三十而已经典穿搭##三十而已扎心语录#等帖子层出不穷。受众在各个媒介渠道都能接触到相关的传播内容，进一步提升对该剧的感知和接受度。

《三十而已》从角色、剧情、情感等角度全方位搭建传播矩阵，通过人设爆点引发人们的好奇心，设置互动话题提高大家的参与积极性并通过情感共鸣提高大家的认同度。一系列营销策略的推进无疑是该剧在好口碑的基础之上能够热播的重要原因之一。

二 《三十而已》存在的问题

（一）加剧消费焦虑

所谓消费主义文化，就是一种以对物品的绝对占有和追求享乐主义为特征，把消费当作唯一目的，为消费而消费，背离了消费是满足人需要、促进人发展的手段的现象。在消费主义文化中，符号价值远高于使用价值。

正如鲍曼在《后现代性及其缺憾》中所提出的，在消费主义文化中，消费者必须跟随市场的诱惑，满足自己被勾出的欲望，因为消费过程是消费者建构自我身份、管理自己、维护个人尊严的过程。①

在剧中，不乏3位女主人公通过各种消费行为来满足自己的需求以及促进成长的情节。顾佳通过消费名牌包才可以打入上流圈层——最初参加贵妇圈聚会时，她背着一个香奈儿的包，在聚会合照时因为自卑故意把包遮挡在身后，而当她买了一个爱马仕的包来参加聚会时便自信了很多，贵妇太太们对她的态度也有所改变。钟晓芹通过购买裙子来发现自我——她在30岁生日当天，买了一套心仪的连衣裙，作为新生活的开始。王漫妮通过购买奢侈品和升级行政舱来彰显自己努力奋斗的决心——在上海打拼多年的她每月工资的一半都用来支付房租，即便并不宽裕也要在大城市过小资生活，买各种奢侈品，在游轮上以使用信用卡支付的方式给自己升成行政舱。对于剧中人物这种不健康的消费行为，观众并不买账，不少观众认为，该剧传递出的观念会加剧人们的消费焦虑。

（二）女性话语体系不够连贯

《三十而已》虽然从女性主义视角出发，并采用女性叙事话语，以传递女性的独立精神与自我觉醒，但在剧中不少情节仍旧难以摆脱男权话语体系的控制。

聪明能干的顾佳，每天把自我提升和家庭生活安排得井井有条，全身心爱着这个家，在剧情初期俨然是大众眼中30岁女性最好的状态，这种观念仍旧没有避免落入以往只有做到贤妻良母才算优秀女性形象的窠臼。且当顾佳逐渐打入贵妇圈，帮助公司处理事业上的危机，显示出自己的能力与魄力时，她并不被丈夫认可，反而成了丈夫出轨的原因。同样是感情之外的第三者身份，女性林有有被刻画成令人憎恨的形象，男性钟晓阳却被塑造成暖男形象。贵妇圈的每个人都被冠以丈夫的姓氏称呼。诸如此类的情节设置，使得该剧的叙事基调仍难免笼罩在男权话语体系的影响下。

---

① 〔英〕齐格蒙·鲍曼：《后现代性及其缺憾》，郇建立、李静韬译，学林出版社，2002。

三 结语

电视剧《三十而已》扎根现实,内容围绕女性在30岁时的自我独立、感情认知等成长话题;转变叙事视角,从女性主义叙事话语出发,精心设置符合社会发展潮流的剧情和画面呈现方式;打破受众间的壁垒,从心绪转换、人际关系、自我确认和环境监测等方面满足受众的追剧需求,并借助洞察剧中演员人设,衍生出"顾学""净身出海"等相关传播爆点;通过抓住大家关注的话题,引发情感共鸣;并且依托互联网时代媒介传播的多样性特点,在微博、抖音、知乎、小红书等多个平台设置传播话题,整合全域流量,激发受众的互动积极性并且提升其对该剧的认可度,使得该剧自播出以来热度不断。

尽管《三十而已》给观众带来了很多正能量和人生哲理,但该剧传播的消费观念却并不被多数人认可,剧中传递的超强消费观与追逐奢侈品的消费倾向进一步制造了消费焦虑。此外,该剧女性主义的叙事话语亦没有脱离男权话语体系的限制,所传递的独立精神与自我意识并不彻底。

近年来,我国电视剧百花齐放,《三十而已》的热播给行业提供了优秀的经验,其存在的问题也值得警惕。未来,现象级电视剧的发展亦应多在题材与剧情设置上下功夫,依托真实的社会环境和人生境遇,以优质的内容和正确的价值观为基础,顺应新媒体时代各种媒介的传播特点,制定创新贴切的营销策略,赢得市场的认可和观众的喜爱。

B.12
网络IP剧《龙岭迷窟》案例分析

张 充 张瑞瑶 尹建林*

摘 要: 2020年4月,由腾讯视频独播的《龙岭迷窟》在播出期间收视、口碑双丰收,为网络IP剧的推广发展提供了许多经验。本报告基于创新扩散理论,通过分析该剧的收视数据和受众评论等资料,解读网络IP剧发展现状及问题。报告发现:网络IP剧在推广过程中不仅要坚持观众至上,还应充分发挥IP剧的创新优势属性,这将直接影响网剧的传播效果;自媒体时代,网络IP剧的推广应重视粉丝群体的构建和权威人士的引导;同时,利用互联网整合多种媒介渠道资源时应以版权为核心增强延伸力,这样可获得更好的传播效果。

关键词: 网络IP剧 《龙岭迷窟》 创新扩散理论

根据相关统计数据,2020年全网连续剧有效播放量累计达到了4251亿次,单日最高有效播放量突破20亿次;2020年全网新上国产连续剧475部,相较2019年增加了25部;各视频平台给予了微短剧更多的关注,2020年微短剧上新量多达300部,女性、甜宠、悬疑以及主旋律题材占比较大;2020年24集以下短剧共上新104部,同比增加7部,在连

---

* 张充,澳门科技大学博士研究生,研究方向为影视传播;张瑞瑶,博士,山东财经大学文学与新闻传播学院讲师,研究方向为媒介使用与心理;尹建林,山东财经大学本科生,研究方向为媒介营销。

续剧大盘下滑的环境下，短剧热度提升，有效播放量高达154亿次，同比提升了18%，例如，《隐秘的角落》、《我是余欢水》、《传闻中的陈芊芊》、《龙岭迷窟》和《唐人街探案》5部短剧，每集平均有效播放量突破5000万次。从2020年各类型剧集和视频平台播放量来看，网络剧有效播放量占比正在稳步提升。

一 《龙岭迷窟》概况

网络IP剧《龙岭迷窟》改编自天下霸唱的小说《鬼吹灯》，该剧是由万达影业、七印象文化传媒以及企鹅影视联合出品，费振翔执导，韩志杰担任监制，潘粤明、张雨绮、姜超领衔主演，高伟光特别出演的悬疑探险剧。《龙岭迷窟》主要讲述的是胡八一、Shirley杨、王凯旋组成的"铁三角"探险小队共赴龙岭迷窟寻找雮尘珠的故事，2020年4月1日至5月6日在腾讯视频独播，每周三更新3集，在播出期间该剧播放总量超25亿次。根据骨朵数据①，《龙岭迷窟》自播出后有19天位居网络剧单日累计播放量榜单第一，热度值历史最高75.73。《龙岭迷窟》的新浪微博话题主话题阅读量达13.4亿次，"龙岭迷窟表情包大赛"等活动获得众多人参与和点赞，掀起追剧高潮，网剧《云南虫谷》预告一经上线便冲入微博热搜榜。截至2021年3月1日，《龙岭迷窟》已有超28万人评分讨论，豆瓣评分达8.3分，居豆瓣2020年度华语剧集评分最高榜第7名，作为一部制作精良、还原度高的IP剧得到大众普遍认可。

在IP剧激增和观众期待值提高的大环境下，《龙岭迷窟》的良好口碑和较高热度离不开制作方对IP的创新运用和后期传播扩散，作为目前《鬼吹灯》系列口碑最好的一部剧集，《龙岭迷窟》的收视、口碑双丰收值得思考。

---

① 骨朵数据，国内领先的网络影视数据分析平台，专门针对新媒体电视剧、网络自制剧、网络综艺等的第三方数据监测及数据评估。

二 《龙岭迷窟》的创新性分析

（一）相对优势

对创新优势的感知程度是人们采纳创新时所考虑的主要因素，经济效益、社会信誉、便利性和满意度会影响相对优势的程度，当人们认为该项创新比所取代的产品更具有优势时，会加快其被采纳的速度。因此网络IP剧顺利传播的条件是具有比其他剧集更多的优势和更容易被观众感知，其相对优势可以理解为比其他剧集的题材更新颖、制作更精良、观众认同度更高。相比于其他同类型题材的作品，《龙岭迷窟》制作精良，电影化特效能够给观众带来新的感官体验，而且满足观众对该类型题材的观看需求，因此相对优势明显。

《龙岭迷窟》改编自天下霸唱的盗墓悬疑探险类小说《鬼吹灯》，该小说题材独特新颖，满足了观众对该类型题材的需要。根据云合数据统计，2020年悬疑剧的上新数量进一步增加，同比增加15部，有效播放量占比平均为20%左右，仅次于都市类题材剧集，这表明观众对探险悬疑类剧集的需求正在上升。在此之前《鬼吹灯》IP曾被多次改编，如《九层妖塔》《鬼吹灯之寻龙诀》《鬼吹灯之黄皮子坟》《怒晴湘西》《鬼吹灯之龙岭迷窟》等。但改编作品口碑两极分化明显，豆瓣评分较高的是2016年靳东主演的《鬼吹灯之精绝古城》和潘粤明主演的《怒晴湘西》，其他改编作品的评价大都不尽如人意，如赵又廷主演的《九层妖塔》豆瓣评分仅为4.4分。2020年与《龙岭迷窟》同年上映的其他改编作品《鬼吹灯之湘西密藏》《鬼吹灯之龙岭迷窟》《鬼吹灯之龙岭神宫》《昆仑神宫》豆瓣平均分为3.47分，而制作精良的《龙岭迷窟》获得了更多观众的关注与认同，豆瓣评分达8.3分，观众喜爱度不减。

作为改编自盗墓悬疑探险类小说《鬼吹灯》之《龙岭迷窟》，由于其特殊性，对于特效和场景的要求十分严格。在特效方面，该剧选取的特效制作公司为希娜魔夫特效工作室,该工作室制作的《流浪地球》的特效深受好评。在取景方面,制作团队为了最大限度还原原著的场景和气质,力求全方位营造出真实感,在陕西搭建了一个符合原著的小镇并前往陕西黄土高坡进行取景。在剧集拍摄制作方面,七印象文化传媒公司力求打造电影级质感,整个剧的特效场面、调度、镜头的切换、打光调色都体现出了电影的制作水准和质感,甚至使用了一镜到底的拍摄手法,增强了影像的再现性。

(二)兼容性

兼容性体现为与以往的经验、现有的价值体系以及潜在采用者的需求相一致的程度①,因此影响网络 IP 剧兼容性的主要是以往经验、现有价值观以及观众的需求程度。

从剧集制作来看,《龙岭迷窟》的出品方企鹅影视曾出品过《鬼吹灯之精绝古城》、《鬼吹灯之黄皮子坟》和《怒晴湘西》,3 部改编剧都获得了较好的收视和口碑。其中靳东主演的《鬼吹灯之精绝古城》豆瓣评分 7.9 分,获得 2016 年度金骨朵网络影视盛典最具影响力网络剧,潘粤明主演的《怒晴湘西》豆瓣评分 7.2 分。企鹅影视对《鬼吹灯》系列的改编有了丰富的经验,能够抓住观众的需求心理,《龙岭迷窟》的制作团队是《鬼吹灯之黄皮子坟》和《怒晴湘西》的原班人马,沿袭了管虎和费振翔的主创团队。不论是企鹅影视还是导演制作团队,均对该类型影片有丰富经验,保证了剧集的改编质量。

从作品内容来看,《龙岭迷窟》符合现有价值观,兼容性强,容易被人接受。首先,《龙岭迷窟》再现了故事发生的背景——20 世纪 80 年代的北京和陕西,整部剧最大限度地再现了那个时代的场景:从古玩市场、长途车到胡八一和王凯旋房间里的搪瓷杯、热水瓶、脸盆等老物件,让观众产生了一种穿越时空的感觉,让观众从场景中寻找到时代的记忆。其次,展现了陕

---

① 〔美〕E. M. 罗杰斯:《创新的扩散》(第五版),唐兴通、郑常青、张延臣译,电子工业出版社,2016。

北风土人情和中国的地方文化,无论是千沟万壑的黄土高坡给人的震撼,还是曲调悠长高亢的信天游民歌,都可以让观众感受到陕西所特有的风土人情。剧中人物整体运用方言,充分展现了中国的方言文化,加深了观众的文化认同,也在一定程度上传播了陕北文化。最后,《龙岭迷窟》引入大量阴阳观念及人与天地自然、万物众生等的关系,夹杂民间传说、地方异闻,这些都增加了作品的神秘感与趣味性,满足了观众对此类内容的好奇心,《龙岭迷窟》的兼容性明显。

从受众需求来看,《龙岭迷窟》的出现满足了观众对悬疑探险类作品,尤其是《鬼吹灯》系列作品的需求,提高了它的兼容性和扩散程度。《鬼吹灯》小说在起点中文网已有超 2000 万次点击量,之后又因为起点中文网和新浪读书的推广,积累了大量书迷。他们在贴吧、豆瓣等平台上多次发起话题,讨论最适合出演书中角色的演员,读者十分希望该小说进行影视化改编,《鬼吹灯》系列作品深受期待。

(三)复杂性

网络 IP 剧的故事情节和剧集的时长会影响观众对一部剧的理解,创新复杂性越弱,越容易被人们理解,剧集被采纳、扩散的速度也将越快。

就故事情节来说,《龙岭迷窟》从北京到陕西古蓝县,从绣花鞋到寻找雮尘珠,整部剧故事脉络清晰,情节呈线性发展,丰富饱满的人物形象和悬疑独特的剧情设计,使得故事连贯、情节脉络清晰,有利于剧集的传播。同时,不可忽略的是《龙岭迷窟》作为 IP 剧,其特点在于相当一部分观众在观剧之前已经对故事情节有了大致的了解,在剧集播出过程中观众也可从书中找到相关情节,有助于对剧情的理解,降低观剧难度,观众更易理解内容,达到了良好的传播效果。

就剧集时长来说,《龙岭迷窟》整部剧共 18 集,每集时间 35 分钟左右,整部剧节奏紧凑,剧情小高潮此起彼伏,避免了叙事节奏拖沓,能够让观众在较短时间内了解故事并保持"紧张观剧",避免了因加入大量"注水"内容影响观看。除此以外,短剧的情节铺展更加节奏明快、板眼得当,还可以缓解人们的追剧压力，而且戏剧冲突更为集中和强烈，实现了"短小而精悍"，故事观赏性更强。所以该剧的复杂性弱，观众易于理解该剧的故事内容，这也加快了剧集的传播。

（四）参与性

对网络 IP 剧的推广来说，推广路径越容易被观众接受，说明其参与性越强，《龙岭迷窟》的参与性主要体现为多种媒介渠道中官方账号的运营和互动剧的上线。

在媒体运营方面，《龙岭迷窟》的微博推广沿用了《鬼吹灯》官方微博，在此之前该账号已积累大量《鬼吹灯》网剧忠实观众，在剧集开拍和开播之前，发布主演场景剧照、预告和花絮，充分利用忠实观众的人际传播扩大了传播范围、积累了热度。在正式播出前发布终极预告片，官方发布多个相关话题引导用户参与讨论，观众可以通过预告片和话题讨论了解一定的故事内容，为剧集播出进一步营造热度。《龙岭迷窟》作为企鹅影视的项目，在腾讯视频中也有《龙岭迷窟》的官方账号和相关幕后花絮内容，让观众在观剧之余可以了解到剧集背后的故事，充分增强了观众的参与性。

《龙岭迷窟》互动剧的上线对于网络 IP 剧的推广来说是一个很好的方案。互动剧是一种可以让用户通过"玩"的方式来推动情节发展的交互式网络视频，可以称其为游戏化的视频，或者说视频化的游戏。在 2020 年 4 月 8 日上线的互动剧《龙岭迷窟之最后的搬山道人》中，观众化身剧中人物鹧鸪哨前往寻找雮尘珠，并在剧中体验人物惊心动魄的探险之旅。在观剧过程中观众主要通过屏幕出现的指令选择剧情走向和情节发展并与其他人物进行互动，根据指令进行互动操作从而触发其他支线剧情、隐藏剧情、彩蛋以及 6 个完全不同的结局。拥有游戏闯关体验感的互动剧增强了观众观剧时的操纵感和代入感，极大地丰富了观众的观剧体验，提高其热度。在互动剧上线后的第二天，《龙岭迷窟》的热度创历史最高，达到了 74.84，微博有关互动剧的讨论也迅速增加，由此可以看出《龙岭迷窟》参与性的强弱直接影响该剧的传播效果。

（五）可观察性

网络 IP 剧越是容易被观众观察到，播放量越高，越是能够被观众认可和接受，验证标准主要有各媒介平台的话题讨论量和累计播放量。

《龙岭迷窟》在播出期间多次登上微博热搜榜，话题数量多达十几个，总阅读量超过 23 亿次，微博用户可通过此类话题了解到《龙岭迷窟》的相关信息。除微博外，豆瓣、贴吧也为《龙岭迷窟》的迅速传播提供了平台，微信公众号、哔哩哔哩、抖音等平台都有相关话题推荐和文章视频，如抖音《龙岭迷窟》的官方账号发布 4 个短视频合集，让用户可以通过碎片化时间了解剧集内容。此外，自媒体用户使用《龙岭迷窟》内容进行再创作，也起到了宣传作用。"书迷"[1] 与 "影视迷"[2] 可通过媒介平台了解到更多如人物、服装道具、新闻动态、相关背景等的剧集信息，提高了该剧的热度。

剧集播放量对于认定一部 IP 剧的热度高低有一定的借鉴意义，播放量高说明观看剧集的观众多、热度高，侧面反映出曝光的程度大。《龙岭迷窟》通过多平台联合推广，在上线第一天该剧便居骨朵热度体系网络剧日榜第 2 位，在播出期间该剧长达 19 天位居榜首，居美兰德数据[3]4 月热播网络剧融合传播 TOP20 第 1 位，综合指数高达 84.4。截至 2021 年 3 月 16 日，《龙岭迷窟》的累计播放量已达 25.2 亿次。

三 《龙岭迷窟》的创新—决策过程分析

（一）认知阶段："媒介平台 + 受众基础"

作为创新—决策过程中的第一阶段，网络 IP 剧的认知阶段主要指剧集上映之前。在认知阶段中，《龙岭迷窟》借助网络媒介传播和坚实的受众基

---

[1] 《鬼吹灯》小说的书迷。
[2] 《鬼吹灯》系列影视作品的影视迷。
[3] 美兰德数据，视频大数据应用分析平台。

础,让观众对该剧获得了一定的了解,为剧集的上映积累热度。

《龙岭迷窟》在上线前借助微博、抖音等平台发布预告片等剧情内容,与用户进行互动,如:抖音所发布的视频点赞量高达629.8万次,平均每条视频点赞量为3.5万次,总播放量为1.75亿次,使得用户借助短视频平台获得对《龙岭迷窟》的初步认识。同时,《龙岭迷窟》上映前积累大量"书迷"和"影视迷"。"书迷"是在《鬼吹灯》小说连载时便关注该小说的书迷,《鬼吹灯》最早在2006年连载于天涯论坛,起点中文网获得版权后再持续连载,直到2008年《鬼吹灯》系列完结,该书自问世后一直热度不减,积累了大量书迷且书迷黏合度高。"影视迷"是对《鬼吹灯》影视化作品持续关注的影视迷,2015年《九层妖塔》的上映开启了《鬼吹灯》系列的改编,在此之后涌现了多部改编作品,《鬼吹灯》系列改编作品的上映让观众对《鬼吹灯》IP有了一定的了解,积累了一定的影视迷。"书迷"和"影视迷"的积累让《龙岭迷窟》有了较为坚实的受众基础。

(二)说服阶段:"业内权威人士+创新优势"

个人对创新成果赞成的态度是创新—决策过程中说服阶段的关键所在,网络IP剧的说服阶段主要指剧集上映过程中观众对剧集的态度。在说服阶段,《龙岭迷窟》的创新优势属性和自媒体专业人士的评价对观众产生了重要的影响。

《龙岭迷窟》的特效采用电影化的制作手法,画面质量高,制作精良;陕北风土人情和方言、阴阳文化满足了人们的猎奇心理和文化认同感;互动剧《龙岭迷窟之最后的搬山道人》以一种新的形式吸引更多关注……不论是形式还是内容,《龙岭迷窟》创新优势明显,更容易获得观众的喜爱和认可,也成为相关人士大力推广该剧的坚实基础。

作为信息和影响的中间和过滤环节的业内权威人士,他们能够说服并引导普通观众,他们的评论报道可以促进观众对《龙岭迷窟》形成赞成或不赞成的态度,进而影响观众是否观看该剧集,如:中新网和中国电视艺术委员会主任编辑闫伟评价《龙岭迷窟》具有制作精良、节奏紧快等优势;微博视频博主"清道夫啃片儿"曾对该剧进行评论解说；主演潘粤明和高伟光二人的人气指数平均为 81.5……主流媒体和权威人士的理性、客观强化了其言论的说服力，其好评和推荐在很大程度上推动了观众接受该剧，带来更好的传播效果。

（三）决策阶段："选择观看 + 参与传播"

网络 IP 剧的决策阶段主要是指在上映阶段观众是否选择观看以及是否参与 IP 剧的传播推广，这个阶段认知和说服效果参与到观众的选择过程中。

骨朵数据显示，2020 年 4 月 1 日《龙岭迷窟》首发上线后热度一般，仅位于日榜第 14 名，但经过一周的宣传后，更多观众对该剧有了了解，在 4 月 9 日该剧热度达到了历史最高值 74.84，之后流量数据一直稳居第一。这一现象反映出，《龙岭迷窟》借助媒体的推广宣传和首批观众的评价，经历认知和说服阶段后，在 4 月 8 日第 2 次更新后才受到观众关注和追捧，上映 8 天累计播放量达 6.1 亿次，居单日播放量榜单第 2 位，在超前点映收官后，它以 70.77 的骨朵热度值拿下 4 月 23 日网络剧日榜榜首。《龙岭迷窟》并非一上线就火爆，而是经历了一周的传播，这表明认知和说服阶段对剧集推广和观众做出选择有重要的作用。

创新扩散理论认为，大众传媒是传播创新内容比较有效的手段，而人际关系渠道对于形成或改变个体对创新的观念更为有用。观众在选择观看《龙岭迷窟》后也会参与到该剧的传播过程中，如参加"5A 景区龙岭迷窟开园"微博话题的讨论，"书迷"与"影视迷"在豆瓣、微博、贴吧、知乎等平台进行分享、传播。通过不断循环，突破了原有的观众圈层，"书迷"和"影视迷"群体的认同构建迅速提高了该剧热度，促进了受众的正向决策。

（四）执行阶段："多频次观看 + 获取资讯"

网络 IP 剧的执行阶段主要是指在 IP 剧上映之后观众会采取的行动，主要表现为观众多次观看该剧集并主动获取有效的新闻信息。

网络视听蓝皮书

《龙岭迷窟》剧集集数少、时间短，观众可以选择碎片化的时间观看，但该剧为周播剧，每周三更新3集，播出周期是一段较长的执行阶段，在此阶段观众可能会选择持续收看该剧，也有可能选择不再收看，所以执行阶段虽然是创新—决策过程中的重要环节，但不是最终阶段。因此，在执行阶段也需要有新的创新成果出现以增强观众的黏性，《龙岭迷窟》选择在此阶段推出系列表情包，并对该剧进行剪辑再创作，这可以持续吸引观众选择观看该剧。骨朵数据显示，《龙岭迷窟》正片有效播放量平均每集为1.57亿次，观众对自己感兴趣的部分会选择再次观看，在2020年4月23日收官后，7月10日、10月4日都曾出现观看高峰期，这说明观众对该剧有持续性的关注。

观众在执行阶段开始主动获取《龙岭迷窟》的相关信息，如频繁关注官方微博和主创人员的微博等，并尝试产生积极的互动行为，如：乐于转发、评论和点赞关于《龙岭迷窟》的图文、视频内容；主动在视频网站、豆瓣、知乎等媒介平台撰写留言、感悟与评价；积极参与《龙岭迷窟》所发起的活动；等等。在执行阶段观众不仅可以确认对该剧集的认可程度，而且可以通过自己的行为表现促进该剧的传播。

（五）确认阶段："剧集评价+参与活动"

网络IP剧的确认阶段是指观众在观看了IP剧的全部内容后，形成对IP剧的最终看法。与前几个阶段所形成的观点不同的是，确认阶段所形成的观点是固定的观点，一般是不会轻易改变的，观众对《龙岭迷窟》的创新—决策的确认阶段主要表现为对剧集进行评价和参与相关的话题讨论。

截至2021年3月1日，参与《龙岭迷窟》豆瓣评分的人数已超28万人，评分达8.3分，这说明大量观众选择观看该剧。本报告从《龙岭迷窟》的豆瓣短评中按照星级评价分类共抽取1500条用户评论，通过分析关键词频率探讨《龙岭迷窟》的确认阶段。统计数据显示，好评（4星、5星）占比为83.5%，一般（3星）占比为14.7%，差评（1星、2星）占比为

1.8%，豆瓣网友对其评价较高。通过统计词频形成词云可以看出豆瓣用户对《龙岭迷窟》的评价多集中于剧中人物、剧情和演员方面。剧中人物评价主要集中在胖子、胡八一、鹧鸪哨等主要角色上，这也带动了对潘粤明、张雨绮等主创人员的评价，另外有关剧集的评价主要体现在节奏、原著、拖沓、特效等方面（见图1），这些评价反映出观众在观看剧集时所关注的方面。

图1　豆瓣《龙岭迷窟》词云

资料来源：依据豆瓣《龙岭迷窟》短评制作。

基于豆瓣用户对《龙岭迷窟》的评价，利用rostcm6软件进行网络词义分析，通过分析关键词之间的关联程度最终形成词义分析图。通过图2可以看出演员、角色、剧情和节奏之间的关联更密切，说明观众的关注点主要集中在这些方面；在关联程度较低的一般评价中，观众多认为剧情存在"注水"现象、故事无聊等。由创新性分析可知，这些评价所涉及的方面是观众所关注的，在观众创新—决策过程中会影响到观众的选择。

除豆瓣平台外，微博、抖音等网络媒介平台充分实现了"观众—平台—观众"的互动模式，形成了高效、快速的网状传播，发挥合力共同促

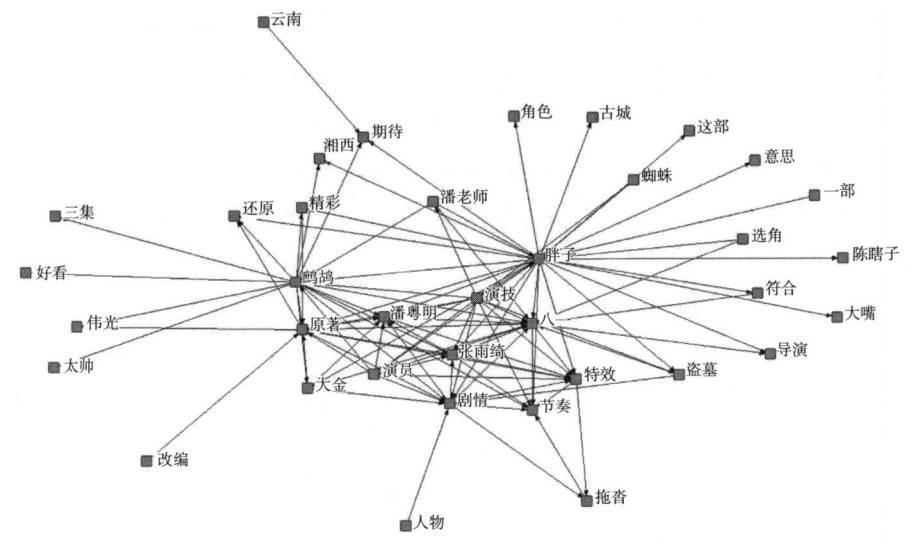

图 2　豆瓣《龙岭迷窟》网络词义

资料来源：依据豆瓣《龙岭迷窟》短评制作。

进《龙岭迷窟》的大范围快速扩散。在播出期间，微博、抖音、贴吧等媒介平台都出现了相关的讨论和话题活动。"5A景区龙岭迷窟开园"阅读量超1亿次、"鬼吹灯之龙岭迷窟"阅读量近14亿次、大量观众参与"龙岭迷窟表情包大赛"互动等，均推动了该剧的二次或者多次传播。由此可见，在创新—决策过程中观众对《龙岭迷窟》的确认和扩散是同时进行的，参与引导他人决策的过程也是自己的确认阶段。

四　网络IP剧的推广策略

通过上述分析，我们可以透过《龙岭迷窟》为网络IP剧的推广提出以下对策。

（一）整合多种媒介渠道资源，扩大传播范围

在创新扩散过程中，扩散是一种沟通，其沟通的内容与创新相关，其关

键点是一个用户将关于该项创新的信息与其他用户分享，在《龙岭迷窟》的扩散过程中，网络媒介平台成为主要的传播渠道。《鬼吹灯》系列网剧一开始便采取网络播放、网络宣传的方式，相较于传统媒介宣传具有成本更低、时效更快、范围更广的特点，网络媒介的社会化传播特点也加快了《龙岭迷窟》的扩散，而社会化网络中的人际传播、口碑传播则会更有效地影响观众对创新的态度。

在互联网迅速发展的今天，整合多种媒介渠道资源应成为网络 IP 剧进行推广所应助力的方向，这将在观众的认知、说服等阶段产生和发挥重要的影响和作用。根据不同媒介平台的观众需求和传播特点，制作不同的推广内容，此外，出品方也需将传统媒体与网络媒体相融合，对不同年龄段的观众进行广泛覆盖，从而进行全方位的推广。

（二）以版权为核心进行开发，增强 IP 延伸力

对于网络 IP 剧的改编来说，版权是其关键所在。如果版权分散、开发单一会影响到 IP 剧的质量、推广和热度。2015 年企鹅影视获得《鬼吹灯》2 部共 8 本的全系列网剧改编权，2017 年企鹅影视立项将《鬼吹灯》进行全系列改编。正因为企鹅影视以《鬼吹灯》版权为核心进行改编开发，采用顶级的制作团队、顶级的演员、优质的资源来打造完整正宗的《鬼吹灯》，才进一步增强了 IP 延伸力。

因此良好的内容 IP 是维系、提高观众黏度和于激烈市场竞争中立足的重要因素之一。对于 IP 的改编作品而言，以 IP 版权为核心进行系列开发，能够使资源得到最大限度的利用，延长 IP 生命周期。企鹅影视对《鬼吹灯》系列 IP 的开发采取了季播策略，并从《龙岭迷窟》开始沿用同一制作班底以保证故事连续性。同时，在空白期内通过发布海报剧照和片花等提高曝光率，利用多样化的传播渠道和方法延续观众对剧集的期待，从而为剧集再次积累热度进行宣传。所以在网络 IP 剧推广中重视对 IP 的开发，增强其延伸力，可开发 IP 的相关衍生品，如书籍画册、文创产品等，也可打造 IP 线下实景体验项目，进行全方位的推广传播。

（三）坚持观众至上，充分发挥创新优势

观众对网络IP剧的观看是创新扩散获得成功的标准，因此坚持观众至上是网络IP剧制作的首要考虑因素，需要充分了解观众的需求、抓准观众心理，注重内容创新，让观众和作品产生共鸣。由对《龙岭迷窟》的评价可以看出，观众选择该剧的重要因素是该剧所具有的相对优势，因此网络IP剧在推广时需充分展现其优势，精准抓住观众的心理需求和预期。如本报告分析的案例《龙岭迷窟》精准把握到观众对原著还原的期待，团队在保证质量的基础上最大限度再现小说情节，因而吸引到大量观众，促使播放量增加并获得了大众的认可。在推广中还需要注意，对于剧中人物的选取不仅要有知名度，以便通过其影响力吸引剧迷从而增加剧集播放量，更关键的是要有演技，与角色契合度高，从而吸引到更多其他的观众。在剧集播出的推广过程中可增加网络直播或者主创见面会等活动，响应观众的期待与呼声，增加观众与主要演员的互动从而获得较为良好的推广效果。

（四）重视剧迷群体和业内权威人士，提升推广效果

在网络IP剧《龙岭迷窟》的创新扩散中，不仅要重视业内权威人士的作用还要重视剧迷群体的影响。《龙岭迷窟》剧迷群体的构建是受众之间沟通互动的有效、便捷的媒介渠道，业内权威人士说服力强等特点也是提升扩散效果的重要因素。观众通过了解网络博主对该剧的看法选择是否观看，业内权威人士和主要演员的推荐也是影响观众是否选择观看的因素。如演员的推荐在很大程度上也会促使观众接受该剧，从而带来更好的扩散效果。《龙岭迷窟》的原著小说《鬼吹灯》书迷基础大、黏度高，他们对该小说的改编期待值高，因而该剧从开拍到开播便已吸引书迷的关注。高质量的《龙岭迷窟》在很大程度上维系了书迷群体，并借助这一群体进行再扩散。

因此网络IP剧在推广过程中要重视剧迷群体的构建以及业内权威人士的引导，充分发挥二者在人际传播中的作用，促进舆论的形成并逐渐发展，

从而达到更好的推广效果。在网络IP剧制作推广过程中，应通过对剧迷群体的互动交流进行观察，及时转变推广内容，以此与观众建立稳定的互动关系。同时，平台应配合进行多屏互动和反馈，加强互动剧的应用，吸引观众参与到故事之中，以此获得更好的感官体验。团队也要在微博、抖音等其他媒介平台上进行话题营销等，提升推广效果。

B.13
战争剧《战火熔炉》案例分析

李杭 司若*

摘　要： 2020年正值抗美援朝70周年，献礼剧《战火熔炉》同年10月在中央电视台电视剧频道和优酷视频同步播出，以集均突破1%的收视率和8.6分的豆瓣评分实现了热度和口碑的双赢，成为2020年影视作品中的重要研究对象。本报告主要从内容制作和后期营销两个层面出发，对《战火熔炉》进行案例分析，并结合剧集表现、市场评价和对相关主创的访谈，将其成功经验归纳为非典型人物形象塑造、宏大主题的"小切口"书写、力求真实的视觉效果和深入年轻市场的多元化营销，以期为之后的战争剧创作与宣发提供参考。

关键词：《战火熔炉》　战争剧　群像叙事　家国情怀

2020年是"战疫"之年，也是脱贫攻坚收官之年和中国人民志愿军抗美援朝出国作战70周年，抗疫剧、扶贫剧和抗美援朝战争剧成为这一年影视剧创作的主旋律，涌现一批兼具良好口碑与高热度的精品力作。其中，抗美援朝战争剧作为重大革命历史题材电视剧中不可或缺的类型，交出了一份亮眼的答卷，既有《跨过鸭绿江》这样全景式展现战争的鸿篇巨制，也有《战火熔炉》这种聚焦普通志愿军战士群像的中小体量创新作品。

---

* 李杭，清华大学新闻与传播学院硕士研究生，研究方向为影视传播；司若，清华大学新闻与传播学院影视传播研究中心研究员，博士生导师，研究方向为影视传播。

战争剧《战火熔炉》案例分析

《战火熔炉》是由中宣部指导，优酷联合阿里巴巴影业和中央电视台出品，张黎担任艺术监制，董哲、郑桦导演，董哲编剧，付辛博、董琦、李感等主演的剧集长度为13集的抗美援朝战争剧，于2020年10月24日晚起在中央电视台电视剧频道和优酷视频同步播出。播出期间，《战火熔炉》每集平均收视率达1.015%，位列黄金时段电视剧收视第二，并以集均2.073%的到达率位列同时段第一①。剧集在网络独播平台优酷的最高热度达8863②，占据战争剧热榜首位和同时期优酷剧集热度榜第5位，豆瓣评分更是高达8.6分，从众多国产战争片中脱颖而出。

得益于突出的播放成绩，《战火熔炉》成为2020年战争片中不可忽视的研究对象。本报告主要从内容制作和后期营销两个层面出发，对《战火熔炉》进行案例分析，并结合剧集表现、市场评价和对相关主创的访谈，探究其热播原因，以期为之后的战争剧创作与宣发提供借鉴。

一 制作层面

（一）非典型人物形象塑造：历史原型与艺术张力并存

《战火熔炉》的主人公赵和是在解放战争中被俘的国民党军队坦克兵排长，因抗美援朝战争前线缺人，被四连连长破格带到朝鲜战场担任连部通信兵。剧集在时间维度上横跨抗美援朝战争第一战役到第五战役，讲述了赵和同雨三湾、陈天放等中国人民志愿军战士在战争中一起成长的故事。

以往战争剧的主角往往都形象正面且自带光环，而《战火熔炉》以非典型的人物塑造打破了这一同质化模板。赵和出身书香世家，接受过专业的军事训练，熟悉美军战术和各种器械装备，能说一口流利的英语，而四连的其他战士则多为工人和农民，陈天放等老兵的战友更是在解放战争中因赵和

---

① 《黄金时段热播电视剧收视综合分析（2020年10月24日-10月30日）》，"中国视听大数据"微信公众号，2020年11月4日，https://mp.weixin.qq.com/s/F2-00II68bIO7hw0UvLMeg。
② 猫眼专业版App。

而牺牲,身份背景差异和战友血仇带来强冲突性,人物张力也在与赵和相关的一系列事件中得以凸显。

初到朝鲜时,看到志愿军和美军在各方面的巨大差距,赵和对战争结局持消极悲观态度,认为主动参战只会带来无谓的牺牲,但在云山战斗、长津湖战役、临津江之战等一次次战斗中,他逐渐意识到中国共产党强大的组织能力,战士们为正义与和平而战的坚定信念也打动了他。在战友们的影响下,赵和最终认识到战斗和牺牲的意义,并积极带头投入战斗。

《战火熔炉》的编剧董哲曾参与《建国大业》《建党伟业》等电影的剧本创作,善于立足宏大格局进行群像叙事。《战火熔炉》的人物设置体现了艺术对现实的高度浓缩,事实上抗美援朝战争中邱少云等一批战斗英雄都是赵和这样的战士,而除身份不同寻常的赵和之外,另外两位主人公雨三湾和陈天放也具有一定代表性。

根据现有资料记载,在朝鲜战场上鲜有女志愿军参与战斗,女兵主要集中于文工团,然而不同于其他战争剧将女性角色设定为文工团成员或医护人员,《战火熔炉》塑造了一位不输男性的女战士形象,让其在战火的洗礼中从普通的政治部干事成长为优秀的连队指导员。

总制片人敦淇表示,艺术来源于生活而高于生活,考虑到战争剧普遍面临缺失女性观众的困境,在策划时剧方就有意为女主人公雨三湾打造独立女性人设。一方面,在战争面前没有性别之分,具备一流战斗素质的女性也可以是"神枪手",冲锋陷阵、刚强坚毅;另一方面,雨三湾的故事线由于涉及较多非战斗情节,展现了她在团长丈夫出轨后果断离婚、离开文工团到战场前线等充满勇气的选择,能够有效引起女性观剧群体的共鸣,为观众提供情感释放的空间。

除了调动女性受众兴趣的考量,雨三湾这一人物设定背后也暗藏隐喻。在第10集中,雨三湾向赵和透露了自己的身世,她是一名弃婴,在"三湾改编"时期被8位红军共同收养。1927年的"三湾改编"从政治和组织上保证了党对军队的绝对领导,创造性地确立了"支部建在连上"的原则,成为人民军队惊人战斗力的重要来源。如果说雨三湾被收养与人民军队的起点相对应,那么雨三湾的成长和其养父人生轨迹所影射的,则是人民军队壮阔的发展历程。雨三湾的一爹牺牲于土地革命战争时期的直罗镇战役,二爹、三爹和四爹分别牺牲于抗日战争时期的平型关战役、"五一大扫荡"和百团大战,五爹因从事抗战敌后地下工作被七十六号特务机构迫害,六爹在敌后抗日根据地建设中因过度劳累殉职,而七爹牺牲于解放战争时期的辽沈战役。到雨三湾踏上朝鲜战场时,8位养父中只有担任志愿军高级将领的八爹还在世。通过"以小见大"的视角,战争的残酷性也被淋漓尽致地展现出来。

3位主人公中,农民出身的陈天放是众多普通志愿军战士的一个缩影,他英勇善战又爱憎分明,因战友牺牲,他对赵和充满敌意,多次有意为难赵和,但都被赵和巧妙化解,最终,在家国大义面前他选择放下私人恩怨,同赵和大打一场后达成和解。对赵和、雨三湾和陈天放而言,抗美援朝战争就是一个特殊的熔炉,通过战火的淬炼,他们都完成了思想认识层面的重大转变,被锻造成合格的人民军队战士。

除主要人物形象外,剧中还成功塑造了美联社记者、朝鲜向导、美国军官、国际反战联盟的日本医生等一批鲜活的外国人形象,让外国人在战争片中不再是脸谱化的单薄呈现。美联社记者在亲眼见证志愿军的强大后改变了对战局的看法,"他者"视角为观众带来了极强的代入感。与此同时,《战火熔炉》对美军也进行高度还原,敌人不再是一击即倒的纸老虎。正如总制片人敦淇指出,越客观还原敌人的强大,才越能直观表现出人民志愿军的不可战胜。

(二)宏大主题的"小切口"书写:群像叙事,致敬无名英雄

在表现手法上,同HBO制作的经典战争剧《兄弟连》类似,《战火熔炉》创新性地聚焦人民志愿军的一个具体连队,通过"四连"的战斗动向和成员命运以点带面呈现战争。受体量和拍摄难度等限制,《战火熔炉》将故事限定在1951年7月前,由"小切口"讲述了抗美援朝战争第一阶段的5次重大战役。第1~7集以较快节奏展现了第一战役到第四战役中的主要

事件，其中不乏劝降美军黑人连、缴获重型坦克等有据可考的生动情节，而第8～13集则是对第五战役的连贯叙事，包括连队遭遇美军特遣队、炸毁美军军列等情节。

值得一提的是，《战火熔炉》在剧情设定上充分尊重历史，打破主角光环，没有被拍成"抗美神剧"，即使是正面人物也会受伤和牺牲。在第7集中，主人公赵和脑部中弹生命垂危，被紧急送回国救治，他暂时性失去了记忆，但在国内养伤期间，无论走到哪里，他都因志愿军身份而受到群众的热烈欢迎。赵和去电影院看电影，听到女声深情朗诵《谁是最可爱的人》，散场时有小男孩神情庄严向他敬礼，他的内心被深深触动。小男孩致敬的不只是他，还有千千万万奋战在一线的人民志愿军战士，为了正义与和平，为了更多人的"平常的幸福"，他们奋不顾身，抛洒热血。正是因为这段回国经历，赵和才有了后来思想上的转变。

在第五次战役中，面对数量和实力都比自身强大的对手，四连不仅没有退缩，反而越战越勇。为了给主力部队创造有利战机，连队成员主动选择留下来战斗，和美军周旋。连长带领大家爆破美军军列，虽然看似冒进，但实际目的却是保障更多志愿军安全北撤。剧情真实反映了许多志愿军部队为了大局牺牲小我的英雄壮举，四连伤亡惨重，连长和指导员相继牺牲，而在历史上如果不是一个个"四连"的无畏牺牲，美军的机械化优势就无法被打破，抗美援朝前期运动战的胜利也就更无从谈起。

在最后一集中，作为引导者的指导员牺牲，赵和临危受命担任代理连长，在独当一面中走向成熟。赵和对剩下的全连战士进行了战斗动员，借他之口，《战火熔炉》的主旨被高度揭示。赵和16岁从军，在经历了许多战争后仍然会疑惑战争和自己的关联，而"我们为谁而战"也是出生于和平年代的年轻人经常会产生的疑问。

赵和在朝鲜战场上见证了人民军队的伟大，在英雄精神的洗礼下获得"重生"，从消极旁观到主动领导战斗，发出"我们是这个世界上最富于勇气和信念的人"的感慨。借由赵和的视角，年轻观剧群体能更深刻地体会到抗美援朝战争的意义，在"平等还没有到来之前，这场战争不会结束"

的呼声中,"必须要打的一仗"的认识深入人心。

《战火熔炉》的群像叙事既展现了普通志愿军战士的过硬战斗素质和坚定理想信念,致敬无名英雄,实现了对过往战争剧个人英雄叙事的修补①,也通过"我们为谁而战"的主题呈现提升了人们对于抗美援朝精神的认识。

(三)真实还原的视觉呈现:精准选角与精良服化道

4000 余名用户在豆瓣上标记看过《战火熔炉》,基于豆瓣的短评显示机制,通过抓取《战火熔炉》评论数据并去除重复部分,共收集到 209 条短评。对评论数据进行分词和词频统计后,过滤无意义高频词,生成词云(见图 1)。

图 1 《战火熔炉》短评词云

资料来源:豆瓣。

---

① 陈友军、苑期娴:《2020 电视剧:勇担文化重任吹响时代号角》,《中国文艺评论》2021 年第 1 期。

根据词云不难发现，观众的讨论点集中于剪辑、剧情、道具、布景、演员等方面。对于仅有13集的《战火熔炉》，涉及剪辑和剧情的评价褒贬不一，一部分观众认为一些场景转换过于突兀，而另一部分观众则高度赞扬剧情的紧凑和快节奏。如果说关于剪辑和剧情的看法两极分化，那在对剧集视觉呈现效果的评价上，几乎所有人都达成了共识。只有具备好的选角和服化道，好剧本才能获得影视化的成功，精准选角与精良服化道为《战火熔炉》成为高质量战争剧奠定了坚实基础，也让观众印象深刻，有力推动口碑传播。

《战火熔炉》的主要演员，除了饰演赵和的付辛博有一定影迷基础，其他演员的知名度并不高。就配角演员而言，众多老戏骨的加盟则增加了剧集的可看性。曾在《亮剑》中饰演政委的何政军一出场就迎来弹幕高峰，而在《人间正道是沧桑》《人民的名义》中都有精彩表现的黄品沅也给观众带来了亲切感。

总制片人敦淇表示，在选角时，演员同角色的适配度成为首要考量。由于剧集拍摄难度大，选择适合角色且性价比较高的非流量演员，也有助于剧组将更多资金投入制作。得益于演员们提前2个月参加军事训练和剧本围读，许多过往战争剧中常见的军事错误都被有效规避，剧集制作上的专业性展露无遗，演员们也贡献出真正打动观众的走心表演。

在服化道配置上，《战火熔炉》剧组重视细节，力图高度还原真实战场。剧中的服装和武器均随具体人物和情节而改变。志愿军刚入朝鲜时枪械种类混杂，二次战役后逐渐更换为先进的苏式装备，这一细节在剧中通过高仿真道具被精准刻画。为了让美军的强大更具说服力，剧组花重金原比例复刻了M26潘兴重型坦克和M4谢尔曼中型坦克，更从博物馆借用飞机作为道具。在拍摄完成后，相关道具上线优酷影视资产运营管理平台，以供其他剧组租赁，既减少了资源浪费，也促进了供需的高效匹配。《金刚川》《跨过鸭绿江》等影视作品中都出现了这些坦克的身影。

《战火熔炉》制作上的匠心还体现在特效设计和实景拍摄上。剧中每一颗子弹的飞行轨迹都经过精确计算，在鸭绿江畔实地布景显著提升了画面的质感，剧集的场面调度也达到了电影水平。尽管只有一首插曲《正义战争》，剧集配乐还是受到了观众的高度评价，歌曲每次响起都恰到好处地和高光情节相呼应，在烘托氛围的同时实现了对观众的情感动员。

二 营销层面

长期以来国产战争剧积累了一批以男性为主的固定受众，但在年轻观众群体中的认可度并不高。为了触达更多潜在的年轻受众，《战火熔炉》充分利用微博、抖音、快手、豆瓣、知乎等社交媒体进行营销。截至2010年10月31日收官，剧集微博主话题阅读量超3900万，讨论量达1.3万，抖音主话题播放量达1.7亿次，快手话题播放量也突破1000万。

由于抖音、快手等平台上的宣传主要为用户自发行为，因此本报告将重点分析剧方基于微博的官方营销过程。优酷、优酷追不停、优酷剧集等平台官方账号因自带基础流量，和剧方账号一起成为剧集微博营销的主阵地。

（一）预热期：借势营销实现引流

剧播前，主演付辛博时隔2年再次发博，宣传新剧《战火熔炉》，剧方一边借助"付辛博回归微博"这一话题造势，一边趁热打铁发布全阵容海报、预告片和追剧日历，优酷在播出当日更是按小时发布倒计时海报，将观众的期待值拉满。每年的10月25日是抗美援朝纪念日，13集体量的《战火熔炉》在10月24~30日播出，刚好处于中国人民志愿军抗美援朝出国作战70周年的纪念节点，因此在营销上剧方紧跟《人民日报》、央视新闻、共青团中央等主流媒体及机构，积极参与"抗美援朝精神""致敬抗美援朝""3分钟混剪致敬抗美援朝精神""当志愿军老战士尝到现在的军粮"等阅读量上亿次的官方话题讨论，达到为剧集引流的效果。

（二）热播期：结合剧情挖掘亮点，联动营销增强互动

在剧集播出过程中，剧方结合每日更新剧情挖掘营销亮点。在剧集上线

首日,剧方就联动拥有百万粉丝量的微博追剧 KOL,加热"赵和军事学霸""赵和英语十级"等趣味话题,吸引潜在观众一探究竟。其中"新剧不能停"等知名电视剧博主参与的"赵和军事学霸"话题,阅读量突破 500 万次。

剧方也基于主人公自身特点进行相应营销,针对赵和掌握丰富军事知识这一特长,剧方定期发布"赵和军事大讲堂"系列海报,七讲分别涉及军粮区分、美军运输机性能、炸火车据点战略意义等内容,让观众能够在追剧中轻松获得知识增量。对于女主人公雨三湾,剧方在营销时则聚焦其巾帼不让须眉的战场风采,通过发布展现雨三湾强大武力值的精剪视频、动图和表情包,激发女性观众的追剧热情。对于另一位主人公陈天放,剧方巧妙运用谐音梗,根据人物故事线提炼出"赵和求和"这一宣传主题,随剧情发展定期复盘陈天放和赵和之间的关系变化。与此同时,三位主演也做客优酷自制剧宣传节目《酷的剧会》,分享拍摄趣闻,与观众进行良性互动。

除了基于剧集本身的营销,《战火熔炉》还通过精心策划的线上活动调动观众参与宣传。如在剧集热播期间,剧方和微博电视剧合作,推出"一起致敬最可爱的人"有奖征集活动,用户带指定话题发微博向志愿老兵致敬,即有机会获得主演签名照和优酷会员卡,收获了良好社会反响。

结　语

作为近几年少见的高质量战争剧,《战火熔炉》实现了口碑与热度的双赢,也为之后的战争剧提供了可参考的制作及宣发策略。首先,选题要有前瞻性。基于优酷对市场趋势的预判,《战火熔炉》在 2018 年就已经立项拍摄,这为剧集的后期制作预留出了宽松时间,有助于在细节打磨上精益求精。

其次,战争剧内容创作要找准宏大主题的"小切口",在人物形象塑造上摒弃脸谱化模式。正因为《战火熔炉》以具体连队的战斗经历为切口,从普通志愿军战士的视角描绘抗美援朝战争图景,并以真实事件为线索深度刻画人物,故事才更具感染力,人民军队的独特性和先进性才得以全面展现。

再次,战争剧在制作上应当尽可能保证细节的高度还原。不同于一些国产战争片常常被诟病道具穿帮、特效虚假,《战火熔炉》的服装和道具都精准贴合历史,精良的服化道成为剧集口碑迅速发酵的重要推动因素。事实上,战争剧只有客观反映对手的实力,才能凸显己方的强大。

最后,战争剧在营销上要以多元化和年轻化为导向,挖掘市场增量。战争剧有助于年轻一代厚植家国情怀,在和平年代也具有不可忽视的社会价值,但剧方只有拓展多元化社交媒体营销渠道,并采用年轻人喜闻乐见的话语体系进行宣传,才能在激烈的注意力资源竞争中占据优势,吸引更多年轻观众。

2019年,习近平总书记在国家勋章和国家荣誉称号颁授仪式上指出,崇尚英雄才会产生英雄,争做英雄才能英雄辈出[1]。战争剧一直都是弘扬爱国主旋律的重要文化载体,在向第二个百年奋斗目标迈进的新起点上,只有与时俱进、守正创新,才能更好地发挥优秀文艺作品的价值引领作用。

---

[1] 《习近平:崇尚英雄才会产生英雄,争做英雄才能英雄辈出》,《人民日报》百家号,2019年9月29日,https://baijiahao.baidu.com/s?id=1645985524162125803&wfr=spider&for=pc。

B.14 网络电影《修罗新娘》案例分析

张 驰*

摘 要： 2020年新冠肺炎疫情席卷全球，网络电影成为中国电影市场新的生长点。在"提质减量"的关键之年，精品作品呈现爆发式增长，生产规模扩大和票房分账体量升级。网络电影《修罗新娘》在类型题材、营销效果、分账业绩等方面表现突出。本报告以该影片基础数据、专业人士访谈、行业报告统计为基础，对典型案例进行深度分析与价值挖掘，并透过案例分析行业现状，认为网络电影呈现以下特点：类型和题材更趋向多样化；行业创作力量整体提升；平台合作模式为高质量内容赋能。

关键词： 网络电影 《修罗新娘》 题材开拓 平台赋能

一 影片概况

《修罗新娘》改编自网络文学作家寐语者的代表作——超级IP《帝王业》，又名《帝王业之修罗新娘》，是一部融合了爱情、惊悚、奇幻多元类型的网络电影，于2020年11月27日独家上线爱奇艺。影片由微峰娱乐传媒、映美传媒、太合数娱文化、嘉悦世纪影视主出品，爱奇艺联合出品，映美传媒独家宣发。影片主创阵容强大，由有"四亿鬼王导演"之称的叶伟

---

* 张驰，澳门科技大学电影学院博士研究生，研究方向为影视产业、影视传播。

民担纲监制，李铖坤执导，李晶凌编剧，俞灏明、周海媚、杜奕衡、王初伊等领衔主演。

影片故事发生在古代架空背景下，在寒门将军萧霁（俞灏明饰）与上阳郡主王萱（王初伊饰）大婚之夜，新娘惊变化身为鬼魅"修罗女"，血染洞房。随后，事实真相被层层揭开，新娘的诡变背后竟然隐藏着一场谋划多年的皇权氏族之争。原来，为了履行与青梅竹马的三皇子子珩（张瑞饰）的承诺，尊贵纯情的上阳郡主王萱听取了谢贵妃（周海媚饰）的建议，在新婚之夜饮下修罗花毒佯装身亡。郡主本以为"为爱牺牲"的行为可以换来意中人的真情以待，岂料被嗜血新娘吓坏的三皇子却冷漠离去，默默守护她的只有"年少相识，只为她来"的寒门将军萧霁。最终，将军为了帮助郡主破解修罗之毒、脱离苦海，不惜铤而走险"斩修罗，断情根"，用自己的生命换回了郡主的重生。影片围绕"爱是毒药，也是解药"的主题，以修罗花"以怨为根，以恨为引"的形象寓意，演绎了一场长达10年光景的爱恨纠葛。

二 市场表现

（一）内容热度与票房分账

《修罗新娘》自上线起各项数据表现不俗。影片上映首日就登顶单日骨朵热度指数排行榜第一，2020年11月月度网络电影热度全网排名依然居榜首，超过同期上映的《白发魔女外传》《芸汐：毒谷新娘》等奇幻类型大IP。另外，全网热度雷达数据显示，影片的弹幕、评论数量分别位列第三、第五，话题传播度和讨论度表现不俗。① 另据云合数据，截至2020年11月30日，影片正片有效播放市场占有率达10.66%，位列网络电影霸屏榜单

---

① 骨朵传媒网站，http://www.guduomedia.com/。

第二。①

从爱奇艺内容热度趋势来看,影片上映后的前两天热度达到巅峰,11月26日上映首日的热度值达6102,次日达到最高值6309,随后开始呈现缓慢下滑趋势,但长尾效应仍然持续。从2021年1月13日第7周起,热度值下跌至波峰的一半,在3000上下徘徊,截至1月21日,维持在2900左右(见图1)。

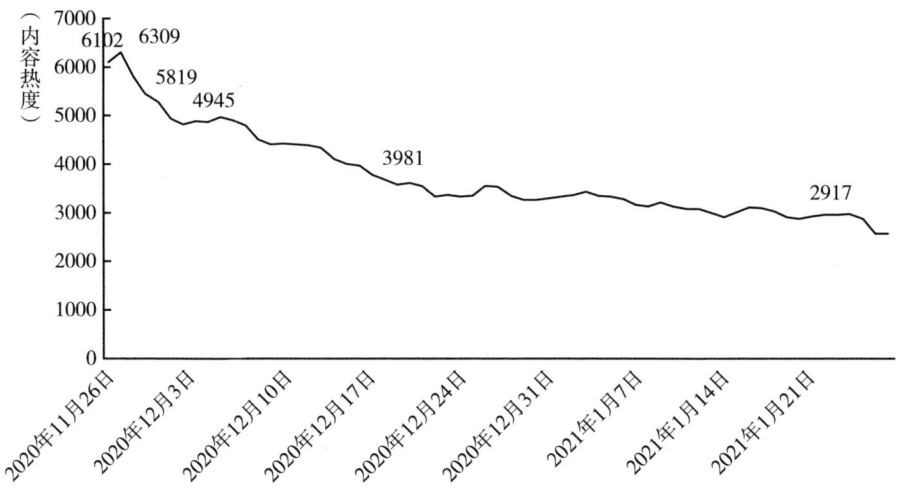

图1 《修罗新娘》2020年11月至2021年1月爱奇艺内容热度趋势

资料来源:爱奇艺指数。

据猫眼研究院"网络电影双周报"数据,在47~48周(2020年11月23日至12月6日),影片上线11天时分账票房已达860万元,名列榜单之首。② 2021年1月,爱奇艺发布的《爱奇艺网络电影2020年度票房榜》显示,全年票房破千万元的网络电影共计42部,其中上线仅36天的《修罗新娘》排名榜单第22位,处于中游位置。影片累计有效观影人次达498万次,分账金额突破1484万元。值得一提的是,百度指数人群画像显示,榜单中

---

① 云合数据网站,https://www.enlightent.cn/。
② 猫眼智多星。

女性观众比例高于男性观众比例的电影数量为 6 部，占比约为 10%。[①] 而《修罗新娘》是榜单中为数不多的融合爱情、惊悚、奇幻多元类型的女性题材电影（见表 1）。

表 1　2020 年爱奇艺网络电影部分影片年度票房榜

单位：元

排名	片名	上线时间	类型	分账金额
1	《封神榜·妖灭》	2020/3/13	剧情/玄幻/爱情	23055317.5
2	《大鱼》	2020/3/29	剧情/爱情/奇幻	15502235.0
3	《修罗新娘》	2020/11/26	爱情/惊悚/奇幻	14837394.0
4	《陈情令之乱魄》	2020/3/26	武侠/奇幻/动作	12482505.0
5	《疯狂老爹》	2020/4/5	剧情/喜剧/爱情	11489185.0
6	《青簪锁三千》	2020/11/8	剧情/爱情	11122239.5

资料来源：爱奇艺网络电影 2020 年度票房榜。

（二）题材与创作

1. 题材开拓满足市场需求

据 Mob 研究院《2020 "她经济" 研究报告》统计，2019 年头部院线电影的观影人群中女性占据了半边天，对票房的贡献是男性观众的 2 倍。然而，云合数据发布的《2020 上半年网络电影网播表现及用户分析报告》显示，爱情类型的网络电影新上线数量较多，但有效播放量很低，女性题材难出爆款。长久以来，古装、动作、怪兽等影片题材成为票房安全的保障，占据了网络电影市场九成以上的生产体量，同时也成为类型和题材向外拓展和延伸的掣肘。

2020 年，《乘风破浪的姐姐》《二十不惑》《三十而已》等聚焦女性成长的综艺和剧集崛起，这股 "她力量" 不仅突破了男性题材的边界，也为

[①] 百度指数，https://index.baidu.com/v2/index.html#/。

网络电影的题材和类型转向带来了启发。下半年，女性向的网络电影也出现了逆势上扬的趋势，《海大鱼》《美人皮》等高票房和高热度影片频出。

同为女性题材，与前期大火的霸总、甜宠等"燃暖喜甜"的题材偏好不同，《修罗新娘》引入了"修罗"的概念，在题材上大胆创新。女主一改传统的甜宠形象，从高贵的痴情郡主妖化为渴食人血的"修罗女"。故事结局也并非上演"王子公主"的幸福童话，而是全程演绎了"敢爱敢恨"的虐恋之旅。

据猫眼研究院"网络电影双周报"数据，在47~48周（2020年11月23日至12月6日）全平台上线的影片类型中，爱情和惊悚类型只占头部影片类型中的8%和4%。①《修罗新娘》突破类型和题材束缚，融合爱情、惊悚和奇幻多重元素，在类型片的竞争中探索出一条"东方美学"的赛道，也是网络电影在女性题材创作上的一次升级尝试。影片将"爱恨皆有缘由，一切重在尽兴"的爱情主题放在架空的时代背景下，联系当代女性的情感纠葛，既填补了以男性观众为主的网络电影的市场空白，又满足了女性用户的观影需求。

随着女性力量和"她经济"的崛起，现代女性的成长背后往往隐藏着不为人知的心酸和伤痛。影片成功的砝码之一，就是能够深入体察社会情绪的肌理，敏锐洞察市场题材的缺口。据百度指数人群画像数据，影片的女性观众占比达七成，显著高于下半年上映的《美人皮》《白发魔女外传》等影片。②作为微峰娱乐的首次"触网"作品，《修罗新娘》最大的意义在于"更好地理解女性观众对不同载体、不同观影环境下的内容需求"③。

2. 内容制作全面升级

2020年，已步入第7个年头的网络电影驶入了"提质减量"的快车道，在主创阵容、后期制作、特效水准等内容和制作上全面升级。本年度，线下

---

① 猫眼智多星。
② 百度指数，https：//index.baidu.com/v2/index.html#/。
③ 《第一次尝试网络电影，〈修罗新娘〉做对了哪些？|专访总制片人黄斌》，搜狐网，2020年12月12日，https：//www.sohu.com/a/437894860_436725。

生态受到新冠肺炎疫情重创,大量传统影视公司转向网络电影制作,将优质资源和资本向线上转移,为网络电影进一步向院线电影的高品质靠拢带来了活力和机遇。《修罗新娘》创作上的成功,除了在题材上补足了市场缺口,在制作水准上也可圈可点。

首先,主创阵容奠定成功底色。不同于早期创作团队成员组成的复杂性和不稳定性,影片的幕后班底多为具有院线电影和电视剧经验的阵容,为影片质感的提升增色不少。身兼微峰娱乐创始人和影片总制片人双重角色,出品过校园青春题材《最好的我们》等院线电影的黄斌首次"触网"。虽然深耕青春和女性题材多年的微峰娱乐在主题和叙事上的把握为影片的成功奠定了一定的基础,但是不同于院线电影对"离场感"的营造,黄斌深感网络电影的"入场感"在面临不同的受众市场、观影场景、制作量级上的差异。黄斌表示"一直在摸索网生内容作品和产品的边界"[①],《修罗新娘》的首战告捷也为微峰娱乐探索出一把通向"网感"的密钥。

同样,首度跨界进场的还有通过《八佰》《那年花开月正圆》等作品转型成功的主演俞灏明,以及塑造过《倚天屠龙记》《射雕英雄传》等经典人物形象的周海媚。俞灏明饰演的寒门将军,因其隐忍付出和温柔多情的形象而收获一众好评。而与其对立的反派人物,由周海媚饰演的谢贵妃同样贡献了角色内心复杂、阴险狠辣的精湛演技。

值得一提的是,影片请来了擅长惊悚爱情风格、执导过《绣花鞋》《京城81号》等院线佳作的叶伟民担纲监制。其过往作品不仅票房业绩显著,对故事内核、情感走向和画面质感的把控能力也十分突出,这在《修罗新娘》中也体现得淋漓尽致。影片的编剧同样邀请了经验丰富、且与叶伟民搭档合作多年的李晶凌,《京城81号》《魔宫魅影》等作品可见其对同类影片风格的成熟把握。

其次,后期视效加持作品质量。在院线电影的制作上,奇幻、玄幻、魔幻等类型影片的后期和特效制作也十分注重成本、人力和时间的投入。但不

---

① 百度指数,https://index.baidu.com/v2/index.html#/。

同于院线电影具有吸纳大量优质资本的能力，一直以来，网络电影的资金体量有限，制作周期较短，"五毛特效"的标签挥之不去。在这方面，《修罗新娘》提供了参考样本。虽然视效不是影片的主打亮点，但是总制片人黄斌在访谈中提到"后期制作和审查花了整整一年"[①]。影片对品质的追求让视觉画面的呈现更加完美。作为"暗黑童话"式的惊悚爱情片，影片将暗黑和东方元素完美融合。影片开场中的大婚情节，女主身穿一身红色嫁衣惊变成嗜血新娘，脖颈上鲜红的血管纹路被惨白的面庞衬托得更加惊悚刺目，配上暗黑色调下红烛忽明忽暗的打斗场面以及悲怆的音乐，东方惊悚美学跃然眼前。影片对神秘色彩的呈现和鲜明的视觉风格也成为观众热议的焦点。

三 宣传营销

在宣传营销方面，不同于传统院线电影的大规模媒介投放、全国路演、举办点映会等宣传造势环节，网络电影的宣发通常以自媒体、视频平台为主要营销阵地。特别在抖音、快手等短视频平台逐步深入电影宣发领域后，圈层更为精准、内容更具导向性和营销转化率更高的点对点传播方式越来越受到市场的追捧。《修罗新娘》的独家宣发团队映美传媒结合多年的行业经验，围绕以女性为主的核心受众圈层，以惊悚和爱情元素为传播主线，通过线下线上结合的全场景覆盖，利用事件营销、品牌联动、短视频营销等多种传播方式，助力影片票房升级和口碑持续发酵。

在宣传物料方面。首先，概念海报和主海报在设计上别具风格。将女主新娘造型作为主体呈现，嫁衣、泪目与修罗花的鲜红和黑白的背景底色形成巨大反差。而主海报中，新娘的千手造型具象了修罗女的多面，长剑、乌鸦与红绸、红烛等元素融合，衬托了惊悚奇幻的东方美感。其次，总制片人黄斌为影片主题曲《修》亲自填词，"修过爱恨情愁，却逃不出两难"的委婉

---

① 《第一次尝试网络电影，〈修罗新娘〉做对了哪些？|专访总制片人黄斌》，搜狐网，2020年12月12日，https://www.sohu.com/a/437894860_436725。

歌词传达了"爱是最痛也是最美的修行"的主题。主题曲于2020年11月26日0点与影片同步上线，在网易云音乐、QQ音乐、咪咕音乐等各大音乐平台上席获了女性用户群体。

在宣传节奏上，影片通过时下爆火的电商直播和事件营销助推了一波高潮。11月11日，女主王初伊身穿修罗红裙现身电商巨头京东的"双十一"直播间，其间吸引了超过15万人次观看，为影片的前期造势提升了热度。11月12日，影片提前两周亮相"第二届中国网络电影周"线下展映，收获一致好评。

在新媒体和短视频的主战场上，除了微博、微信等线上传统阵地，影片在短视频的传播内容和传播热度上表现也十分抢眼。11月16日，映美传媒官方微博发布了一组海报，美食轻喜剧《修罗厨房》于影片公映前一周登陆抖音，为影片宣传预热。这部与华帝品牌联合推出的系列衍生短剧，通过王初伊、张瑞、鲍李宁三位演员与品牌的互动演绎引流圈层受众，带动话题热度的二次发酵。灯塔"抖音网络电影热度周榜"显示，影片上线后连续3周（11月23日至12月13日）上榜，在47周（11月23日至11月29日）以最高热度89.2万排名榜单第15名。① 此外，据47~48周（11月23日至12月6日）双周报数据，影片以总视频数1614个、总播放量4.2亿次、平均播放量26万次的成绩，位列抖音话题数据第三，其中影视号"包子妹妹"吐槽渣男的视频点赞数达27.2万，超过毒舌电影发布的《白发魔女外传》单视频最高25.7万的点赞数。② 在猫眼智多星发布的《2020年Q3网络电影市场洞察报告》中，揭示了网络电影抖音话题1亿次以上播放量的影片，全网占比不足20%。以此数据为参照，《修罗新娘》成为头部领跑者。

四 平台赋能

2020年是网络电影正名的第2年，制作体量、发行部数、分账金额的

---

① 灯塔专业版App。
② 猫眼智多星。

一再突破使网络电影的发展迈入新阶段,并开始逐步影响中国电影的产业走向。据《2020年中国网络电影行业年度报告》数据,爱奇艺、优酷、腾讯视频三大视频平台共上线新片761部,其中爱奇艺上新385部。在分账票房方面,爱奇艺突破千万元级的影片共计42部,同比增加17部,累计分账票房达7亿元。综合三家数据表现,爱奇艺在上新数量、分账票房等数据上持续领先。2020年上半年,三大平台就每日票房、月度票房的统计数据进一步公开透明化,线上服务系统也做了升级优化。2021年1月4日,爱奇艺公布网络电影票房分账新规,全面升级与片方的合作模式,加快网络电影市场从量变到质变的"升维"。

在内容评级的更新上,取消C、D、E三档尾部级别,在保留A、B两档的同时,新增S、A+两档头部分级,将维持了多年的五档分级制调整为四档。末位档级的出清,意味着内容"粗制滥造"的影片的生存空间再次受到挤压。除了S级、A+级及以下评级影片将继续沿用"会员观看分账+广告分账"的模式,同时提高A+级分账单价。

新规的另一亮点在于S级影片用户付费点播(PVOD)模式的开放。受新冠肺炎疫情影响,一批院线电影移步线上网络发行和播映,PVOD模式逐渐成为北美、中国两大票仓重镇的发展趋势。除了享有点播分成的权限外,爱奇艺还将对S级影片投入百万级专项资金,给予联合营销资源,并为其量身定制宣发方案。值得一提的是,平台还为S级影片打造了专属的"超级影院",品牌化和剧场化的运营模式已经在短剧集市场初显成效。长期来看,此举将打破网络电影的分账天花板,通过"高端收益"刺激制作方深耕内容,进入高效能、高质量、高产出的正向循环模式。

《2020年中国网络电影行业年度报告》的统计结果显示,本年度网络电影营销规模和模式也随生产、发行端升级,全网超半数新片依靠站外自主营销,"部均营销成本过百万,占总成本比例最高可达61%"。作为站外主场,抖音等短视频营销投放费用占比越来越高。相较之下,长视频平台站内营销势能还未充分释放,站内流量体系还有增量空间。在平台"风云战场影厅"上线的《修罗新娘》,其营销价值最大化释放,除了抖音、短剧集等创新方式的应用以外，还离不开平台分账机制、品牌化运营模式的有力推动。

7年来，爱奇艺不断自我革新，对一系列新规赋能精品内容进行挖掘和打造，同时深度介入宣发等重要环节，助力网络电影的生产质量和宣发量级逐步向院线级别电影靠拢。与此同时，5G、AI、云计算、大数据技术的应用，将全面优化平台基础设施建设，用户观影环境和视听体验进一步提升。在高品质"内容为王"的时代下，网络电影单纯依靠"刷量提分"的日子已一去不返。

结　语

2020年，网络电影的发展迎来历史机遇。受疫情影响，"院转网"等院线与网络电影融合趋势显现。网络电影行业加速从量产阶段迈入质变时代，市场认可度正在不断提升。

首先，类型和题材呈现多元化趋势，除了怪兽、奇幻、冒险等传统题材，主旋律、爱情、剧情、惊悚等题材更加多样。同时，以《修罗新娘》为典型代表的影片探索了女性题材市场的增量空间，扩大了以男性为主导的观众基础和市场格局。其次，网络电影的创作力量整体提升。传统影视公司和院线量级的电影导演、演员等新力量的不断加入，加速了网络电影生产向精品化、工业化迈进的脚步，"网生+传统"的生产组合格局形成。以《修罗新娘》为例，主创团队的搭建和码盘主动"升维"，提升了影片的内容质量。最后，平台合作模式不断推陈出新，分账新规在创作、营销、发行等全产业链条上为高质量影片全面赋能，末端内容的生存空间受到市场严重挤压。《修罗新娘》营销价值的充分释放，一方面依靠短视频等宣传手段的组合应用，另一方面与平台的资源加持和流量扶持密切相关。

网络电影在2020年驶入发展的快车道。然而，市场在迎来机遇的同时也面临挑战，疫情下催生的流量红利逐渐触顶。在政策收紧、平台改制、成本加大等内、外部压力下，如何激发市场活力、释放创作潜能、提升产业效率，才是网络电影行业和从业者长久思考的课题。

B.15
网络综艺《这！就是街舞第三季》案例分析

鲁 洋*

摘 要： 网络综艺《这！就是街舞》自2018年2月优酷首播之后连续每年推出，至2020年7月，已推出第三季，每一季在热度和口碑上都占据了同年话题鳌头，同时在营销和投资回报比上也成了当之无愧的赢家。这档网络综艺制作精良，不论是在街舞的专业度展现方面，还是在作为综艺节目的大众娱乐性方面都有不俗的表现。把街舞从专业角度推广为大众娱乐雅俗共赏的爆款，让街舞成为社会的潮流，同时也让网络综艺成为当下娱乐的主流。时代发展应运下的《这！就是街舞》不仅在一定程度上影响了人们的生活方式，也影响了社会文化的思想潮流，成就了网络综艺的生态链营销。在多元文化破圈和突围的当下，我们期待能看到更多有风格有特点的综艺节目。

关键词： 街舞 网络综艺 IP生态链

在网络娱乐爆发的2020年，优酷相继推出的"这就是"系列原创综艺节目之《这！就是街舞第三季》强势回归，再一次获得热度和关注，赢得

---

* 鲁洋，澳门科技大学人文艺术学院电影管理博士研究生，电影制片人，曾为浙江横店影业有限公司总经理助理、高级主管，研究方向为文娱产业管理与发展。

受众口碑，打破了俗称的网络综艺节目"三季魔咒"。我们不否认这其中有疫情防控常态化时期大家开始更多地习惯进行网络消费而带来更多的受众的原因，但是基于《这！就是街舞》的第一、二季的优质播出基础，我们也看得出这档主打"为热爱"的综艺节目演绎出了内心的真善美，在最华丽的舞台上诠释着内心最质朴的热爱，让整个综艺节目有了灵魂和内核，而不再单单局限在"街舞"的小众范畴，从而赢得了更多的受众和最热、最好的口碑传播。

截至 2021 年优酷第一季度排名，《这！就是街舞》在竞技真人秀热榜排名第四（前三名分别为《我就是演员》《最强大脑》《奔跑吧》）。同样也是网络海选节目的《声入人心》（2018 年 11 月首播）也是以小博大，通过对歌剧这一独特的艺术视角进行业内的专业选拔，选用廖昌永、刘宪华和尚雯婕 3 位背景迥异的音乐人作为导师，成功地把歌剧艺术推入受众的视野，成为爆款。这些专业型的节目案例不断地涌现，获得各类好评，形成一股专业节目的浪潮，凸显了时下网络娱乐突飞猛进的发展态势。

一 娱乐性和专业度的破圈效果

节目的制作团队深谙小众类型综艺节目的根本——突出和强调专业度，只做最专业的街舞内容，采用"明星导师+专业舞者真人秀"的赛制，邀请顶级的舞者团队，让张艺兴、王一博这类既有专业认可度也有流量的艺人作为队长，起到铸造节目灵魂、领军人物的作用，同时在海选中吸引来的也都是业内各类优秀舞者进行比拼，在专业的基础上把内容聚焦在网络综艺的娱乐性和真人秀的参与度上，在主打街舞的专业性的基础上，呈现其娱乐性，通过竞技来推动整个真人秀的发展。这样一方面保证了街舞固有的受众人群——青少年受众，同时又因为极致的娱乐竞技特性吸引了其他受众，我们也可以理解为让更多的非专业受众看到了街舞文化的竞技魅力。

在节目的内容设计上，第三季更丰富和突出了道具设计和舞美的布置，使整个节目在制作上更精良，突出节目本身的艺术风格和特点。从第二季加强了"毛巾"的道具性，到第三季海选环节和第二期比赛中直接加入了"投毛巾"的主题，赋予毛巾一种文化符号的意义来推动舞者之间的竞争，同时毛巾也成为街舞晋级的标志，成为舞者在这个舞台上的"信物"。同时在街区设计上也更加多元和符号化，甚至大胆突破了街区的框架限制，比如钟汉良街区的巨型比卡丘形象，在这整个场景中虽然扎眼但是并不违和，用皮卡丘形象来修饰钟队长的反差萌气质，启发舞者不必循规蹈矩。在队长大秀和战队大秀的环节，舞台设计和服装设计更是下足了功夫，比起之前，无论是在场景的复杂性还是舞美的融合度上都倾注了心血，开场对每个队的空间设计、场景故事如各个楼顶之间的会舞、时光穿梭的汇合、声光电的空间表现力都进行了交代。在后面的几期里还使用了水舞台、火舞台和风舞台的主题，舞者在不同的主题环境里接受各类挑战，使出浑身解数，不仅淋漓尽致地展现舞者的个人魅力，也能在情绪的感染下让观众身临其境。但是水舞台不利于舞动的特性遭到了很多观众的质疑，认为危险系数过大，节目组为了"吸睛"不顾舞者的人身安全也直接导致了一些舞者受伤。这样的做法不可取，虽然是战队，我们在节目设计上还是要回落到街舞"peace and love"的主题中，值得欣慰的是所有参赛选手在各种竞技中都凭实力比拼。

在角色定位上，45岁的钟汉良作为队长之一参与其中，虽然是临时救场，与舞蹈担当的流量明星同台看似有些台风出入，但是这种敢于挑战的举动已经成为该节目的内核。而且钟汉良用心研究街舞准备比赛，每一期都有进步的状态在整个节目中随处可见，精神可嘉。事实证明，钟汉良因为愿意挑战街舞收获了更好的职业口碑。节目中邀请演员黄渤以"全民街舞主理人"身份作为综艺咖位嘉宾串场，也无疑给娱乐性添加了分量。综观来看，整个节目的娱乐性和观赏性都达到了受众对一个专业级别的综艺节目的基本要求，同时又用充满了艺术设计的张力和无处不在的亮点来衬托街舞的竞技主题，借用舞者们的热词来讲，可谓是"全场燃爆了"。

二 呈现社区式的娱乐景观

街舞本身是美国黑人城市贫民的舞蹈,后被归纳为嘻哈文化的一部分。纵观街舞在中国的发展史,自从 2003 年举办第一届健力宝爆果汽杯全国街舞电视大赛,街舞在我国也一直以一种"地下"(underground)的方式慢慢生长着,直到近几年专业型的小众网络综艺开始将选题落在街舞文化和竞技上,通过网络的传播才让观众慢慢认识到了街舞的存在。

综艺节目的设定为这些舞者提供了最理想的街舞社区景观。这不仅是一个被设计的游乐场,充满了激情、自由和蓄势待发的活力,而且通过真人秀设计营造出一个满足舞者理想和需要的环境,吸引志同道合者、求同存异者集聚在此,作为一个"被动娱乐"的空间成为"一种城市形态,聚集人群,并给予人们短暂的快乐和安适"[1]。

而这种城市街区景观呈现作为一种社会现象也是文化的传播,"对于游客而言,最大的乐趣莫过于观察公共广场上的活动了,若能参与其中,更是妙不可言"[2]。"Battle"作为街舞的特点既成为小众节目的定位亮点,也成为本节目的最大看点,可以说我们日常认知中的"小众的圈层"文化,已经得到了大众的文化认同,这种突破认知的接收瓶颈的传播显现,引起了一定的社会文化潮流,第一季的火热播出掀起了"全民街舞"的热潮。时下少儿街舞培养班的兴起足以可见节目的影响力,可以直接影响到家长去培养孩子学习街舞表演。

从弹幕看受众的观感反应,大多是从第一季追到第三季的忠实受众,大家的反应是虽然看不懂街舞,但是可以通过节目的编排、字幕的呈现等学习街舞的知识,同时享受综艺节目带来的娱乐性,非但没有影响观感质量,反而更容易投入于情节的发展。我们可以理解为这是节目的文化内涵、街舞的

---

[1] 〔美〕约翰·布林克霍夫·杰克逊:《发现乡土景观》,俞孔坚等译,商务印书馆,2019。
[2] 〔美〕约翰·布林克霍夫·杰克逊:《发现乡土景观》,俞孔坚等译,商务印书馆,2019。

精神和竞技的精神成功地融合在一起，展现出一个有情绪、有骨血可以让各种受众都可以接受的网综节目，受众即便看不懂技术内容，但是能在精神风貌和竞技精神层面感同身受。这种互动与对抗的场景设计，已经将人文情怀融入整个景观呈现中。正如节目组给出的口号"不定义形式，不限制热血"，在舞台上竞技无限，不断突破舞台的局限性，崇尚自由独立的精神，鼓励自我的真实表达，正是处在社会压力中的普通民众所需要的。总导演陆伟也曾表示，"目前中国年轻人面临着很大的职场生存压力，他希望去重现正常的社会竞争环境，即使互为对手，但彼此尊重，用实力说话"。

《这！就是街舞》的火爆式成功不能再简单地从一个平台、一个环境秀这样的角度去认知和思考，这正是当下社会秩序与个人的对话，通过街舞竞技的舞台，高品质的娱乐化和专业度带给受众不同于往常的情感宣泄出口。

三　创作中的文化生产与融合

一个优秀的街舞舞者，要集音乐感知、创作、服装设计和表演表现力等能力于一身，节目组很用心地将专业知识融入竞技设计，让观众被动接收、主动参与到情节发展中。街舞最大的特性在于"battle"和"free style"，娱乐节目的竞技特性给了街舞一个很好的展示平台，这样在真人秀中既要求舞者的专业熟练程度，还需要自身积淀的文化素养。节目组也是认识到了中国传统文化的源远流长和博大精深，通过街舞的开放、自由和自我表现的契机进行二度创作，生产各类卖点和特色。

在传统文化的传承与创新中，创作出既有商业价值同时符合当下文化传播新潮的内容。优质的原创内容是核心竞争力，节目自我热情的内核与竞技风格化的构筑，让整个节目有了自己的IP文化内涵，其中，主打本土文化，如象棋、武术的运用等的创作和表演，街舞表演的技术性和观赏性都直接影响了《这！就是街舞》在网综产业里的跨文化传播。通过中国文化符号和各种地标性元素，培养明星的娱乐性，彰显了节目的文化自信，其节目散发出的轻松、自由、自我、沟通和愉快的特质更是吸引了受众，让受众在共同的文化认同中获得了归属感。

在复杂多变的新媒体时代，我们是否可以理解为正因为过去街舞这种自我热情文化的稀缺，反而促成了当下网络综艺文化的多元发展，并因此获得网络视听观众的多元文化认同。反观在节目的内部流通中，通过队员们的采访混剪来实时地表达比赛感受，各种类型的花边字幕带给综艺节目无限生机，队员们都在展现舞者之间的共鸣。作为受众会发现很多被采访的舞者都会激动地表述队友之间的默契、对队长的赞许，整个舞台上都充满着认可，以舞会友找到伙伴，互相了解，在竞技中互相尊重。

真人秀节目对舞者的扶持与培养也寄托着节目文化的创作呈现，而舞者作为文化的载体，通过肢体语言来演绎自身对文化的理解。张艺兴的"核兴舞器战队"的大秀采用了极简的舞美风格，用古琴作为象征性的文化符号，演绎出了中国风街舞的活力与自信，通过个人创作的文化价值的影响力，形成了圈层爆款后突破圈层广泛传播。泛娱乐文化，成为社会应运而生的流行文化产业。圈层文化通过媒介传播转化成文化资本。文化产业的核心竞争力是内容，对原创内容的消费本质上还是文化产业经济下的文化消费。

2020年12月7日，国际奥委会将霹雳舞列为2024年巴黎奥运会正式比赛项目，我们很难定义到底是社会趋势成就了这档综艺节目，还是因为社会的艺术文化走向让我们开始关注到了街舞，但是终究其中的文化内涵、独特的原创风格是关键。随着"文化强国""文化自信"的提出，越来越多的节目通过媒介载体活化传统文化元素。好的文化气质总能穿透圈层，引领节目火爆出圈。

四 网综产业与IP生态链的形成

《这！就是街舞第三季》出品方优酷继续与灿星出品合作，由勇闯天涯SuperX总冠名，延续了第二季的制作团队和基础商业运营模式。在新闻发布会上，首创网络综艺节目对总决赛资源进行招标拍卖，并且成为2020年实际招商收入最高和冠名总金额最高的网络综艺节目,这标志着网络综艺的IP内容正式进入产业生产链,内容价值营销的成功也代表了网络综艺从此开始进入一种新的运营模式。同时,还持续加入了婴幼儿奶粉、电动车、58同城服务等与街舞并无直接关联的商家冠名合作,证明了街舞作为一个娱乐主题也可以引领整个社会的风潮。商业广告持续温热的同时,番外篇等衍生节目的宣传也为节目保驾护航,最终第12期总决赛"队长齐聚,共鉴夺冠时刻",节目组直播长达8小时之久的直接竞技,播放量和热度依旧不减。其可以说是网络综艺节目的一个里程碑,一方面,热度情况说明了当下网络综艺已经占有主要的娱乐地位,同时我们也看到街舞在国内的接受度;另一方面,当然也有观众质疑,坚持8小时看一档综艺节目对于观众来说过于挑战,太过于激烈的竞技演出会让舞者、工作人员以及观众过度疲劳,影响竞技质量,也偏离了艺术人文的本质。

《这!就是街舞第三季》在制作中就已经开始进行全产业链的营销布局,衍生节目《一起火锅吧》不仅从吃播秀的角度替第三季进行多面宣传,会员版的设定也是出品方对于自己节目的观众热衷程度的自信表现。该综艺节目在第一季播出时就开始进行海外版权宣发,在多个国家和地区播放,当然也获得了不错的收益,而且这一季正式进行全球海选,增加了欧美、日韩以及东南亚等海外赛区,通过街舞这样一个国际舞蹈的桥梁把中国的本土文化节目传播到海外市场。

可以说《这!就是街舞》已经形成一个完整的良性生态链产出,不仅有优质稳固的内容生产链,还背靠阿里大文娱的平台优势,可以将会员付费、内容直播、网红以及品牌销售等线上线下推广方式进行全面的资源整合,已经形成了从内容生产到海内外发行的闭环运营衔接,正如阿里文娱优酷副总裁蔺志强在《这!就是街舞第三季》新闻发布会所表示的"以节目为载体,以街舞精神为核心,我们希望能携手品牌方共同推动综艺IP价值的变现,探索无限可能合创共赢"。当然,我们完全相信在优酷"这就是"系列健康的内容生态之上,网络综艺的生态链可以运营出更优质的商业模式。

五　展望与期待

自 2017 年以来，网络综艺节目在节目数量和资本流入上就已经开始呈现强劲的增长态势，并且从播放量上看原创文化类的真人秀也相对受欢迎，应运而生的各种脱口秀、练习生养成类节目大都收获了不错的播放业绩。尤其在经历了前几年娱乐市场上热钱、IP 买卖热潮之后，出品方和制作人们都已经逐渐意识到保持团队原创的生产力才是生存的根本，整个网络生态开始逐渐呈现百花争艳的态势。

《这！就是街舞》的成功代表了网络综艺产业的良性发展势头，接下来网络综艺会有更多的资本和资源流入，迎接的挑战将是在巨大的利润驱动面前，如何在层出不穷的选题里找到可以反映或引领社会思想文化潮流的契合点，探索出国民娱乐的新时代；如何平衡专业艺术与商业之间的关系，从而保证节目的技术质量和人文艺术的初心；如何完成对中国优秀传统文化的高质量供给，在文化自信的同时提升文化软实力，形成全球语境下的中国文化版图。

参考文献

〔美〕约翰·布林克霍夫·杰克逊：《发现乡土景观》，俞孔坚等译，商务印书馆，2019。

《〈街舞3〉7·18 燃炸回归，优酷首创网综总决赛广告拍卖模式强势吸金》，新浪网，2020 年 7 月 13 日，http://k.sina.com.cn/article_1663072851_63207a5302000uvm7.html。

《2019 中国互联网文娱数据发布报告》，艾瑞网。

《重磅｜《2019 年中国网络视听发展研究报告》发布（附报告全文）》，搜狐网，2019 年 5 月 27 日，https://www.sohu.com/a/316802357_728306。

《2018 中国网络视听发展研究报告：短视频爆发增长移动视听成主流》，中华人民共和国互联网信息办公室网站，2019 年 5 月 21 日，http://www.cac.gov.cn/2019-05/21/c_1124523240.htm。

B.16
网络纪录片《味道中原》案例解读

高红波[*]

摘　要： 2020年末，网络纪录片《味道中原》在优酷视频热播美食纪录片排行榜中排名第一。这部由河南华之杰文化传播有限公司出品的40集网络纪录片，寻味大河南的地道美食，真实展现中华大地乡村美食中蕴含的中原文化与风土人情，得到网友青睐，体现互联网纪录片的草根特性，彰显民营纪录片公司与视频网站"联姻"后，互联网纪录片产业发展的新空间。

关键词： 网络纪录片　《味道中原》　互联网+

40集网络纪录片《味道中原》在优酷视频纪录片频道热播，2020年末，在纪录片库"最多播出"中排名第2，播出量居《奇妙之城》和《江湖菜馆》之间，得到网友青睐。2021年1月12日，本报告走访了《味道中原》纪录片出品方，河南华之杰文化传播有限公司总导演海金星，深入了解地方民营纪录片公司逐步从电视纪录片向互联网纪录片拓展的新尝试。

一　网络纪录片《味道中原》内容简介

河南华之杰文化传播有限公司出品的《味道中原》，最初受到《舌尖上

---

[*] 高红波，河南大学新闻与传播学院教授，广播电视系主任，硕士生导师，研究方向为广播电视与新媒体、传媒经济与文化产业。

的中国》影响，宗旨是"以美食为载体，讲述河南的美景、美丽与幸福美满"。该系列节目从2015年起陆续拍摄，共策划完成120个8分钟短片，为满足互联网、电视和手机终端的不同要求，精剪精编，推出3分钟版、1分钟版、24分钟版等版本。2020年，在网络视频宣发公司的帮助下，40集网络纪录片《味道中原》上线优酷视频独播，点击率迅速攀升。该片执行导演海金星介绍，优酷独播的网络纪录片《味道中原》每集24分钟，分别由3个8分钟短片组合而成，每一集的3个美食短片之间并没有逻辑联系，也没有明确的主题。公司最初的设想就是要做成"中原版舌尖"，为此他们专门请来《舌尖上的中国》的主要创作者讲解要义，还对"舌尖体"进行了拆分、组合以及段落、画面的大数据分析，最终确定按照"8分钟定律"来制作《味道中原》，并开展田野调查，融入人物和情感，呈现烩面、胡辣汤、道口烧鸡、黄河大鲤鱼等一道道中原美食，从寻常人家的一日三餐，塑造属于河南人的味觉记忆。

本报告于2021年1月25日，根据手机版优酷纪录片频道相关数据，整理40集网络纪录片《味道中原》的具体内容、热度和网友评论留言数量（见表1）。

表1 优酷纪录片频道《味道中原》内容、热度和评论量一览

集	节目内容	热度	评论	集	节目内容	热度	评论
1	茶油 柿子醋 米醋	1080	126	14	黄米粽 糯米饭 豌豆馅	465	7
2	贡面 大刀面 饸饹面	886	66	15	烩面 新野板面 浆面条	504	30
3	板栗 苍蝇 金蝉	679	15	16	鸡蛋不翻 陶罐豆芽 凉皮	476	24
4	八碗八 八大件 炒鸡茸	784	45	17	韭花 都市农夫 南北调和	435	5
5	笨鸡蛋 缠丝鸭蛋 淮山羊	669	10	18	蕨菜 竹笋 茶叶炒鸡蛋	440	4
6	楮树花 咸鸭蛋 知了	621	11	19	咖啡 肋排 麻辣小龙虾	447	7
7	粉皮 粉条 皮渣	598	24	20	菱角 莲藕 沙蚬子	426	16
8	杠子馍 水激馍 顾家馍	557	39	21	龙湖鱼 银鱼 南湾鱼	445	4
9	葛根肉糕 焖罐肉 毛豆腐	550	7	22	妈糊 丸子汤 油茶	440	5
10	瓜豆酱 酱焖鸡 香菇酱	530	7	23	麻花 扎卷 睢县湖鱼	412	7
11	光头酱 意大利面 自酿啤酒	510	6	24	麻糖 蜂蜜 糖角	409	33
12	胡辣汤 牛肉汤 大肠汤	593	75	25	米酒 高粱酒 黄酒	397	6
13	花生糕 四味菜 杏仁茶	502	2	26	南柯食堂 猪蹄 烘焙	402	6

续表

集	节目内容	热度	评论	集	节目内容	热度	评论
27	捻转 面豆 锅盔	407	47	34	月饼 元宵 榭坠	395	6
28	烧卖 焦饼 卷尖	411	3	35	枣馍 花糕 撒子	471	66
29	哨子汤 滑脊汤 糊卜	408	4	36	粘窝窝 萝卜窝 窝窝头	376	4
30	石子馍 肉夹馍 羊肉炕馍	428	36	37	紫薯 山蜂蜜 铁棍山药	443	76
31	鸭蛋豆腐干 洧川豆腐 咸豆腐脑	392	4	38	一生凉粉 橡子凉粉 神仙凉粉	406	7
32	榆钱 香椿 槐花	396	11	39	吹糖人 平乐脯肉 水席	543	47
33	油条 饺子 鸡丝馄饨	433	49	40	木槿花饼 玫瑰花饼 牡丹花饼	692	18

资料来源：依据优酷视频资料整理。

需要说明的是，除第1集节目外，其他39集均为VIP观赏内容，只有优酷付费会员才能观看。这样看来，留言评论较多的第1集《茶油 柿子醋 米醋》（留言评论量126条）、第2集《贡面 大刀面 饸饹面》（留言评论量66条）、第12集《胡辣汤 牛肉汤 大肠汤》（留言评论量75条）、第35集《枣馍 花糕 撒子》（留言评论量66条）、第37集《紫薯 山蜂蜜 铁棍山药》（留言评论量76条）是最受网友关注的节目内容。

二 网络纪录片《味道中原》成功原因探析

优酷纪录片频道独播的40集网络纪录片《味道中原》总热度为2889，在"最多播放"排行榜长期占据美食榜首。从观摩热播节目的感受和对节目出品方河南华之杰主创人员的访问出发，本报告认为网络纪录片《味道中原》取得成功的原因主要有以下几点。

（一）《味道中原》高仿"舌尖"

在优酷纪录片频道热评中，有关《味道中原》高度模仿央视热播纪录片《舌尖上的中国》的留言评论和弹幕频频闪现。在走访《味道中原》出品方河南华之杰文化传播有限公司谈及这一问题时，该节目执行导演海金星对此直言不讳。他详细介绍了《味道中原》这一节目策划之初的想法，就是要尝试制作"中原版的舌尖",为此还专门邀请《舌尖上的中国》主创人员讲学培训,学员们还对"舌尖体"进行了深入详尽的文本细读和故事分析。比如"自然的馈赠——松茸"为7分22秒,共156个镜头,分为8个场景,即山上采松茸、饭店烤松茸、凌晨出发、酥油煎松茸、卖松茸、家中生活、山空镜延时、雨天出发等;再如"主食的故事——黄馍馍"为7分50秒,共133个镜头,分为10个场景,即和面、磨面、发酵、包馍、蒸馍、卖馍、来回路上、家中生活空镜、绥德空镜、吃馍馍的人等;还有"转化的灵感——豆腐"为8分12秒,共159个镜头,分为10个场景,即晒豆腐、包豆腐、烧火、卖豆腐、来回路上、打水、家中生活、豆腐空镜、建水空镜、云南其他地方做豆腐等;还有"时间的力量——泡菜"为7分38秒,共133个镜头,分为14个场景,即坐车回家、见父母、收白菜、切白菜、腌白菜、抹酱、白菜入窖、做打糕、田野里唯美空镜、父母日常生活、邻居帮忙、唱歌跳舞、泡菜的各种做法、呼兰河黑土地空镜等。在此基础上,"舌尖故事分析"的规律显现,即每个片子故事均在8分钟左右,解说词为800~1000字,每个故事场景为8~14个,镜头为133~156个,平均每个镜头3秒左右,每个故事15~17个段落,每个段落半分钟左右。先进故事,1分半钟左右再进入背景,一个片子至少有3段留白。同时,《味道中原》的主创人员还在认真学习"舌尖体"的基础上,对节目的选题、拍摄、文字、后期等达成共识。这些类似电视节目内容生产工业化流程和质量标准的规律和共识,为40集网络纪录片《味道中原》提供了模范样本和操作手册,确保节目"站在了巨人的肩膀上"。考虑到地方民营纪录片公司选题的局限性较大,河南华之杰纪录片创作团队认为以"舌尖"为代表的美食类纪录片大大拓展了选题的范围,对于河南这个1亿人口的中部大省具有广阔的开发空间,于是将《味道中原》纳入华之杰与教育音像出版社长期合作的大型系列节目《河南地理知识博览》,成为其"河南历史文化视频资源库"建设的一个有机组成部分。借此,美食纪录片《味道中原》在讲述美食故事的同时,融入了自然地理、风土人情,讲述人物故事,展现乡情乡音,增添了节目的"烟火气"和人文色彩。

(二)《味道中原》唤醒"老家河南"的乡音乡情

河南烩面、道口烧鸡、胡辣汤、黄河大鲤鱼,正所谓"民以食为天",这一张张中原美食名片,不仅让人垂涎欲滴,更容易让思乡的游子想起"老家河南",体会到乡音乡情。林语堂先生在其名著《吾国与吾民》中谈及中国烹饪有别于欧洲的是"滋味的调和",认为"中国的全部烹调艺术即依仗调和的手法"①。这让人很容易想到东北的炖菜和河南的烩面,所讲求的正是"滋味的调和"。如果以中华优秀传统文化"中和"思想去理解,这种"滋味的调和",与中原文化息息相关。《味道中原》也恰是追求以"滋味的调和"讲述中原自然人文地理和风俗民情的故事。因此,《味道中原》绝不仅是美食的制作和呈现,节目内容所展现的风土人情、自然景观等能够引起广大网友的共情与共鸣。这一点在优酷纪录片频道独播唯一不需要 VIP 付费会员即可观赏的第 1 集《茶油 柿子醋 米醋》中表现得尤其明显。正是由于非付费会员也可以观赏第 1 集,所以在全部 40 集网络纪录片《味道中原》中,第 1 集的热度和留言评论量均为第一。在线观摩该集时的第一印象就是弹幕评论满屏流动,从中可以看到节目内容击中网友的一个个"痛点"与"泪点"。当"茶油"片段中,用脚踩制茶油、光膀子的榨油工人出现时,引发了优酷视频网友的共鸣。有人留言说,"我家还有一瓶老茶籽油,跟我一样,28 岁了"。还有人弹幕评论"这几位大爷精气神真好""这个油壶让我想起了小时候""这是许世友将军老家""我在重庆这边吃的都是茶籽油"。在"柿子醋"片段中,当陕县农民贾跃忠发动三马车,带领一群人在野外摘柿子、吃柿子时,网友们纷纷发弹幕评论"柿子这么小,我以为是葡萄呢""野柿子很甜的""才知道有柿子醋""我们运城人给这柿子叫珠柿"等,从中可以看到观看群众的广泛性和节目所引发的共情与乡愁。在"米醋"片段中,编导没有局限于米醋制作的工艺,而是找到了一个 80 岁骑自行车玩杂技卖醋的米醋传承人孙兆立老人,节目从老人骑车卖醋的杂技表演开场,到简陋的屋舍庭院中祖

---

① 林语堂:《吾国与吾民》,长江文艺出版社,2015。

传米醋的制作,再到孙兆立老人脚踩钢丝的高难度动作,都引发了网友的共鸣。弹幕留言精彩纷呈,"我也是方城的""米醋是小米啊,一直以为是大米""80岁,这大爷保养得真好""80岁有这个精神头我就谢天谢地了""药食同源,我们老祖宗的东西就是好""希望孙爷爷健康长寿,万事无忧"等。用《味道中原》编导们的话说,他们是在用一种对乡土中国的热爱与真诚,以食材和美食为媒介,发现中原大地上的自然美景,可亲可敬的朴实乡亲,呈现"老家河南"的乡音乡愁和味觉记忆。这样的诚意之作,其实早已超越了地域,引起网友的广泛关注与共鸣共情。

(三)《味道中原》彰显互联网纪录片的"草根叙事"

网络纪录片是指主要在互联网上传播的,具有非虚构、非功利的审美特征的,以建构人类社会和自然世界影像历史及现状为主要目的的节目类型。① 网络纪录片《味道中原》注重从平凡的生活中发掘与美食相关的人物和故事,善于运用纪实手法进行"草根叙事"。如第2集《贡面 大刀面 饸饹面》,在"贡面"片段中,潢川贡面的手艺传承人余秋峰,在简陋的农家屋院里制作空心挂面,平淡简朴,粗茶淡饭。在"大刀面"片段中,兰考齐氏大刀面的第3代传人齐彬,强调"做面如做人",在并不整洁的屋子里展示绝技,蒙着眼睛用大刀将面快速切成细如发丝的面条,讲究"一盏茶,一桌面",以此作为对切面速度的要求;妻子则在理发店忙碌,一双儿女健康快乐,全家三代人欢聚一堂,最爱吃的还是一碗碗浇上鸡蛋卤的大刀面。"饸饹面"片段,记录了在浚县千年古庙会上出饸饹面摊的吴存良一家,白天吴存良父子在庙会上用传续30多年的木头床子压制饸饹面,食客散尽后的元宵节之夜,望着天空绚丽绽放的烟花,吃几个元宵,故事的主人公平淡地说:"做一个人,不吃苦,没有向上的心,就没有意思了……做人,要有向上的心。"闻之令人感动,满满的正能量。类似这种人生的感悟和朴素的真理,在《味道中原》中比比皆是。在叙事方面,《味道中原》也注重运用各种结构

---

① 高红波主编《新媒体节目形态》,河南大学出版社,2013年。

技巧，把美食故事予以巧妙编排。比如第35集《枣馍 花糕 徽子》，其中"枣馍"片段，运用"两条线索"的叙事方式，将普通的美食故事讲得有声有色。片子开头是焦占平父子在灵宝黄河边古枣林"打枣"的生动画面，转而是家中的老伴刘民芳和赶来帮忙的女儿一起蒸枣馍的画面，两条叙事线索渐渐展开，母女蒸枣馍，父子收枣回家，享受着"早（枣）丰收的美好愿景"，最后，全家人一起到枣园收枣，"枣馍的甜，直抵心间"。显然，这种田园生活式的简单情节和行动，采用了亚里士多德在《诗学》中最不提倡的"穿插式"情节，①却在网络纪录片中取得了较好的叙事效果，展现网络时空与史诗戏剧的不同。此外，在"花糕"片段中，编导在展现内黄元宵节灯会蒸花糕的习俗时，记录了"即将出嫁"的25岁护士佩佩和姥姥、妗妗、姨母一起"第一次制作花糕"的故事，这一新鲜的叙事视角，为这个美食故事增添了魅力。同时，借助乡村节庆时"看大戏"和杂技表演，展现了豫北民众迎接新春的习俗。凡此种种带有"烟火气"、并不"高大上"的"草根叙事"，为网络纪录片《味道中原》加分不少。

（四）《味道中原》导引出地方民营纪录片公司同网络平台合作发展的新方向

作为河南省首屈一指的民营纪录片制作公司，河南华之杰文化传播有限公司近年来致力建设"河南历史文化视频资源库"。截至2021年1月，华之杰团队已经用影像方式拍摄记录了1000多集、近3万分钟的视频资料，内容包括历史名人、文物古迹、成语故事、姓氏文化、民俗文化、建筑艺术、神话故事等中华传统文化，身体力行地"用影像记录文明"。具体包括《河南历史文化博览》1000集，其中，地名篇、建筑篇各150集，人物篇、文物篇、成语篇、姓氏篇、战争篇、艺术篇各100集，传说篇、民俗篇各50集。此外，还有《河南地理知识博览》360集，其中，"河南的山"40集，"河南的水"40集，"味道中原"120集，"河南植物"120集，"河南

---

① 〔古希腊〕亚里士多德：《诗学》，陈中梅译注，商务印书馆，2019。

地矿"40集。近10年来，作为中国纪录片制作联盟成员单位，华之杰受中央电视台委托，先后拍摄了大型纪录片《解密康百万庄园》《放飞朱鹮》《猴王争霸》《寂静黄河滩》《城市24小时——郑州》《楚汉》《官渡之战》《襄阳1273》《我要上村晚》等，均在CCTV9纪录频道播出。其中，《盲猴》曾在美国国家地理频道和卡塔尔半岛电视台播放，《楚汉》在日本NHK电视台和韩国国家电视台播放[1]。2020年，除《味道中原》外，华之杰为央视纪录频道拍摄制作的4集电视纪录片《楚汉》，也登陆优酷纪录片频道官网，在"历史眼·解密华夏传奇'档案'"版块中播出，总热度为1125，广受网友好评，长期占据优酷纪录片频道推荐网页。回顾河南华之杰文化传播有限公司这家民营纪录片公司发展的历史，可以看到，2010年国家广电总局发布的《关于加快纪录片产业发展的若干意见》成为民营纪录片公司发展的契机，最初华之杰主要是河南教育电子音像出版社制作基地，联合出版发行《河南历史文化博览》《河南地理知识博览》等教育音像制品，在保持这一基础业务的同时，华之杰逐步开始参加国内国际纪录片提案大会，坚持多种盈利业务模式，尤其是通过与央视纪录频道的合作，逐渐培养出一支80多人的纪录片编导、摄像、特效精英团队。2020年，《味道中原》登陆优酷纪录片频道，导引出这家地方民营纪录片公司同网络平台合作发展的新方向。除优酷纪录片频道的合作播出外，河南华之杰文化传播有限公司还积极参与腾讯视频纪录片的制作，还专门为网络制作完成30集网络纪录片《上线了文物第1季》，每集约6分钟讲述一件来自中原的文物。网络纪录片《上线了文物第1季》为VIP付费会员观赏节目，全网播出688.5万次，2020年末被腾讯视频评为"年度网络纪录片"。

三 "互联网+"视域下地方民营纪录片公司的发展趋势

河南华之杰文化传播有限公司总导演海金星在接受本报告采访时坦言，

---

[1] 根据河南华之杰文化传播有限公司提供的资料整理。

《味道中原》虽然在优酷纪录片频道独播并取得高热度点播的优异成绩，但在根本上，这仍然不是一部纯粹的网络纪录片。在上线优酷视频网站前，这部开始于 2015 年陆续制作完成的系列片的部分内容曾在河南卫视《老家的味道》和香港无线台播放，主要由河南教育电子音像出版社将其作为音像制品出版发行。《味道中原》制作总投资为几百万元，如果仅仅以网络平台视频点播分账的形式，显然难以收回成本。从地方民营纪录片制作公司的角度出发，网络纪录片制作的最好方式是网站定制，这也是"互联网+"视域下地方民营纪录片公司的发展趋势。

2020 年，河南华之杰文化传播有限公司出品的网络纪录片《味道中原》上线优酷视频网站，开启了这家地方民营纪录片公司未来经营发展的一条新路。如前所述，除了成品节目《味道中原》《楚汉》在优酷纪录片频道热播，河南华之杰还专门为腾讯视频网站策划制作了 30 集网络纪录片《上线了文物第 1 季》，这 30 集系列片从策划伊始就充分考虑网络受众需求和视频网站平台特点，抽调一批"95 后"编导进行短视频创作。在华之杰总导演海金星看来，"网络纪录片"具有以下几个特点。[①] 一是碎片化。在移动互联网环境下，手机收视时间短、节奏快、受众年轻化，因此，网络纪录片的视觉冲击力要强，两极镜头多、中近景少，在作品形式和结构方面，网络纪录片也不像传统电视纪录片的结构要求完整，主题、逻辑和故事线要求也不相同，相比之下，网络纪录片的结构不要求完整严谨，而应突出亮点和痛点，适合年轻网民的网感要求和具有颠覆性的创作思维。二是年轻化。视频网站受众一般为 20~30 岁，哔哩哔哩网站网友更加年轻化，一般为 16~25 岁，这就要求网络纪录片更青春、更新颖、更接地气。比如《人生一串》《早餐中国》等。历史文化类网络纪录片尤其要"有趣、有料、有温度"，这样才能受到年轻人的喜爱。三是互动性。网络纪录片有弹幕功能，更强调同步互动。弹幕评论在《味道中原》已经有所体现，《上线了文物》就选择

---

① 根据 2021 年 1 月 12 日对河南华之杰文化传播有限公司总导演、网络纪录片《味道中原》执行导演海金星的访谈笔录整理。

了更具有话题性和当代生活联系更密切的文物加以介绍，比如中国最早的抽水马桶、8000年前的三室一厅等，增强互动性，尤其要贴合年轻人的话题和情感认同。四是用户思维。河南华之杰文化传播有限公司以往在跟电视台合作创作纪录片时，最关心的是题材、故事，主要从创作角度考虑问题，重点得到领导、专家认可。网络纪录片则不仅是表达什么、传达价值观，更重要的是要让用户感兴趣。五是商业化。主要是指流量变现、盈利模式多元化。比如网络纪录片《人生一串》的开店、出书等多种商业变现形式。再如优酷面向18~35岁女性网友推出"女性系列"，视频网站与淘宝购物互相拉动，背后是阿里文娱的强力支持，这是以前传统电视纪录片关注不够的，地方民营纪录片公司与电视台的合作一般不可能以这样的商业化方式介入。

腾讯视频"年度网络纪录片"《上线了文物第1季》导演王遥远，也很看好地方民营纪录片公司与视频网站合作创作网络纪录片的发展前景。① 2019年7月，从英国留学归来加盟河南华之杰文化传播有限公司的王遥远导演，组建了以"95后"为主的《上线了文物》创作团队，最初计划做一些实验性质的影像，如含有说唱之类的网络视频短片等，面向互联网受众，追求"好玩，有趣"。目前已完成170多集，2020年9~11月，《上线了文物第1季》30集节目上线腾讯视频，每周更新5期，周六周日不更新，共6周，根据点击率分账，年底以第3名的成绩，与《大唐地理》《城市梦》一起，最终获腾讯视频"2020年度网络纪录片"称号。在网络纪录片命名方面，《上线了文物》团队在河南华之杰文化传播有限公司内部开展过征集片名活动，要求具有网感、能够激发年轻网友的观赏兴趣，在《历史小分队》《戏精请就位》《听宝宝的》等众多片名中选择了更直观的《上线了文物》，还把第1季的副标题定为"我从中原来"，希望以后还可以延伸出"我从东北来""我从陕西来""我从山东来"等多季节目，打破地域概念，不断拓展网络纪录片的选题范围和表现空间。从投资来看，网络纪录片《上线了

---

① 根据2021年1月12日对河南华之杰文化传播有限公司导演王遥远的访谈笔录整理。

文物》每集5分钟，因陶俑跳舞、三维建模等特效制作较多，每分钟制作成本大约1万元，腾讯视频网站播出的30集节目面向付费会员，按照点播分账，获评"年度网络纪录片"后颁发奖金20万元，目前已有某航空公司洽谈空中客机播出节目的版权事宜，有望成为公司经营的新的盈利增长点。

总之，优酷独播《味道中原》成为河南华之杰文化传播有限公司在网络纪录片方面的破冰之作，导引出这家地方民营纪录片公司与网络平台合作发展的新方向，河南华之杰文化传播有限公司出品的30集网络纪录片《上线了文物第1季》"我从中原来"获评腾讯视频"2020年度网络纪录片"，彰显在"互联网+"视域下地方民营纪录片公司发展的新趋势。

参考文献

林语堂：《吾国与吾民》，长江文艺出版社，2015。
高红波主编《新媒体节目形态》，河南大学出版社，2013。
〔古希腊〕亚里士多德：《诗学》，陈中梅译注，商务印书馆，2019。

Abstract

Annual Report on the Development of Netcasting Industry in China (*2021*) analyzes the market, industry, policies, and trends of the netcasting industry through research and interview methods combined with data and cases. In addition, the book also comprehensively summarizes the development of sub-industries such as online drama, online variety, online movie, online documentary, live-streaming, short video, and online audio in 2020. Finally, discuss the development trend of the netcasting industry and the problems to be faced in 2021.

In 2020, the netcasting industry was facing significant challenges and opportunities. Under the background of the epidemic situation and "film and television winter," reducing and improving quality, high-quality products, and specialization have become the keywords for the development of the industry. By the end of 2020, the scale of China's netcasting users will reach 944 million people, and the utilization rate of Internet users will be 95.4%. In 2020, the scale of the netcasting industry will exceed 600 billion yuan, and the scale of netcasting users and industry will continue to achieve steady growth. China is the largest netcasting country globally, and its dominant position in the world's largest netcasting market will remain unchanged.

In 2020, the "Housing economy" stimulates industrial vitality, the business model of the netcasting industry will become more mature and diversified, the industrial structure will continue to adjust and upgrade, the new technology will enable the innovation of netcasting. The characteristics of the combination of diversified content and platform services (webcast, etc.) will become more and more prominent "netcasting + education" and other forms have made the netcasting break through the original boundaries and began to play further the

positive externality value of the netcasting industry.

In 2020, several works of online drama, online movies, online variety shows, and online documentaries had successfully "come out of the circle" and won wide praise. online dramas *Candle in the Tomb: The Lost Caverns*, *Nothing But Thirty*, *Secret Corner*; online varieties *Street Dance of China Ⅲ*, *Produce 101 Ⅱ*, and online movies such as *Asura Bridge* have gained high market value, and some have formed phenomenal influence. Relevant state departments and industry associations have also issued a series of documents to regulate the market. In 2020, SARFT will formulate some documents to promote the high-quality development of netcasting industry, put forward higher requirements for content quality, and put forward clear standards for platform management and content audit.

Keywords: Netcasting Industry; Online Video; Industrial Upgrading

Contents

I General Report

B.1 Development Status, Hotspotsand Trends of China's

Netcasting Industry in 2020   *Chen Peng, Gong Yilin* / 001

Abstract: In 2020, the netcasting industry will face greater opportunities and challenges. It is not only facing the crisis of the "cry winter" of the epidemic, but also undergoing changes in policy adjustments, technological innovations, and industrial structure upgrades. This report mainly analyzes the entire netcasting industry from four levels: the general situation and current situation of the industry, policy hotspot scanning and analysis, industry problems and countermeasures analysis, industry trends and prospects. Through analysis, it is found that the scale of netcasting industry will expand in 2020, "reduction and quality improvement" has become a key word of the industry, and quality and specialization have become the development trend of the industry. The expansion of the market scale, the maturity of profit methods, the application of new technologies and new formats appear make the netcasting industry have broad development prospects. In response to the problems in the netcasting industry, while national policies are escorting, the industry also actively responds. From the perspective of the future development trend of the netcasting industry, "technology + culture" has become the key direction of the future netcasting media. The netcasting industry has a more prominent position in the media position, and the netcasting industry is also accelerating the promotion of large-scale cultural output.

Keywords: Netcasting Industry; "Head Effect"; IP Protection; Policy Supervision

II Sub-reports

B.2 2020 Annual Development Report of Online Drama Industry　　　　　　　　　*Chen Peng, Guan Chunyu* / 029

Abstract: In 2020, China's online drama industry enters a new stage of growth and quality improvement. Under the policy of cracking down on "drama flooding" and the positive response of the industry, the network drama is becoming more short and high quality, and the integration of TV and network is further deepened. The number of online drama is rising steadily, and the broadcast index is constantly improving. In terms of the content of network drama, the mystery-short drama has become a new trend, IP drama is turn to local adaptation, the theme of "She" has emerged, Hong Kong and Taiwan dramas are gaining popularity, and interactive drama has also gradually attracted attention. In terms of the market characteristics of the audience, the audience group has been further segmented, the enthusiasm of audience's interaction and rating are not diminished, and the willingness to pay is continuously enhanced. In terms of the industrial operation of online drama, IP adaptation, paying operation, typified theater and industrial production are the four main modes. However, our online drama industry is also facing the dilemma of over-reliance on IP adaptation, insufficient thematic works and low cultural output ability. online drama should follow the principle of "three approaches", take a road of diversification and quality, create high-quality cultural works, and enhance cultural influence and international communication.

Keywords: Online Drama; Short Trend; Industry Operating; Audience Characteristics

Contents

B.3 2020 Annual Development Report of Online Variety
Show Industry   *Shi Xiaoxi, Zhang Minghao* / 055

Abstract: Although also affected by the COVID-19 epidemic, compared with other audio-visual programs, online variety shows have presented a trend of steady progress and rational development. In terms of the number of new products, production methods, market investment, and word-of-mouth quality, online variety shows a high ability to resist risks and take advantage of the opportunity. The major network platforms also make full use of their own advantages and resources to enhance market competitiveness through differentiation. In this increasingly orderly development environment of the industry, the themes of online variety show are more diversified, and the "Generation N" programs are very popular. The female power of variety show, the "cloud recording system" and the "variety show with goods" are prominent new phenomena in the development of online variety show Industry in 2020. The creation of a sense of real-life experience and the integration and innovation of various forms are the outstanding new highlights of aesthetics. The dominant value transmission of "entertainment + positive attitude" and the competition and cooperation of multi culture are the important cultural characteristics of online variety show in 2020.

Keywords: Online Variety Show; "Generation N"; "Female" Power; Soundcloud

B.4 2020 Annual Development Report of Online Movie
Industry   *Huang Ying* / 077

Abstract: This report analyzes the data of Chinese online movies in 2020 and shows that big IPs are still very influential in the online movie market. The fantasy, monster and adventure genres are the mainstream, and the licensed IPs

are gradually increasing. Taking *Lost Mom* as an example, we analyze the trend of transforming theatrical movies into online movies, which is a great boost to online movies. Take *Spring Tide* as an example to tell the feasibility of online film festival.

Keywords: Online Movie; Online Movie Festival; IP Movie

B.5 2020 Annual Development Report of Live-streaming Industry   *Wan Chengchao* / 086

Abstract: Novel coronavirus pneumonia outbreak in 2020 has further expanded the coverage of live-streaming. From the perspective of live-streaming platform, more and more platforms switch to live-streaming field, develop live-streaming traffic entrance and increase support for live-streaming; from the perspective of content category, education, tourism, real estate and other industries dominated by offline operation have tried live-streaming on the line, and "live-streaming +" fully enables the development of various industries; from the perspective of anchor group, anchor identity is more diversified, and more and more stars and businessmen are attracted Home and government officials began to enter the field of live-streaming. This report starts from the development trend of the live-streaming industry, and further explores the development trend and value of the industry along the three dimensions of platform, anchor and user. By combining with the classic cases of the industry, it comprehensively presents the diversified live-streaming ecology, and provides new ideas for the optimization and upgrading of the live-streaming industry.

Keywords: Live-streaming Platform; "Live-streaming +"; Live-streaming Ecology

B.6 2020 Annual Development Report of Short Video Industry

Zhou Caishu, Li Min / 107

Abstract: In 2020, the short video industry enters a relatively stable development period. The major commercial giants have settled in one after another, competing for the market, and the competition pattern is more and more distinct. With the spread of COVID-19 and the introduction of a series of new policies the short video in 2020 have a rapid development. The participants of short video industry chain are constantly enriched, the industrial ecology is gradually strong, and Tiktok and Kwai are developing strongly, and the characteristics of the audience group are more and more obvious. The overseas market of short video has begun to expand, and it is also facing the challenge of international relations. Cross border cooperation in the vertical field is constantly enriching its revenue model, which promotes the multilateral development of short video. In the future, the development of short video needs more professional and refined operation, focusing on user experience, and promoting the healthy and sustainable development of the industry.

Keywords: Short Video; Content Distribution; Industrial Structure

B.7 2020 Annual Development Report of Internet Broadcasting Industry

Feng Yaoxian / 121

Abstract: 2020 is a memorable year. We have experienced the epidemic together. In this extraordinary year, the Internet broadcasting industry has also experienced extraordinary things. In 2020, with the birth of the first listed company in the network broadcasting industry, the whole industry has entered the middle and late stage of investment, and various platforms have approached the pre IPO stage. With the application of 5G, the application of aiot has gradually become possible, opening a new growth point for the network broadcasting

industry. Each network broadcasting platform has gradually formed a solid foundation of four mature profit models, and began to actively explore the layout of aiot in the field of smart home and smart car. Even there are more exploratory network broadcasting platforms, which actively layout the ecology of Internet of things. Based on the steady growth of the whole network broadcasting industry in 2020, a new stage of network broadcasting industry has arrived. We are looking forward to 2021.

Keywords: Internet Broadcasting; Aiot Application; Network Anchor

Ⅲ Annual Hot Spot Reports

B.8 2020 in Review: The Laws and Policies of Netcasting Industry　　　　　　　　　　*Beijing TA Law Firm* / 133

Abstract: This report views the laws and policies and the rules on industrial self-regulation in netcasting industry in China in 2020, accompanied by incisive comments and analyses on the trajectories and hotspots thereof. Holding high the banner of bringing out more high-quality audio-visual programs, this year, China's policy-makers maintain an attitude of paying greater attention to the supervision over digital content. They have utilized their prior experience to formulate and issue detailed and swift regulations in accordance with the features and needs of netcasting industry. Notably, a record-filing and announcing system has been implemented for the shooting and production of online dramas, online shows, etc., which requests complete scripts for filing a record; the falsification of ratings is no longer acceptable; and digital content will be examined more rigorously. Other issues like padding in online dramas, lengthy episodes, overpaid actors and their unethical things of profession, will be limited or restricted. Allowable means and methods for online marketing and online display have been clearly provided in the field of live-streaming. Last but not least, laws have been revised to strengthen the protection of minors online, in order to ensure a clean audio-visual environment for them.

Keywords: Netcasting; Content Supervision; Industrial Self-regulation

B.9 Analysis of Typical Hotspots of Online Documentaries in 2020   *Xia Zhenkai / 150*

Abstract: In 2020, China's online documentaries are developing steadily. The major platforms continue to increase their investment in documentaries. Compared with 2019, the number of new online documentaries in China has increased substantially. 2020, because of the impact of the COVID-19 epidemic, more users gather to online platforms, micro-documentaries become one of the mainstream contents of Internet documentaries, and fusion media communication becomes the main communication force. This paper compares and analyzes four aspects of Chinese online documentaries in 2020: industry data interpretation, content types, platform strategies, and typical popular news, in order to present a more comprehensive analytical overview of typical hot online documentaries.

Keywords: Online Documentary; Micro-documentary; Streaming Media Platform; Convergence Media Communication

B.10 2020 Online Interactive Drama Report   *Wu Yao, Wang Huishan / 170*

Abstract: In recent years, domestic online interactive dramas have gradually entered the public view and have gradually emerged from the fiercely competitive online drama market. The viewing structure of interactive film and television that transfers part of the screenwriting rights to the audience has greatly strengthened the interaction with the audience, which can be described as an innovative move in the film and television industry. However, the online interactive drama has not

been in China for a long time, and the industrial structure is not mature. Therefore, this article analyzes the performance of online interactive dramas in 2020 from multiple perspectives such as market and content characteristics, hoping to provide a certain theoretical basis for the future development of online interactive dramas.

Keywords: Online Interactive Drama; Online Drama Market; Interactive Video

Ⅳ Case Analysis Reports

B.11 An Analysis of the Influencing Factors of the Popularity of the TV Series *Nothing But Thirty*   *Xu Qingxia* / 186

Abstract: The TV series *Nothing But Thirty*, which has been broadcast in the summer of 2020, is an urban drama from the perspective of women produced by Linmon Pictures. This TV series is directed by Zhang Xiaobo. The main actors are Jiang Shuying, Tong Yao, and Mao Xiaotong. The story mainly talks about the love and careers of thirty-year-old women. This paper takes *Nothing But Thirty* as the research object, from the aspects of content selection, narrative discourse, marketing strategy and other aspects of the TV series, the reasons for its popularity are analyzed, and its shortcomings are proposed.

Keywords: *Nothing But Thirty*; TV Series; Hot Broadcast; Influence Factor

B.12 A Case Study of Network IP Drama *Candle in the Tomb: The Lost Caverns*

Zhang Chong, Zhang Ruiyao and Yin Jianlin / 195

Abstract: In April 2020, *Candle in the Tomb: The Lost Caverns*, which was broadcast exclusively by Tencent Video, had a good audience rating and reputation during its broadcast period and it provided a lot of reference experience for the promotion and development of network IP drama. Based on the theory of innovation diffusion, this study interprets the development status and problems of network IP drama by analyzing the viewing data and audience comments of the series. The research finds in the promotion process of network IP drama, we should not only adhere to the audience first, but also give full play to the innovative advantages of IP drama, which will directly affect the communication effect of network drama. In the age of we-media, the promotion of network IP drama should pay attention to the construction of fans and the guidance of authorities. At the same time, when using the Internet to integrate the resources of various media channels, copyright should be taken as the core to enhance the extension force, so as to obtain better dissemination effect.

Keywords: Network IP Drama; *Candle in the Tomb: The Lost Caverns*; Innovation Diffusion Theory

B.13 A Case Study of The War Drama *Our War*

Li Hang, Si Ruo / 210

Abstract: The year 2020 marks the 70th anniversary of the War to Resist U. S. Aggression and Aid Korea (1950-1953). *Our War*, a series produced by Youku as a tribute to the anniversary, in October 2020 was broadcast simultaneously on Youku and CCTV-8, a drama channel of China Central Television. Having achieved remarkable success in both viewership and word of mouth, Our War stands out from film and television works of 2020, and becomes an important object of study. With the help of review data and interview with the producer, this article summarises reasons for the series' success from the two dimensions of content production and marketing strategies, so as to provide a reference for other war TV shows in the future.

Keywords: *Our War*; War TV Show; Group Narrative; Patriotism

B.14 A Case Analysis on Online Movie *Asura Bride*

Zhang Chi / 220

Abstract: In 2020, and online movies became the new growth point of the Chinese film market. In the critical year of "improving quality and reducing quantity", high-quality works showed explosive growth, meanwhile, the production scale and box office share volume were also upgraded. The performance of Asura Bride was outstanding, such as at the genre theme, marketing effect, box office. Based on the basic data, interviews with professionals and statistics of industry reports, this paper makes in-depth analysis and value exploration of the typical case, and through the case study of the current situation of the industry. The study found that the online movies present the following characteristics: types and themes are more diversified, the overall improvement of the industry's creative power, and the platform collaboration model enables high quality content.

Keywords: Online Movie; *Asura Bride*; Theme Innovation; Empowerment of Platform

B.15 A Case Study of Online Variety Show *The Street Dance of China III*

Lu Yang / 230

Abstract: The online variety show *The Street Dance of China* since February 2018 Youku after the first to July 2020 continuously launched to the third season, in the heat and reputation of each season has taken the top topic in the same year, at the same time in the marketing and return on investment ratio has also obtained a bumper harvest. This online variety show is well produced, both the professional performance of the street dance and the mass entertainment as a variety show. The hip-hop from a professional point of view to the public entertainment talked about the hot style, the hip-hop into the current social trend, but also let the network variety become the mainstream of the current entertainment. Under the development of The Times, The Street Dance of China is not only to a certain extent, affects the way people live, also affected the social and cultural ideological trend, achievement the variety of chain marketing network. In the current multi-cultural break circle and break out of the circle, we expect to see more variety shows with style and characteristics.

Keywords: Hip-Hop; Online Variety Show; IP Ecological Chain

B.16 A Case Study of the Online Documentary *Taste of Central China*   *Gao Hongbo* / 238

Abstract: At the end of 2020, the online documentary *Taste of Central China* ranked first in the list of Youku's popular food documentaries. This 40 episode series, produced by Henan Huazhijie Culture Communication Co., Ltd., "pondering the authentic food of Henan", sincerely shows the Central China culture and local customs contained in the rural food of China, and is favored by netizens. It reflects the grassroots characteristics of Internet documentary, and highlights the development trend of Internet documentary industry.

Keywords: Online Documentary; *Taste of Central China*; Internet +

紫金文创研究院 2021 年课题研究成果

权威报告·一手数据·特色资源

皮书数据库
ANNUAL REPORT(YEARBOOK) DATABASE

分析解读当下中国发展变迁的高端智库平台

所获荣誉

- 2019年,入围国家新闻出版署数字出版精品遴选推荐计划项目
- 2016年,入选"'十三五'国家重点电子出版物出版规划骨干工程"
- 2015年,荣获"搜索中国正能量 点赞2015""创新中国科技创新奖"
- 2013年,荣获"中国出版政府奖·网络出版物奖"提名奖
- 连续多年荣获中国数字出版博览会"数字出版·优秀品牌"奖

成为会员

通过网址www.pishu.com.cn访问皮书数据库网站或下载皮书数据库APP,进行手机号码验证或邮箱验证即可成为皮书数据库会员。

会员福利

- 已注册用户购书后可免费获赠100元皮书数据库充值卡。刮开充值卡涂层获取充值密码,登录并进入"会员中心"—"在线充值"—"充值卡充值",充值成功即可购买和查看数据库内容。
- 会员福利最终解释权归社会科学文献出版社所有。

数据库服务热线:400-008-6695
数据库服务QQ:2475522410
数据库服务邮箱:database@ssap.cn
图书销售热线:010-59367070/7028
图书服务QQ:1265056568
图书服务邮箱:duzhe@ssap.cn

卡号:727976769836

S 基本子库
SUB DATABASE

中国社会发展数据库（下设12个子库）

整合国内外中国社会发展研究成果，汇聚独家统计数据、深度分析报告，涉及社会、人口、政治、教育、法律等12个领域，为了解中国社会发展动态、跟踪社会核心热点、分析社会发展趋势提供一站式资源搜索和数据服务。

中国经济发展数据库（下设12个子库）

围绕国内外中国经济发展主题研究报告、学术资讯、基础数据等资料构建，内容涵盖宏观经济、农业经济、工业经济、产业经济等12个重点经济领域，为实时掌控经济运行态势、把握经济发展规律、洞察经济形势、进行经济决策提供参考和依据。

中国行业发展数据库（下设17个子库）

以中国国民经济行业分类为依据，覆盖金融业、旅游、医疗卫生、交通运输、能源矿产等100多个行业，跟踪分析国民经济相关行业市场运行状况和政策导向，汇集行业发展前沿资讯，为投资、从业及各种经济决策提供理论基础和实践指导。

中国区域发展数据库（下设6个子库）

对中国特定区域内的经济、社会、文化等领域现状与发展情况进行深度分析和预测，研究层级至县及县以下行政区，涉及省份、区域经济体、城市、农村等不同维度，为地方经济社会宏观态势研究、发展经验研究、案例分析提供数据服务。

中国文化传媒数据库（下设18个子库）

汇聚文化传媒领域专家观点、热点资讯，梳理国内外中国文化发展相关学术研究成果、一手统计数据，涵盖文化产业、新闻传播、电影娱乐、文学艺术、群众文化等18个重点研究领域。为文化传媒研究提供相关数据、研究报告和综合分析服务。

世界经济与国际关系数据库（下设6个子库）

立足"皮书系列"世界经济、国际关系相关学术资源，整合世界经济、国际政治、世界文化与科技、全球性问题、国际组织与国际法、区域研究6大领域研究成果，为世界经济与国际关系研究提供全方位数据分析，为决策和形势研判提供参考。

法律声明

"皮书系列"（含蓝皮书、绿皮书、黄皮书）之品牌由社会科学文献出版社最早使用并持续至今，现已被中国图书市场所熟知。"皮书系列"的相关商标已在中华人民共和国国家工商行政管理总局商标局注册，如LOGO（ ）、皮书、Pishu、经济蓝皮书、社会蓝皮书等。"皮书系列"图书的注册商标专用权及封面设计、版式设计的著作权均为社会科学文献出版社所有。未经社会科学文献出版社书面授权许可，任何使用与"皮书系列"图书注册商标、封面设计、版式设计相同或者近似的文字、图形或其组合的行为均系侵权行为。

经作者授权，本书的专有出版权及信息网络传播权等为社会科学文献出版社享有。未经社会科学文献出版社书面授权许可，任何就本书内容的复制、发行或以数字形式进行网络传播的行为均系侵权行为。

社会科学文献出版社将通过法律途径追究上述侵权行为的法律责任，维护自身合法权益。

欢迎社会各界人士对侵犯社会科学文献出版社上述权利的侵权行为进行举报。电话：010-59367121，电子邮箱：fawubu@ssap.cn。

社会科学文献出版社